Rosa-Maria Dallapiazza, Eduard von Jan, Ti

TANGRAM

Deutsch als Fremdsprache

Workbook 1
Arbeitsbuch Englisch

English edition by
Ulrike Bonk and Richard Matthews

Max Hueber Verlag

| 3. | 2. | 1. | | Die letzten Ziffern |
| 2004 | 03 | 02 | 01 | 00 | | bezeichnen Zahl und Jahr des Druckes. |

Alle Drucke dieser Auflage können, da unverändert, nebeneinander benutzt werden.
1. Auflage
© 2000 Max Hueber Verlag, D-85737 Ismaning
Zeichnungen: ofczarek!
Lithographie: Agentur Langbein/Wullenkord, München
Redaktion, Layout und Satz der kontrastiven Seiten: TextMedia, Erdmannhausen
Druck und Bindung: Schoder Druck, Gersthofen
Printed in Germany
ISBN 3–19–161583–0

Inhalt

Inhalt

Inhalt

Inhalt

Pictogramme

 Text auf Cassette und CD mit Haltepunkt

 Schreiben

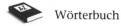 Wörterbuch

 Hinweis aufs Kursbuch

 Regel

Hallo! Wie geht's?

A

Willkommen!

A 1

Ergänzen Sie die Sätze.

| Dan- | dan- | geht | -gen | ~~Gu-~~ | Gu- | ~~Gut~~ | Hal- | Ih- | -ke |
| | -ke | -lo | ~~Mor-~~ | -nen | Tag | ~~-ten~~ | -ten | wie | |

● *Guten* _____ *Mor* _____ .   ▲ _____ , _____ geht's?

■ _____ _____ .   ▼ _____ , gut.

● Wie _____ es _____ ?

■ *Gut* _____ , _____ .

A 2

Sortieren Sie die Dialoge.

Wie geht´s? ◆ *Entschuldigung, sind Sie Frau Yoshimoto?* ◆ *Wie geht es Ihnen?* ◆ *Gut, danke.* ◆
Hallo, Lisa! Hallo, Peter! ◆ *Danke, gut.* ◆ *Hallo, Nikos!* ◆ *Guten Tag, mein Name ist Bauer.* ◆
Ja. ◆ *Ah, Frau Bauer! Guten Tag.*

● _____   ● _____

  ■ _____   ■ _____

    ▲ _____   ● _____

  ■ _____   ■ _____

                                   ● _____

                                     ■ _____

A 3

Was „sagen" die Leute? Hören und markieren Sie.

1 ▢ Guten Morgen.   3 ▢ Gut, danke.   5 ▢ Wie geht's?
   ▢ Guten Tag.   ▢ Danke, gut.   ▢ Wie geht es Ihnen?

2 ▢ Guten Tag.   4 ▢ Auch gut, danke.   6 ▢ Und Ihnen?
   ▢ Hallo.   ▢ Gut, danke.   ▢ Wie geht es Ihnen?

Schreiben Sie jetzt den Dialog.   *Guten Morgen. . . .*

Hören und vergleichen Sie.

Und wie ist Ihr Name?

Ergänzen Sie die Namen.

Doris Meier: *Mein Familienname ist* _Meier_ .

Mein Vorname ist _____ .

Julia Meier: *Mein Familienname ist auch* _____ .

Aber mein Vorname _____ .

Und Sie? _____

(Vorname)

_____

(Familienname)

1/2

Hören und markieren Sie.

Dialog	Bild	per du	per Sie
1 (eins)	*A*	X	X
2 (zwei)			
3 (drei)			

● *Dialog eins ist Bild ...* A   B   C

Per du oder per Sie? Sortieren Sie die Bilder.

Tobias, ...   *Aber Mama, ...*

A   B   C   D

Entschuldigung, ...

E   F   G   H

per du _A,_ _____   per Sie _____

Frage oder Antwort? Ergänzen Sie „?" oder „ ."

● Wie heißen Sie ?   ■ Mein Name ist Raab .

▲ Ich heiße Weininger   Und Sie   ▼ Spät, Udo Spät

◆ Ich heiße Daniel   Und wie heißt du   ✛ Eva

5   **Bilden Sie Sätze und markieren Sie die Verben.**

Sie / Wie / heißen / ?

Yoshimoto / Mein Name / ist / .   *Mein Name* $\rangle$ *ist* $\langle$ *Yoshimoto.*

du / Wie / heißt / ?

heiße / Ich / Nikos / .

Werner Raab / Ich / heiße / .

W-Fragen und Aussagen: Das _____ steht auf Position 2.

KURSBUCH
C 1

Woher kommen Sie?

Wie heißen die Länder?

Öster-land	Frank-land	Chi-reich	Eng-da	Argenti-lien
Deutsch-ei	Brasi-chen	Austra-reich	Türk-na	Schweiz-land
	Kana-lien	Ja-nien	Grie-pan	

Österreich, ...

KURSBUCH
C 2-C 3

Schreiben Sie zwei Dialoge.

1
KommstduausÖsterreichNeinichkommeausderSch
weizUndduWoherkommstduIchkommeausKanada
ausToronto

2
WoherkommenSieIchkommeausFrankreichUndSieKo
mmenSieausDeutschlandJaausKöln

1 ●   *Kommst du aus Österreich?*   2 ▲

   ■   *Nein,*   ▼

   ●   ▲

Markieren Sie die Akzente. Dann hören und vergleichen Sie.

KURSBUCH
C 4-C 7

1/3

Suchen Sie die Wörter und ergänzen Sie die Buchstaben.

```
W  Y  H  C  N  H  F  L  S
Ü  W  A  S  B  E  R  U  F
P  O  L  E  N  I  A  L  L
N  A  L  N  V  ß  U  E  A
A  K  O  M  M  E  N  H  N
M  K  E  L  L  N  E  R  D
E  G  U  T  Ü  R  K  E  I
W  I  E  W  O  H  E  R  R
T  D  A  N  K  E  D  P  T
```

B e r u f   d _ nk _

Fr a u   g _ t

H _ ll _   h _ _ ß _ n

H _ rr   K _ lln _ r

k _ mm _ n   L _ nd

L _ hr _ r   N _ m _

P _ l _ n   T _ rk _

W _ s   W _ _

W _ h _ r

Sortieren Sie die Wörter.

Hallo	Name	Land	Beruf
wie			
danke			
gut			

„Frau ..." oder „Herr ..."? Ergänzen Sie die Namen.

Fahrer (Calvino / Italien)   Ärztin (Jablońska / Polen)
Polizistin (Hahn / Frankfurt)   Student (Palikaris / Griechenland)
Friseur (Márquez / Spanien)   Ingenieurin (Wang / China)
Pilot (Born / Hamburg)   Verkäuferin (Kahlo / Mexiko)

Frau ...   Herr ...

Frau Hahn   Herr Calvino

Fragen und antworten Sie.

● Woher kommt Herr Born?   ■ Aus Hamburg.
  ▲ Was ist Frau Wang von Beruf?   ▼ ...
    ● Wie heißt der Fahrer?   ◆ ...

Schreiben Sie bitte.

C 6

Herr Calvino kommt aus Italien. Er ist Fahrer von Beruf.
Frau Hahn

_____

_____

_____

_____

_____

Ich heiße _____   *Ich komme aus* _____

Ich bin _____   *von Beruf.* _____

KURSBUCH C 8–C 10

Markieren Sie die Verben und antworten Sie.

C 7

Wie ⟩heißt⟨ du? _____ .

Sind Sie Herr Spät?   *Nein, mein Name ist* _____ .

Woher kommst du? _____ .

Kommen Sie aus Kanada? _____ .

Was sind Sie von Beruf? _____ .

Bist du Pilot von Beruf? _____ .

Ja/Nein-Frage: Das _____ ___ steht auf Position 1.

W-Frage: _____ .

Was hören Sie: ↗ oder ↘? Ergänzen Sie ↗ oder ↘.

C 8
1/4

1   Wie ist Ihr Name? ↘   7   Woher kommen Sie? ▢

2   Ich heiße Sandra Bauer. ▢   8   Kommen Sie aus Brasilien? ▢

3   Sind Sie Frau Beckmann? ▢   9   Was sind Sie von Beruf? ▢

4   Nein, mein Name ist Bauer. ▢   10 Sind Sie Ingenieurin? ▢

5   Wie heißt du? ▢   11 Wie geht es Ihnen? ▢

6   Sandra. Und du? ▢   12 Danke, gut. Und Ihnen? ▢

W-Fragen und Aussagen: _____

Ja/Nein-Fragen und Rückfragen („Und du?" „Und Ihnen?" „Wie bitte?"): _____

KURSBUCH C 11

D

Zahlen

Schreiben Sie bitte oder üben Sie zu zweit.

Sie sind in Deutschland. Wie ist die Vorwahl von ... ?

● *Entschuldigung, wie ist die Vorwahl von England?*
■ *(Die Vorwahl ist) null-null-vier-vier.*

● *Wie ist ...*
■ *...*

Sie sind in ...

Wie ist die Vorwahl von Deutschland?

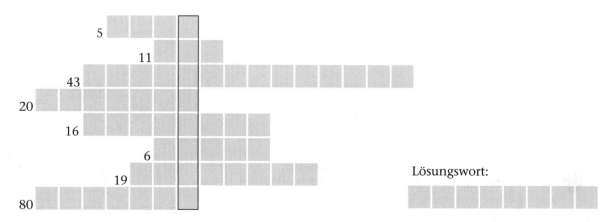

INTERNATIONALE TELEFONVORWAHLEN

		A	B	CH	D	DK	E	F	GB	I	USA
A	Österreich	–	0032	050	060	0045	0034	0033	0044	040	USA
B	Belgien	0043	–	0041	0049	0045	0034	0033	0044	040	001
CH	Schweiz	0043	0032	–	0049	0045	0034	0033	0044	0039	001
D	Deutschland	0043	0032	0041	–	0045	0034	0033	0044	0039	001
DK	Dänemark	00943	00932	00941	00949	–	0034	0033	0044	0039	001
E	Spanien	0743	0732	0741	0749	0745	–	00934	00933	00944	00939	0091
F	Frankreich	1943	1932	1941	1949	1945	1934	–	0733	0744	0739	071
GB	Grossbritannien	01043	01032	01041	01049	01045	01034	01033	–	1944	1939	191
I	Italien	0043	0032	0041	0049	0045	0034	0033	–	01039	0101
USA	USA	01143	01132	02241	01149	01146	01134	01133	01144	01139	–

ALLE ANGABEN OHNE GEWÄHR

Zahlenrätsel

5

11

43

20

16

6

19

80

Lösungswort:

Was hören Sie? Markieren Sie.

1	☐ 2 ☐ 3	3	☐ 13 ☐ 30	5	☐ 15 ☐ 50	7	☐ 17 ☐ 70	9	☐ 19 ☐ 90	11	☐ 67 ☐ 76
2	☐ 12 ☐ 20	4	☐ 14 ☐ 40	6	☐ 16 ☐ 60	8	☐ 18 ☐ 80	10	☐ 34 ☐ 43	12	☐ 89 ☐ 98

Hören Sie und markieren Sie Ralfs Lottozahlen.

Hören und ergänzen Sie.

Die Gewinnzahlen lauten

Gewinnzahlen

Zusatzzahl ☐

Superzahl ☐

Ralf hat nur ___ richtige Zahlen.
Gewinn: 0 DM.

Nicht traurig sein, Ralf!

Zwischen den Zeilen

Wie sagen die Leute die Telefonnummern? Hören Sie und markieren Sie.

Entschuldigung, ist da nicht 45 61 23?

1 Meine Telefonnummer ist
   a) 33   44   76
   b) 3-3-4-4-7-6

2 Er hat die Telefonnummer
   a) 2-8-3   5-6   4-1
   b) 2-8   3-5   6-4-1

Nein, hier ist 4-5-6-1-2-3.

3 Turngemeinde Bornheim – das ist die
   a) 4-5-3   4-9-0
   b) 45   34   90

4 Restaurant „Waldschänke":
   a) 0-6-1-8-3   4-2-0   3-5-9
   b) 0   61   83   42   0 3   59

4-2-7 oder 4-3-7?

5 Die gewünschte Rufnummer lautet
   a) 0-2-3-7-1   2-5-3-9-5-9-4
   b) 0-2-3-7-1   2-5-3   9-5   9-4

Am Telefon: zwo = zwei

Wie sagen Sie Ihre Telefonnummer? Schreiben Sie.

 0 6 0 7 1 / 3 4 5 6 2 8
(Vorwahl)   (Telefonnummer)

= null-sechs-null-sieben-eins ↗ drei-vier-fünf ↗ sechs-zwo-acht. ↘

oder null-sechs-null-sieben-eins ↗ drei-vier ↗ fünf-sechs ↗ zwo-acht. ↘

oder null-sechzig-einundsiebzig ↗ vierunddreißig ↗ sechsundfünfzig ↗ achtundzwanzig ↘

 _____
(Vorwahl)   (Telefonnummer)

= _____
(Vorwahl   (Telefonnummer)

Der Ton macht die Musik

F 1

Hören Sie und sprechen Sie nach.

Vokale = **a, e, i, o, u**
Der Ton macht die Musik

a	da	Tag	ja	Japan	Kanada
e	der	er	es	geht	zehn
i	wie	Sie	dir	bin	bitte
o	von	Ton	wo	oder	Pilot
u	du	und	gut	zum	Beruf

F 2

Ergänzen Sie die Vokale.

H__ll__	d__nke	d__s	N__me	m__cht	d__e
__st	w__h__r	k__mmen	w__s	s__nd	__hnen
h__er	__ch	F__hrer	L__fth__ns__	__ntsch__ldig__ng	
r__cht__g	Fl__gsteig	M__rgen	j__tzt	__lle	

Jetzt hören und vergleichen Sie.

F 3

Hören Sie und sprechen Sie nach.

Wie ist Ihr Name?   *Woher kommen Sie?*   *Was sind Sie von Beruf?*   *Wie geht es Ihnen?*

...   .

Wie bitte?   *Woher?*   *Ah ja.*   *Auch gut, danke.*

...   ...

Ergänzen Sie den Dialog und üben Sie zu zweit.

F 4

Hören und sprechen Sie.

Hallo, wie geht's. Wie geht es dir?
Wie heißt du? Woher kommst du? Oder bist du von hier?

Guten Tag. Mein Name ist Kanada.
Ich bin Fahrer von Beruf, bei der Lufthansa.

Hallo. Ich bin Yoko Yoshimoto.
Ich komme aus Japan, aus Kioto.

Entschuldigung, mein Name ist Behn.
Bin ich hier richtig? Ist hier Flugsteig zehn?

Guten Morgen, Herr Behn. Jetzt sind alle da.
Jetzt bitte zum Check-In der Lufthansa.

Üben Sie zu zweit oder zu dritt.

Deutsche Wörter – deutsche Wörter?

Was passt? Ergänzen Sie die Sprache(n).

Arabisch ◆ Chinesisch ◆ Englisch ◆ Französisch ◆ Griechisch ◆ Italienisch ◆
Deutsch ◆ Polnisch ◆ Portugiesisch ◆ Suaheli ◆ Spanisch ◆ Türkisch ◆ ...

Brasilien _____
China _____
Deutschland _____
Frankreich _____
Griechenland _____
Italien _____
Kanada _____
Kenia *Suaheli, Englisch* _____

Marokko _____
Österreich _____
Portugal _____
Polen _____
Schweiz _____
Spanien _____
Türkei _____
... _____

Ihr Land: _____
Ihre Sprache: _____

Hören Sie, sprechen Sie nach und vergleichen Sie.

KURSBUCH G1-G4

Kennen Sie das Wort? Wie heißt das Wort in Ihrer Sprache?

Meine Sprache: _____   Bild

der Kindergarten _____   C

das (Sauer)Kraut _____

das Schnitzel _____

der Zickzack _____

der Walzer _____

das Bier _____

A · B · C · D · E · F

Sortieren Sie die Wörter.

Flughafen ◆ Nummer ◆ Name ◆ Beruf ◆ ~~Zahl~~ ◆ ~~Text~~ ◆ Rätsel ◆ Wort ◆ Taxi ◆ Pass ◆
Information ◆ Frage ◆ Übung ◆ Land ◆ ~~Telefon~~

der Artikel

die	der	das
die Zahl	der Text	das Telefon

Zahl die; -, -en; **1** ein Element des Systems, mit dem man rechnen, zählen u. messen kann ⟨e-e einstellige, zweistellige usw, mehrstellige Z.; eine hohe, große, niedrige, kleine Z.⟩: *die Zahl 1; die Zahlen von 1 bis 100* ‖ K-: **Zahlen-, -angabe, -folge, -kolonne, -kombination, -lotterie, -reihe, -symbolik, -sy-**

Zahl ⟨f. 20⟩ **1** *der Mengenbestimmung dienende, durch Zählen gewonnene Größe; Menge, Gruppe, Anzahl* **2** die ∼ Neun; die ∼ der **Mitglieder,** Zuschauer **3** eine ∼ **abrunden,** aufrunden; ∼en ad**dieren,** subtrahieren **4** **arabische,** römi-

Text der; -(e)s, -e; **1** e-e Folge von Sätzen, die miteinander in Zusammenhang stehen ‖ K-: **Text-, -ausgabe, -buch, -stelle, -teil, -vergleich, -vorlage 2** die Worte, die zu e-m Musikstück gehören ⟨der T. e-s Liedes⟩ ‖ ID **Weiter im T.!** mach weiter!

Text I ⟨m. 1⟩ **1** *Wortlaut (z. B. eines Vortrags, einer Bühnenrolle, eines Telegramms); Unterschrift (zu Abbildungen, Karten usw.); Worte, Dichtung (zu Musikstücken; Opern ∼, Lieder ∼); Bibelstelle als Grundlage für eine Predigt 2 einen ∼ (auswendig) lernen, lesen 3 ein*

Te·le·fon [ˈteːlefoːn, teleˈfoːn] das; -s, -e; ein Apparat (mit Mikrophon u. Hörer), mit dem man mit anderen Personen sprechen kann, auch wenn diese weit weg sind; Abk Tel. ⟨ein T. einrichten, benutzen, ans T. gehen; das T. läutet; ein öffentliches T.⟩

Te·le·fon ⟨n. 11⟩ = *Fernsprecher* [zu grch. tele „fern, weit" + phone „Stimme"]
Te·le·fon·an·ruf ⟨m.⟩ *Anruf mittels Telefons,* ⟨meist kurz⟩ *Anruf*
Te·le·fo·nat ⟨n. 11⟩ *Telefongespräch, Anruf*

f → die	*m* → der	*n* → das

Woher und wohin?

Sortieren Sie die Dialogteile und schreiben Sie 2 Dialoge.

● *Entschuldigung, ich suche Olympic Airways.*

● *Guten Tag. Ich möchte bitte ein Ticket nach Athen.*

● *Weininger, Max Weininger.*

● *B 46. Danke. Auf Wiedersehen.*

● *Danke.*

■ *Athen, kein Problem. Und wie ist Ihr Name, bitte?*

■ *... So, Ihr Ticket, Herr Weininger. Gehen Sie bitte gleich zu B 46.*

■ *Auf Wiedersehen und guten Flug.*

▲ *Halle B, Schalter 55.*

1 ○ *Entschuldigung, ich suche Olympic Airways.*
△ ...
○ ...

2 ○ *Guten Tag. ...*
□ ...

 Hören und vergleichen Sie. 1/14

1/15

Ergänzen Sie Name, Land ... Dann hören und sprechen Sie.

Sie sind am Flughafen und warten auf Ihren Flug nach Stockholm.
Ein Passagier spricht Sie an. Hören Sie und wiederholen Sie die Antworten.

▲ *Achtung bitte, alle Fluggäste gebucht auf Lufthansa-Flug 47-0-2 nach Madrid werden umgehend zu Flugsteig B 38 gebeten. All passengers booked for Lufthansa flight 4-7-0-2 to Madrid ...*

● *Entschuldigung, ist das der Flug nach Athen?*

■ *Nein, das ist der Flug nach Madrid.*

Wiederholen Sie bitte.

...

Familienname:
Vorname:
Land:
Beruf:
Abflug: *Flug LH 3072 nach Stockholm*

Ergänzen Sie die Kurzinformation.

Der Flughafen Frankfurt am Main

In Frankfurt gibt es seit 1936 einen Flughafen. Von hier flogen die Zeppeline nach USA und Südamerika, zum Beispiel die Luftschiffe „Graf Zeppelin" und „Hindenburg".

Heute ist der Frankfurter Flughafen ein internationaler Verkehrskno-tenpunkt. Jede Stunde starten und landen etwa 70 Flugzeuge, jeden Tag über 1000. Mehr als 80000 Passagiere besuchen jeden Tag den Flughafen, das sind etwa 32 Millionen pro Jahr. Und die Zahl der Passagiere steigt weiter: Für das Jahr 2000 rechnet man erstmals mit 40 Millionen Flug-gästen.

Doch der Frankfurter Flughafen ist nicht nur internationaler Verkehrsknotenpunkt, durch seine zentrale Lage verbindet er auch die wichtigsten Städte Deutschlands: Täglich gehen mehrere Flüge nach Hamburg, Bremen, Köln/Bonn, Stuttgart, Nürnberg, München, Berlin, Hannover, Münster, Leipzig, Dresden und Rostock. Mit der S-Bahn ist der Flughafen auch ohne Auto schnell zu erreichen: Bis zum Frankfurter Hauptbahnhof sind es nur 12 Minuten.

Mit 400 Firmen und Behörden ist der Frankfurter Flughafen so groß wie eine Stadt und zugleich Deutschlands größter Arbeit-geber: Hier arbeiten nicht nur Piloten und Flugbegleiterinnen, sondern auch Polizisten, Ver-käufer, Fahrer, Kellner, Tech-niker und viele andere – insgesamt mehr als 52 000 Menschen.

Und die Zukunft? „Ein Flug-hafen wird niemals fertig", sagen die Planer und Inge-nieure. Für den Frachtverkehr wird gerade ein neues Zentrum gebaut, die „Cargo City Süd" mit über 6000 neuen Arbeits-plätzen.

Flughafen - Kurzinformation

Eröffnungsjahr: *1936*

Luftschiffverkehr nach _____

und _____

Internationaler Großflughafen

täglich _____ Starts / Landungen

und _____ Passagiere

Prognose: im Jahr 2000

_____ Passagiere

Verbindung zu _____ Städten

in Deutschland

nur _____ S-Bahn-Minuten zur City

Deutschlands größter Arbeitgeber

_____ Firmen und Behörden

_____ Arbeitsplätze

Pläne für die Zukunft:

neues Frachtzentrum

„ _____ "

Kurz & bündig

	Frage	**Antwort**

per Sie _____

per du *Hallo! Wie geht´s?* _____

Name:

per Sie *Wie* _____

per du _____

Land:

per Sie *Woher* _____

per du _____

Beruf:

per Sie *Was* _____

per du _____

Verben

Welche Verben kennen Sie schon?

heißen, _____

Wo steht das Verb?

W-Fragen: Das Verb steht auf Position _____

Beispiel: _____

Aussage (Antworten): Das Verb steht auf Position _____

Beispiel: _____

Ja- / Nein-Fragen: Das Verb steht auf Position _____

Beispiel: _____

Die Artikel

die	der	das
die Nummer	*der Name*	*das Foto*

Die Zahlen

0	_____				
1	_____	11	_____	21	_____
2	_____	12	_____	32	_____
3	_____	13	_____	43	_____
4	_____	14	_____	54	_____
5	_____	15	_____	65	_____
6	_____	16	_____	76	_____
7	_____	17	_____	87	_____
8	_____	18	_____	98	_____
9	_____	19	_____	99	_____
10	_____	20	_____	100	_____

Der Wortakzent

●•	•●	•●•		
danke	_Beruf_	_Französisch_		

Interessante Wörter und Ausdrücke

_____

_____

_____

Auf Wiedersehen!

per Sie   _Auf Wiedersehen!_ _____

per du   _____

_Ich spreche _____
und etwas Deutsch._

Contrastive Grammar

The personal pronoun "you"

Unlike English, German has two quite distinct modes of addressing another individual as "you":

The informal form *"du"* is automatically used when speaking to friends, family, children, animals, inanimate objects and God. It is also used when speaking to adults whom one addresses by their first name. Teenagers, students and some workers will automatically use *"du"* to each other.

The formal form *"Sie"* – always capitalized! – is used to show respect, but also to claim distance. It is generally used when speaking to adults with whom you are not on first name terms and whom you address as *"Herr ..."* or *"Frau ..."*. These will usually be either strangers, clients or people of a different age or hierarchical status.

> Although it sounds like the English word "you", incorrect use of *"du"* can cause great offence. If in doubt, use *"Sie"* and wait for the other person to offer you the *"du"*.

"du" or "Sie"? Please decide.

Hallo!

You are invited to dinner at a German colleague's house.
You don't know him or his wife very well. His wife opens the door.   *Sie*
Their 12-year-old son wants to say hello.   _____
He insists you meet his grandmother.   _____
Now the dog also wants to welcome you.   _____
Later that evening you take the bus back home and
have to ask the driver to let you know when to get off.   _____

"du" or "Sie" + verb. Please complete the missing forms.

Wie heißen Sie?

_____

_____

Woher kommen Sie?
Was sind Sie von Beruf?

_____

Wie heißt du?
Wie geht's?
Kommst du aus Frankfurt?

_____

Bist du Friseur?

Word order in statements and questions

The most important rule for German word order in statements and in questions starting with a W-word, such as *"wie"* (how), *"woher"* (where from), *"was"* (what) etc., is that the conjugated verb is always in second position.

position 1	position 2	position 3	position 4
Maria	*kommt*	aus Polen.	
Der Fahrer Antonio	*ist*	aus Italien.	
Er	*arbeitet*	seit 1979	in Frankfurt.
Seit 1979	*arbeitet*	er	auf dem Frankfurter Flughafen.
Wie	*heißen*	Sie?	
Woher	*kommst*	du?	
Was	*ist*	er	von Beruf?

C4   In the case of a yes-no-question however, the conjugated verb will be in position 1.

position 1	position 2	position 3
Heißt	er	Antonio?
Kommt	Maria	aus Polen?

Please write in German.

Are you Mr. Schmidt?	*Sind Sie Herr Schmidt?*
What is your profession?	
Where do you come from?	
He works at the airport.	
Is he from Austria?	
My name is Karin Beckmann.	

Please make meaningful sentences.

du / Woher / kommst?	*Woher kommst du?*
aus / Sie / Europa / sind.	
Max Weininger / Name / ist / Mein.	
Ihnen / es / geht / Wie?	
Spanierin / Sie / ist.	
Flugbegleiterin / als / Sie / arbeitet.	
Beruf / von / Was / du / bist?	

C4

Professions

Most professions in German have a masculine form and a feminine form, which is created by adding *"-in"* to the masculine form. So the male form of pilot is *"Pilot"*, and the female pilot is *"Pilotin"*. This rule works for most professions, but be aware of exceptions such as: *"Arzt"* (doctor, masculine), *"Ärztin"* (doctor, feminine).

> Unlike in English, one does not use an article when stating the profession: *"Ich bin Arzt"*, as opposed to "I'm **a** doctor".

Please complete the following sentences.

Petra ist ___*Friseurin.*___ (Friseur)
Martina ist _____ (Kellner)
Antonia ist _____ (Polizist)
Gertrud ist _____ (Student)
Maria ist _____ (Arzt)
Sofia ist _____ (Flugbegleiter)

Please write in German.

Jenny is a pilot. ___*Jenny ist Pilotin.*___
Bill is a driver. _____
Alan is a flight attendant. _____
Barbara is a teacher. _____
Mr. Winterbottom is a doctor. _____
Mrs. Clarke is a hairdresser. _____
Debbie is a doctor. _____
Richard is a teacher. _____

Capitalization

Compared to English, capital letters are a lot more common in the German language and play a much more crucial role as far as the understanding of a text is concerned.
The following must always be capitalized:

- The word at the beginning of a sentence: *"Wie heißt sie?"*, *"Er arbeitet als Fahrer."*
- All nouns. A noun is a word in front of which you can put the article "the". For example: the driver *"der Fahrer"*, the day *"der Tag"*, the question *"die Frage"*.
- All proper names: *"Karin Beckmann"*, *"Amerika"*, *"München"*, etc.
- All pronouns and possessive articles used in formal address: *"Sie"*, *"Ihnen"*, *"Ihr"*. Unlike in English, the German word for "I" (*"ich"*) is not capitalized unless it comes at the beginning of a sentence.

Please rewrite the following dialogue, using capital letters correctly.

1 guten abend. ich bin duncan kennedy und komme aus amerika. ich lebe in der schweiz, in zürich. seit drei jahren arbeite ich als pilot bei der swiss air. und was sind sie von beruf?
   Guten Abend. Ich ...
   _____

2 ich bin deutschlehrerin und arbeite bei der swiss air.
   _____

3 was? sie sind deutschlehrerin? da sind sie hier richtig. mein deutsch ist nicht gut.
   _____

Verb endings

What is a verb? Usually it is the word in the sentence that expresses the action, such as *"kommen"* (to come), *"fragen"* (to ask). Sometimes verbs are not so easily recognizable as action words: *"haben"* (to have), *"sein"* (to be). Depending on the subject of the sentence, the verbs have different endings. The subject is the thing or person carrying out the action or being described.

	kommen	fragen	sein	haben
ich	komme	frage	bin	habe
du	kommst	fragst	bist	hast
sie, er, es	kommt	fragt	ist	hat
Sie	kommen	fragen	sind	haben

You can see that *"sein"* and *"haben"* are irregular verbs.

Please fill in the gaps.

| komme ◆ sind ◆ wohne ◆ arbeitet ◆ lebt ◆ wohnen ◆ kommt ◆ heißt ◆ bin ◆ kommen |

Sie _____heißt_____ Maria Jablońska.

Maria _____ aus Polen.

Jetzt _____ sie in Deutschland.

Sie _____ auf dem Flughafen.

■ _____ Sie Frau Elio?

● Ja, das _____ ich.

■ _____ Sie aus Kolumbien?

● Nein, ich _____ aus Mexiko.

■ _____ Sie in Frankfurt?

● Ja, ich _____ seit 2 Jahren in Frankfurt.

C4

Numbers in German

Once you know the numbers from zero to twelve, it is easy to learn *"dreizehn"* (three + ten), *"vierzehn"* (four + ten), etc. Be careful with *"sechzehn"*, where the *"s"* at the end of the number *"sechs"* is omitted, and *"siebzehn"*, where *"-en"* of the number *"sieben"* is gone.

From twenty onwards, unlike in English, units come before tens: "one and twenty", "two and twenty" etc., and numbers are written as one word. This system carries on up to one hundred.

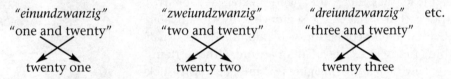

"einundzwanzig"	*"zweiundzwanzig"*	*"dreiundzwanzig"* etc.
"one and twenty"	"two and twenty"	"three and twenty"
twenty one	twenty two	twenty three

Please note: The number one in combination loses the *"s"*: *"eins"*, but *"einundzwanzig"*. For the number two, (*"zwei"*), you often say *"zwo"*, to distinguish the pronunciation even more from *"drei"*.
The *"-ig"* at the end of numbers like *"zwanzig"* is pronounced *"-ch-"*, as in the word *"ich"*: *"dreißig"* thirty, *"sechzig"* sixty, *"siebzig"* seventy.

Please read the following numbers.

34   55   78   50   99   7   4   66   6

Telephone numbers

Unlike in English, in German we give the numbers of the code individually, but the actual phone number is usually read in pairs, e.g. 45 23 75: *"fünfundvierzig, dreiundzwanzig, fünfundsiebzig"*. If the number is uneven, you can say the first digit individually and the following ones in pairs. If there is a zero in a pair, e.g. 05, read *"null fünf"*.

Please read the following phone numbers.

00 49 40 / 5 67 34 25   0 04 11 81 / 9 32 08 78

07 60 / 6 70 87 68   06 75 / 9 74 31 62

01 71 / 90 65 43   00 34 91 / 9 85 64 23

And what is your number?   *Meine Telefonnummer ist …*

The definite articles

For the one English article "the", there are three different ones in German: *"die"*, *"der"*, *"das"*. This is because there are three genders: feminine (*"feminin"*), masculine (*"maskulin"*) and neuter (*"neutrum"*). All nouns have gender in German. Thus a computer (*"der Computer"*) is every bit as "masculine" as a man (*"der Mann"*) and a piece of information (*"die Information"*) is just as "feminine" as a woman (*"die Frau"*).

Unfortunately there is no definite rule or logic that determines the gender of a noun or why for example a fork (*"die Gabel"*) should be feminine, a spoon (*"der Löffel"*) masculine and a knife (*"das Messer"*) neuter. Whilst, to take another example, it is *"die Frau"* (the woman) and *"der Mann"* (the man), strangely it is *"das Mädchen"* (the girl).

It is therefore necessary to learn each new noun with the correct article: *"die"* for feminine, *"der"* for masculine, *"das"* for neuter. Never learn *Frau* or *Computer*, but always *"**die** Frau"* and *"**der** Computer"* etc. Unless you know the correct gender of a noun, you will be unable to use it in a sentence correctly. Later on, many more complex grammar points relate to this central phenomenon of all nouns having one of three genders.

Learner Tip

In order to memorize the correct article, you should give yourself every type of help you can get. Here are a few tips:
Write out new vocabulary of nouns in three columns, one for feminine, one for masculine and one for neuter. As soon as you can, put each word in a little sentence. This will aid later fluency. Use a different colour for each column. Try to visualize something funny or exaggerated for a word with a certain gender: e.g. *"der Computer"* (imagine two muscular arms sticking out of the computer).

Nouns and their articles.

Please write these nouns from lesson 1 and any others you know already into the columns below.

~~Information~~ ◆ ~~Computer~~ ◆ ~~Foto~~ ◆ Name ◆ Antwort ◆ Frage ◆ Land ◆ Beruf ◆ Zahl ◆ Telefon ◆ Musik ◆ Sprache ◆ Flughafen ◆ Zettel ◆ Regel ◆ Wort ◆ Lerntipp ◆ Morgen ◆ Tag ◆ Abend ◆ Position ◆ Dialog ◆ Mädchen ◆ Sauerkraut ◆ Schnitzel ◆ Bier ◆ Telefonnummer

die	der	das
Information	*Computer*	*Foto*

Pronunciation Tips

The German letter "w"

The German letter *"w"* is pronounced like an English "v" ("very").
Listen to the course dialogues again and then practise these sentences aloud.

> Was ist zwei plus zwanzig?
> Zweiundzwanzig.
> Wie ist Ihr Name?
> Woher kommen Sie?
> Wie bitte?

In the following sentences make sure you produce a different sound for the English and the German *"w"*s.

> Wo ist der Engländer Herr William Winterbottom und wohin möchte er?
> Wohnt Herr Pickwick in Wien?

The letters "sp" / "st"

The consonant groups *"sp"* and *"st"* at the beginning of words are pronounced [schp] and [scht]:

Spanisch	= Schpanisch		sprechen	= schprechen
Sprache	= Schprache		spät	= schpät
Spanier	= Schpanier		Spanien	= Schpanien
Spiel	= Schpiel		stehen	= schtehen
Stadt	= Schtat		Student	= Schtudent
Stockholm	= Schtockholm		Stefanie	= Schtefanie

Practise these sentences aloud.

> Spanier sprechen Spanisch.
> In Stockholm sprechen die Studenten Schwedisch.

The letter "-e"

In German words, a final *"e"* is always voiced but not stressed.

Perhaps you have heard it in the German word *"Schadenfreude"*, which has crossed into the English language. The sound is similar to the pronunciation of the "a" in "forward" or the "u" in "virus". The phonetical symbol is [ə].

Listen to the words in the course dialogues again and then practise the words and sentences aloud.

> habe / Name / komme / heiße / danke / bitte / fliege
> Mein Name ist Kruse. Ich komme aus Frankfurt.
> Wie ist deine Telefonnummer, Sabine? Danke!

Cultural Corner

Frankfurt am Main

Frankfurt on the river Main (as distinct from its much smaller namesake on the river Oder on the German-Polish border, *"Frankfurt an der Oder"*) is Germany's main financial centre. About 90 % of all financial transactions in Germany are managed here. The city accommodates most of the country's large banks and hundreds of credit institutions and brokering firms, and is also the headquarters of the European Central Bank and the *"Bundesbank"*, the Germany's central bank. In spring 2000 the Frankfurt exchange merged with its rival London under the name "iX". "iX" covers more than 50 percent of the European exchange trade.

Frankfurt, birthplace of Johann Wolfgang von Goethe (1749–1832), is also host to a number of major international fairs, the annual Frankfurt Book Fair being the largest of its kind in the world. Its vast airport is Germany's largest and one of the most important in Europe. The city's Saint Paul's Church has become a national monument. It was there that the country's first democratic parliament was convened briefly in 1848/1849, before failing because of the power of Germany's ruling princes.

Addressing people

Unlike English (Mrs./Miss), German no longer distinguishes between married and unmarried women as far as their title is concerned. You should address all women as *"Frau ..."* , just as you address all men as *"Herr ..."*. Nowadays, the old diminutive *"Fräulein"* (which signified an unmarried woman until the 1970s) is acceptable only in a restaurant to address a waitress whose name one does not know. Even here, though, it is increasingly out of fashion and avoided.

Answering the phone

In Germany, Austria and Switzerland people usually give their last name when answering the telephone.
At the end of a conversation one says *"Auf Wiederhören"* (until I hear you again), rather than *"Auf Wiedersehen"* (until I see you again).

Begegnungen

A

Zahlen & Buchstaben

Sprechen und schreiben Sie diese Zahlen.

A 1

16 *sechzehn* _____
17 _____
60 _____
66 _____
70 _____
98 _____

134 *(ein)hundertvierunddreißig* _____
277 _____
391 _____
409 _____
615 _____
856 _____

1/16 **Hören und vergleichen Sie.**

A 2
1/17 ## Was ist das? Hören Sie und verbinden Sie die Zahlen.

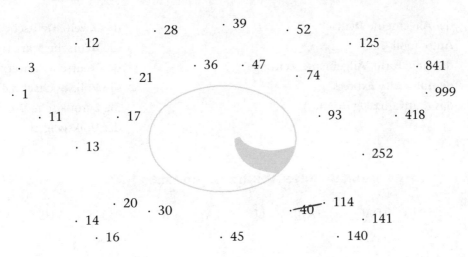

· 28   · 39   · 52
· 12   · 125
· 3   · 36   · 47   · 841
· 21   · 74
· 1   · 999
· 11   · 17   · 93   · 418
· 13   · 252
· 20   · 114
· 14   · 30   · 40   · 141
· 16   · 45   · 140

Das ist ein _____

Ergänzen Sie.

in Deutschland

Wählton
Die Leitung ist frei.
Ich wähle eine Nummer.

Besetzt-Ton
Die Leitung ist nicht frei.
Ich telefoniere später noch einmal.

Rufton
Das Telefon klingelt.
Ist er/sie zu Hause?

in meinem Land

Deutsche Zahlen

Die Deutschen lieben kleine Zahlen.

> Wie bitte?

Ja. Die Deutschen lieben kleine Zahlen. Sie schreiben Zahlen ganz normal, aber sie sprechen Zahlen anders.

> Wieso?

Sieben-und-achtzig

Zum Beispiel die Zahl **87**. Also 80 und 7. Die Deutschen sagen erst „**sieben**", dann sehen sie den Fehler und sagen noch schnell: „und achtzig", also: „**sieben**undachtzig".

> Aha.

Drei-und-zwanzig

Oder die Zahl **23**. Also 20 und 3. Die Deutschen sagen erst „**drei**" und dann schnell „und zwanzig" – „**drei**undzwanzig". Die Zahlen 1 bis 9 sind nie am Ende.

> Komisch. Stimmt das immer?

Na ja, sie sagen nicht „einszehn" und „zweizehn", sondern „elf" und „zwölf". Und bei 13 bis 19 vergessen sie das „und". Aber sonst stimmt es immer.

A 4

Was passt zusammen? Ergänzen Sie.

~~ADAC~~ ◆ DGB ◆ DM ◆ EU ◆ FAZ ◆ ICE ◆ KFZ ◆ VHS ◆ VW ◆ ZDF

ADAC	der **A**llgemeine **D**eutsche **A**utomobil-**C**lub	_____ das **Z**weite **D**eutsche **F**ernsehen
_____	die **F**rankfurter **A**llgemeine **Z**eitung	_____ die **D**eutsche **M**ark (D-Mark)
_____	der **I**nter **C**ity **E**xpress	_____ der **D**eutsche **G**ewerkschafts**b**und
_____	das **K**raft**f**ahr**z**eug (= Auto)	_____ die **V**olks**h**och**s**chule
		_____ die **E**uropäische **U**nion
		_____ der **V**olks**w**agen

Lerntipp:

Bei Abkürzungen mit Buchstaben ist der Akzent fast immer am Ende.

Lesen Sie diese Abkürzungen laut.

ADA<u>C</u>   DG<u>B</u>   E<u>U</u>   FA<u>Z</u>   IC<u>E</u>   KF<u>Z</u>   VH<u>S</u>   V<u>W</u>   ZD<u>F</u>

A 5

Buchstabieren Sie bitte.

● *Wie heißen Sie?*
■ *Polt.*
● *Wie schreibt man das? Buchstabieren Sie bitte.*
■ *P wie Paula, O wie Otto, L wie Ludwig, T wie Theodor. Polt.*

A	wie Anton	J	wie Julius	Sch	wie Schule
Ä	wie Ärger	K	wie Kaufmann	T	wie Theodor
B	wie Berta	L	wie Ludwig	U	wie Ulrich
C	wie Cäsar	M	wie Martha	Ü	wie Übermut
Ch	wie Charlotte	N	wie Nordpol	V	wie Viktor
D	wie Dora	O	wie Otto	W	wie Wilhelm
E	wie Emil	Ö	wie Ökonom	X	wie Xanthippe
F	wie Friedrich	P	wie Paula	Y	wie Ypsilon
G	wie Gustav	Q	wie Quelle	Z	wie Zeppelin
H	wie Heinrich	R	wie Richard		
I	wie Ida	S	wie Samuel		

Und Sie? Wie heißen Sie? _____

Wie schreibt man das? _____

6 Schreiben Sie die Buchstaben in Druckschrift.

Lieber Tobias,

leider kann ich nicht zur Party kommen. Ich bin wieder unterwegs: zwölf Tage quer durch Südamerika, dann vier Tage Japan. Kommen Max und Eva? Viele Grüße an alle, und alles Gute zum Geburtstag!

Deine Karin

A a A, a	H h _____	Ö ö _____	Ü ü _____
Ä ä _____	I i _____	P p _____	V v _____
B b _____	J j _____	Q q _____	W w _____
C c _____	K k _____	R r _____	X x _____
D d _____	L l _____	S s _____	Y y _____
E e _____	M m _____	ß _____	Z z _____
F f _____	N n _____	T t _____	
G g _____	O o _____	U u _____	

7 Wörter suchen

Sie suchen das Wort „Lied" in der Wortliste im Anhang.

Der 1. Buchstabe von „Lied" ist „L".
Sie suchen den Buchstaben „L"/„l" im Wörterverzeichnis.

...
Kursliste die, -n 16, 22, 59
kurz 14, 28, 42, 43, 56

L
lächeln 45, 47
lachen 45
Lampe die, -n 37, 20, 30
...
langweilig 32, 33, 34, 42
lassen 39
laut 27, 43, 46, 71, 76
leben 6, 59
Lebensmittel das, - 73
Ledersofa das, -s 31
...
lesen 2, 5, 6, 20, 30, 31,
letzte 50, 56, 62, 51
Leute die (nur Plural) 3, 6
Licht das (nur Sing.) 54, 68
lieb 68
lieben 6
lieber 54, 56, 76
Lieblingsfarbe die, -n 47
Lied das, -er 22

Hier ist der Buchstabe „L"/„l": alle Wörter hier beginnen mit „L"/„l".
Der 2. Buchstabe von „Lied" ist ein „i". Sie suchen „Li".
Hier ist „La" / „la" – also weiter!

Hier ist „Le"/„le" – also weiter!

Hier ist „Li" / „li"! Der 3. Buchstabe von „Lied" ist ein „e".
Sie suchen jetzt „Lie". Hier ist es schon.
Der 4. Buchstabe von „Lied" ist „d". Sie suchen jetzt „Lied".

Hier ist es! „Lied das, –er" heißt: „das Lied, Plural: die Lieder".

Suchen Sie die Wörter in der Wortliste im Anhang und ergänzen Sie.

	Singular	Plural
Adresse	*die Adresse*	*die Adressen*
Liste		
Wohnung		
Übung		
Problem		
Verein		
Kind		
Bild		
Würstchen		
Sessel		
Zettel		

A 8
1/19

Wo ist der Satzakzent? Hören und markieren Sie.

1 ☒ Wie <u>heißt</u> du?
    ☐ Wie heißt <u>du</u>?

2 ☐ <u>Wie</u> heißen Sie?
    ☐ Wie <u>heißen</u> Sie?

3 ☐ Wie ist Ihre Telefon<u>nummer</u>?
    ☐ Wie ist Ihre Tele<u>fon</u>nummer?

4 ☐ Wie ist deine <u>Adresse</u>?
    ☐ Wie ist deine <u>A</u>dresse?

5 ☐ Bitte <u>noch</u> einmal.
    ☐ Bitte noch <u>ein</u>mal.

6 ☐ Bitte <u>langsam</u>.
    ☐ Bitte lang<u>sam</u>.

7 ☐ <u>Wie</u> bitte?
    ☐ Wie <u>bit</u>te?

8 ☐ <u>Buch</u>stabieren Sie bitte.
    ☐ Buchsta<u>bie</u>ren Sie bitte.

9 ☐ Barbosa – wie <u>schreibt</u> man das?
    ☐ Barbosa – wie schreibt man <u>das</u>?

KURSE
A 6-

B   Ein Visum für Deutschland

B 1

Lesen Sie das Formular auf S. 19: Was passt? Markieren Sie bitte.

Frage	Nr.	Frage	Nr.
Wie heißen Sie?		Was sind Sie von Beruf?	
Haben Sie noch andere Namen?		Wann und wo sind Sie geboren?	
Wie ist Ihr Vorname?	*3*	Wie ist Ihre Adresse?	
Welche Staatsangehörigkeit haben Sie?		Sind Sie verheiratet?	

Schreiben Sie die Antworten in das Formular.

ANTRAG AUF ERTEILUNG EINES VISUMS

Deutsch – Englisch
Französisch – Spanisch

APPLICATION FOR A VISA/FORMULAIRE DE DEMANDE DE VISA/IMPRESO DE SOLICITUD DE VISADO
Botschaft/Generalkonsulat der Bundesrepublik Deutschland

Bearbeitungsvermerke

1. NAME ....
    FAMILY NAME/NOM/APELLIDOS

2. SONSTIGE NAMEN ....
    (Geburtsname, alias, Pseudonym, vorherige Namen)
    OTHER NAMES (name given at birth, assumed name, previous names)
    AUTRES NOMS (nom à la naissance, alias, pseudonyme, noms portés antérieurement)
    OTROS APELLIDOS (apellidos de soltera, alias, pseudónimo, apellidos anteriores)

3. VORNAMEN ....
    GIVEN NAMES/PRENOMS/NOMBRES

4. GESCHLECHT   (M) ☐   (W) ☐
    SEX/SEXE/SEXO   (M)/(M)/(V)   (F)/(F)/(M)

5. GEBURTSDATUM UND -ORT ....
    DATE AND PLACE OF BIRTH/DATE ET LIEU DE NAISSANCE/
    FECHA Y LUGAR DE NACIMIENTO

6. GEBURTSLAND ....
    COUNTRY OF BIRTH/PAYS DE NAISSANCE/PAIS DE NACIMIENTO

7. STAATSANGEHÖRIGKEITEN ....
    NATIONALITY(IES)/NATIONALITE(S)/NACIONALIDAD(ES)

8. FAMILIENSTAND   ledig ☐   verheiratet ☐
    PERSONAL STATUS/SITUATION DE   single/célibataire   married/marié(e)
    FAMILLE/ESTADO CIVIL   soltero(a)   casado(a)

                              geschieden ☐   verwitwet ☐
                              divorced/divorcé(e)/divorciado(a)   widowed/veuf(ve)/viudo(a)

9. ANSCHRIFT ....
    ADDRESS/ADRESSE/DIRECCION

10. BERUF ....
    TRADE OR PROFESSION/PROFESSION/PROFESION

11. ARBEITGEBER ....
    EMPLOYER/EMPLOYEUR/EMPLEADOR

Lichtbild
neueren Datums

Recent
photograph

Photographie
récente

Fotografia
reciente

DATUM UND NUMMER DES
ANTRAGS:

BELEGE:

Aufenthaltsnachweis   ☐
finanzielle Mittel   ☐
Beförderungsausweis   ☐
Unterkunft   ☐
Rückkehrvisum   ☐
Krankenversicherung   ☐
weitere Belege

KURSBUCH
B 7

B 2

Vergleichen Sie die Leute und ergänzen Sie.

Anja Puhl
*1975 in Hamburg
Studentin
ledig, 1 Kind
deutsch

Antonio Musso
*1972 in Stuttgart
Ingenieur
verheiratet, 2 Kinder
italienisch

Oliver Puhl
*1972 in Hamburg
Ingenieur
verheiratet, –
deutsch

Ricarda Brandt,
geb. Musso
*1974 in Stuttgart
Flugbegleiterin
geschieden, –
italienisch

... haben ... ◆ ... hat ... ◆ ... sind ... ◆ ... ist ...

1   *Anja und Oliver sind* _____ in Hamburg geboren.
    _____ in Stuttgart geboren.

2   _____ Jahre alt, _____ Jahre alt,
    und Oliver und Antonio _____ Jahre alt.

3   _____ Studentin, _____ Flugbegleiterin,
    _____ Ingenieure.

4   _____ verheiratet, _____ nicht verheiratet.

5   _____ Kinder, _____ keine Kinder.

6   _____ die deutsche Staatsangehörigkeit,
    _____ die italienische Staatsangehörigkeit.

Ergänzen Sie den Dialog.

bin ◆ bist ◆ ist ◆ sind ◆ seid ◆ habe ◆ hast ◆ hat ◆ haben ◆ habt

1 *Anja*   „Wir ____sind____ in Hamburg geboren, Oliver 1972 und ich 1975.
Und ihr? _____ ihr aus Italien?"

2 _____ „Nein, die Familie _____ aus Italien. Ricarda und ich _____ in Stuttgart
geboren. Aber wir _____ die italienische Staatsangehörigkeit."

3 _____ „Antonio _____ Ingenieur, ich _____ Flugbegleiterin bei der Lufthansa.
Was _____ ihr von Beruf?"

4 _____ „Ich _____ Studentin. Oliver _____ auch Ingenieur."

5 _____ „Auch Ingenieur? Und auch 1972 geboren! _____ du verheiratet, Oliver?
_____ du Kinder?"

6 _____ „Ja, ich _____ verheiratet, aber ich _____ keine Kinder.
Anja _____ ein Kind. Und ihr? _____ ihr Kinder?"

7 _____ „Antonio _____ verheiratet und _____ zwei Kinder.
Ich _____ geschieden. Und ich _____ keine Kinder."

Wer sagt was? Ergänzen Sie die Namen.

Hören und antworten Sie.

Hören und antworten Sie. Sprechen Sie schnell und undeutlich.
Die Leute verstehen nicht gut und fragen „Wie bitte?".
Wiederholen Sie dann noch einmal langsam und deutlich.

Beispiel:

● *Ihr Name, bitte.*
■ *Ich heiße Müller-Thurgau.*
● *Wie bitte?*
■ *M ü l l e r - T h u r g a u .*
● *Ah, Müller-Thurgau. Danke.*

Beispiel	Name:	Müller-Thurgau			
1	Frau Dr. Krüger:	310 74 53	9	Ihr Name:	???
2	Meldestelle:	Ludwigstr. 28	10	Ihr(e) Vorname(n):	???
3	Herr Obutu:	aus Nigeria	11	Ihr Land:	???
4	Herr Schnelle:	Taxifahrer	12	Ihr Beruf:	???
5	Frau Schneider:	* 1949 in Hannover	13	Ihr Familienstand:	???
6	Herr Wecker:	Konstantin	14	Ihre Adresse:	???
7	Frau Schmidt:	verheiratet, 3 Kinder			
8	Herr Haufiku:	namibisch und britisch			

Die Eröffnung

C

C 1

Ergänzen Sie die Verben.

geht ◆ kommst ◆ ~~kommen~~ ◆ gehe ◆ arbeitet

DIE DISKO IN MÜNCHEN
HipHop Ludwigstraße 212, München Schwabing, Tel.: 233 29 46
V.i.S.d.P. Karsten Wecker

Markus und Peter ___*kommen*___ immer zusammen ins HipHop.

Jasmin _____ nie vor 2 nach Hause. Auch ich _____

oft ins HipHop. Und sie _____ im HipHop. Wann _____

du ins HipHop?

C 2

Unterstreichen Sie die Verb-Endungen.

Ich spiele ...

Du spielst ...

Er spielt ...

Sie spielt ...

Wir spielen ...

Ihr spielt ...

Alle spielen ...

Moment mal! Ich lerne doch Deutsch mit Tangram! ...

C 3

Jetzt schreiben Sie eine Werbung.

Ich gehe _____

Du _____

_____

_____

Alle _____ *ins Alabama.*

Wann _____ *sie?*

Ergänzen Sie die Verb-Endungen und die Regeln.

Subjekt	kommen	gehen	spielen	arbeiten
ich	komm___	geh___	spiel___	arbeit___
du	komm___	geh___	spiel___	arbeite___
er/sie/es	komm___	geh___	spiel___	arbeite___
wir	komm___	geh___	spiel___	arbeit___
ihr	komm___	geh___	spiel___	arbeite___
sie	komm___	geh___	spiel___	arbeit___

Höflichkeitsform

Sie	komm___	geh___	spiel___	arbeit___

Diese Zeitform nennt man Präsens.

1 Das Subjekt bestimmt die _____ .

2 Im Präsens haben   „wir" und „sie" / „Sie" die Endung _____ ,
   „er" / „sie" / „es" und „ihr" die Endung _____ .

3 Bei Verben mit _d_ oder mit ___ kommt vor die Endungen -st und -t ein „e"
   (du find**e**st, er / sie / es arbei**t**et).

Ergänzen Sie die Verben und die Verb-Endungen.

● Ich _bin_ Ihr neuer Nachbar. Ich wohn_e_ in der Wohnung nebenan.

■ Komm____ Sie doch herein. _____ Sie schon lange hier in Deutschland?

● Nein, ich _____ erst 2 Wochen hier.

■ Wir wohn____ jetzt schon 20 Jahre hier. Mein Mann _____ nicht zu Hause. Er arbeit____ heute bis 7 Uhr. Komm____ Sie doch mal zum Kaffeetrinken vorbei.

● Woher komm____ ihr?

■ Wir komm____ aus Chile. Aber wir _____ schon 5 Jahre in Deutschland.

● _____ du auch Student?

■ Nein, ich _____ Angestellter.

● Arbeit____ du hier an der Universität?

■ Nein. Ich arbeit____ bei der Volkshochschule.

● Wo wohn____ Anja und Oliver?

■ Ich weiß nicht genau. Sie _____ in Hamburg geboren, aber ich glaube, sie wohn____ jetzt in Bremen.

KURSB
C

Rätsel

Lesen Sie den Text und ergänzen Sie.

eine ◆ ein ◆ keine ◆ kein ◆ – ◆ die ◆ der ◆ das

Auf der Meldestelle

Eine Zahl, _____ Dialog und _____ Formular sind auf der Meldestelle.
„Guten Tag, mein Name ist 38", sagt *die* Zahl. „Guten Tag", sagt die Angestellte. „Sie sind _____ Zahl? Das ist gut. _____ Zahlen sind hier immer willkommen. Dann sind Sie ja verheiratet. Wie heißt Ihr Partner? Alter, oder Hausnummer, oder Postleitzahl, oder … ?" „Ich bin ledig", sagt _____ Zahl. „Oh nein!", sagt _____ Angestellte. „ _____ ledige Zahl? Hier auf der Meldestelle? Das geht nicht! Auf Wiedersehen!" Traurig geht _____ Zahl nach Hause. „Hallo, wie geht's?", sagt _____ Dialog. „Guten Tag. Wie ist Ihr Name?", sagt _____ Angestellte. „Ich weiß nicht," sagt _____ Dialog. „Ich bin _____ Dialog." „So, so", sagt _____ Angestellte." „Und wo wohnen Sie?" „Hier!", sagt _____ Dialog. „Wir sprechen – also wohne ich hier." „Oh nein!", sagt _____ Angestellte. „ _____ Name? Das geht nicht. Hier ist kein Platz für Sie." Traurig geht _____ Dialog nach Hause.
„Guten Tag! Bin ich hier richtig?", fragt _____ Formular. „Sie sind _____ Formular? Sehr gut.", sagt _____ Angestellte. „Und wie heißen Sie?" „Ich heiße »Anmeldung«", sagt _____ Formular. „Oh, wie schön!", sagt die Angestellte, „da sind Sie hier richtig. _____ Formulare sind hier immer richtig."
Deshalb sind auf der Meldestelle viele Formulare, aber _____ Dialoge, und nur verheiratete Zahlen.

Ergänzen Sie die Regeln.

die	Der unbestimmte Artikel ist _____ , der negative Artikel *keine* .
der und **das**	Der unbestimmte Artikel ist _____ , der negative Artikel _____ .
die (Plural)	Der unbestimmte Artikel ist __—__ , der negative Artikel _____ .

Eine Zahl, ein Dialog und ein Formular sind auf der Meldestelle.
„Guten Tag, mein Name ist 38", sagt **die** Zahl. …
„Hallo, wie geht's?", sagt **der** Dialog. …
„Guten Tag! Bin ich hier richtig?", fragt **das** Formular.

In Texten, Dialogen, … steht
zuerst der _____ Artikel,
dann der _____ Artikel.

Was ist das? Raten und ergänzen Sie.

~~halZ~~ ◆ lirsteKus ◆ rAdeses ◆ marloFur ◆ dilB ◆ tooF ◆ giloDa ◆ rahFer ◆ fonleeT

1 Sie sagt immer ihre Größe.   *eine Zahl*
2 Es spricht ohne Worte.   _____
3 Er ist nie allein (immer zu zweit).   _____
4 Er arbeitet im Auto.   _____
5 Sie hat viele Namen.   _____
6 Es möchte alles von Ihnen wissen.   _____
7 Sie ist auf allen Briefen.   _____
8 Es ist in jedem Pass.   _____
9 Sein Name ist eine Nummer.   _____

● *Nummer 1 ist eine Zahl. Was ist Nummer 2?*
■ *Nummer 2 ist … Was ist Nummer … ?*

| sie ↔ die / eine … |
| er ↔ der / ein … |
| es ↔ das / ein … |

Zwischen den Zeilen

Hören und markieren Sie.

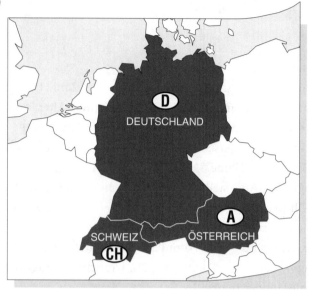
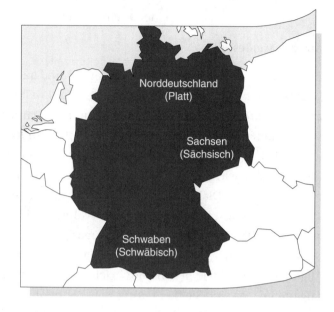

Die Leute kommen aus Ländern und Regionen, wo man Deutsch spricht. Sie begrüßen sich und sagen „Guten Tag" oder „Hallo!", aber es klingt immer anders.

_1_	Grüezi!	_in der schweiz_
	Gudn Daach!	_____
	Gris Gott!	_____
	Moin, moin!	_____
	Servus!	_____

Wo sagt man was? Raten Sie und ergänzen Sie die Länder, dann hören und vergleichen Sie.

Wo ist das? Hören und markieren Sie.

Nr.	Land (Sprache)	„du"	„Sie"
	Österreich (Wienerisch)		
	Schweiz (Berndeutsch)		
	Schwaben (Schwäbisch)		

Nr.	Land (Sprache)	„du"	„Sie"
_1_	Norddeutschland (Platt)	X	
	Sachsen (Sächsisch)		

Per du oder per Sie? Hören Sie noch einmal und markieren Sie.

Was passt wo? Ergänzen Sie die Überschriften.

Hallo! / Guten Tag!	(Danke,) gut.	Tschüs! / Auf Wiedersehen!

Pfiat di!	Matt jo.	Servus!
Baba!	Dange, guad.	Grüezi!
Uf Wiederluege!	Ha gued.	Moin, moin!
Adiä!	Gans guud.	Grüaß Gott!
Mach's guud!	Nu ja, es geed.	Daach!

Was darf's denn sein?

F

Was passt wo? Ergänzen Sie die Namen.

Apfelsaft *(m)* ◆ Bier *(n)* ◆ Cola *(n)* ◆ Eier *(n)* ◆ Gulaschsuppe *(f)* ◆ Käsebrot *(n)* ◆
Kaffee *(m)* ◆ Kuchen *(m)* ◆ Mineralwasser *(n)* ◆ Orangensaft *(m)*
Rotwein *(m)* ◆ Salat *(m)* ◆ Schinkenbrot *(n)* ◆ Tee *(m)* ◆ Weißwein *(m)* ◆ Würstchen *(n)*

1

_____

5

_____

8

_____

12

_____

2

_____

9

_____

13

_____

6

_____

3

_____

10

_____

14

_____

4

_____

7

_____

11

_____

15

_____

1/23

Hören Sie und sprechen Sie nach.

Welche Wörter haben den Wortakzent <u>nicht</u> am Anfang? Ergänzen Sie.

•● *Salat* _____

F 2

1/24

Was bestellen die Gäste? Hören und ergänzen Sie.

Gast 1 _____

Gast 2 _____

nehmen / möchten / trinken / bestellen			
	f	*m*	*n*
Ich **nehme**	eine Gulaschsuppe	einen Salat	ein Schinkenbrot.
Nein,	keine Gulaschsuppe	kei**nen** Salat	kein Schinkenbrot.

F 3

1/25

Hören und antworten Sie.

Sie bestellen im Lokal.

Beispiel:

● *Was darf's sein?* ↗

■ *Ich nehme ein Schinkenbrot* ↘ ...
  Nein,→ kein Schinkenbrot,→ ein Käsebrot, bitte. ↘

● *Und was möchten Sie trinken?* ↗

■ *Ein Bier.* ↘ *... Nein, kein Bier,→ einen Rotwein, bitte.* ↘

● *Also ein Käsebrot und einen Rotwein.* ↘ *Danke.* ↘

Nein, kein Bier. Ein Cola, bitte.

Beispiel	Schinkenbrot	→	Käsebrot	Bier	→	Rotwein
1	Würstchen	→	Gulaschsuppe	Mineralwasser	→	Cola
2	Gulaschsuppe	→	Salat mit Ei	Apfelsaft	→	Tee
3	Eis	→	Apfelkuchen	Cola	→	Kaffee
4	Salat	→	Würstchen	Weißwein	→	Bier
5	Kuchen	→	Eis	Orangensaft	→	Mineralwasser
6	Käsebrot	→	Schinkenbrot	Rotwein	→	Apfelsaft

F 4

Schreiben Sie kleine Dialoge oder üben Sie zu dritt.

● *Was darf's sein?*

■ *Ein Schinkenbrot und* ...

● *Was möchten Sie trinken?*

■ *Ein Bier und einen Tee, bitte.*

KURSB
F 4

Der Ton macht die Musik

G

G 1

1/26

Hören Sie, sprechen Sie nach und markieren Sie.

Die Vokale **a**, **e**, **i**, **o** und **u** spricht man im Deutschen lang (a̱, e̱ …) oder kurz (a̯, e̯ …)

a	Zahl	Hamburg	Datum	dann	Paar	Name	Stadt
e	geht	Student	Tee	den	denn	etwas	ledig
i	Spiel	Bild	bitte	Lied	ist	Tipp	viel
o	Brot	kommen	von	doch	Cola	wohnt	Zoo
u	Buchstabe	gut	Gruppe	Stuhl	Beruf	du	hundert

G 2

Lang oder kurz? Ergänzen Sie die Regeln.

> ✏ **schreiben**
>
> „ah" (wie in „Zahl") und „aa" (wie in „Paar")   [a:]
> „eh" (wie in „geht") und „ee" (wie in „Tee")   spricht man _____   [e:]
> „oh" (wie in „wohnt") und „oo" (wie in „Zoo")   [o:]
> „uh" (wie in „Stuhl")   [u:]
>
> „ie" (wie in „Spiel", „Lied" oder „viel")   spricht man _____   [i:]
>
> „i" (wie in „Bild" oder „ist")   spricht man _____   [ɪ]
>
> Vokal (a, e, i, o, u) + Doppel-Konsonant (mm, nn, tt, …)
> wie in „dann", „denn", „bitte", „Tipp"
> „kommen" oder „Gruppe"   spricht man immer _____   [a], [ɛ], [ɪ], [ɔ], [ʊ]

Lang oder kurz? Markieren Sie.

Jahr	hallo	Staatsangehörigkeit	Wasser	Fahrer
steht	Sessel	Idee	Lehrer	kennen	zehn
stimmt	hier	richtig	Bier	sieben
oh	Boot	Lotto	Wohnung	kommen
Suppe	Stuhl	Nummer	Uhr	null

1/27 Hören Sie, sprechen Sie nach und vergleichen Sie.

G 3

1/28

Hören und sprechen Sie.

Vokal-Interview	a	Hallo, da sind Sie ja. Name? Staatsangehörigkeit? Aha.
	e	Ledig? Sehr nett. Sprechen Sie denn etwas Englisch?
	i	Wie ist die Anschrift hier in Innsbruck, bitte?
	o	Wo wohnen Sie? … Woher kommen Sie?
	u	Und Ihr Beruf? Studentin? Gut.
	a / e / i / o / u	Oh, es ist schon vier Uhr. Ich muß jetzt weg. Kommen Sie doch bitte morgen noch mal vorbei.

Ein Verein stellt sich vor

Was ist das? Markieren Sie.

1   Der Text ist

☐ ein Brief ☐ eine Werbung ☐ ein Formular ☐ ein Dialog

2   Die Turngemeinde Bornheim ist

☐ eine Firma ☐ eine Schule ☐ ein Sportverein ☐ eine Kneipe

Turngemeinde Bornheim 1860

Geschäftsstelle:
Berger Straße 294
6000 Frankfurt/Main 60
Telefon: 069/453490
Geschäftszeiten:

Mo. – Fr.: 13.00 – 14.00 Uhr
Di. u. Do.: 20.00 – 21.00 Uhr

Volleyball

Es gibt bei uns zwei Gruppen: die Montagsgruppe und die Mittwochsgruppe.
Die Montagsgruppe trainiert intensiv und macht auch Wettkämpfe. Die Mittwochsgruppe ist
eine Hobby- und Freizeitgruppe - alle können mitmachen.
Wir machen 30 Minuten Gymnastik zum Aufwärmen und dann 30 Minuten Training zur
Verbesserung der Volleyball-Techniken und der Spiel-Taktik. Dann spielen wir eine Stunde.
Am Freitag und Samstag gibt es weitere Möglichkeiten zum Volleyball-Spielen: die
Spielgruppen. Wir machen erst etwa 30 Minuten Gymnastik zum Aufwärmen, dann spielen
wir bis ... Wie lange? Das kommt darauf an ...
Spielt ihr gerne Volleyball? Trefft ihr gerne nette Leute?
Dann kommt doch mal vorbei!

Montag:	21 – 23 Uhr	in der Turnhalle der
Mittwoch:	21 – 23 Uhr	Turngemeinde Bornheim 1860 e.V.
Samstag:	18 – 21 Uhr	Berger Str. 294
und		
Freitag:	18 – 20 Uhr	in der Turnhalle der Helmholzschule
		Habsburger Allee 57

Lesen Sie noch einmal und markieren Sie.

1   Karin sucht eine Volleyballgruppe. Sie spielt sehr gut Volleyball. Sie möchte intensiv trainieren. Für Karin passt

☐ die Montagsgruppe
☐ die Mittwochsgruppe
☐ die Spielgruppe (Freitag oder Samstag)

2   Wolfgang sucht auch eine Volleyballgruppe. Er spielt nicht so gut Volleyball. Er möchte nicht trainieren, er möchte spielen. Für Wolfgang passt

☐ die Montagsgruppe
☐ die Mittwochsgruppe
☐ die Spielgruppe (Freitag oder Samstag)

Kurz & bündig

Fragen mit „Wo", „Woher", „Wie", „Wann" und „Was"

Herr Obutu wohnt in Aschaffenburg.	_Wo wohnt Herr Obutu?_ ?
Er kommt aus Nigeria.	_____ ?
Er ist 20 Jahre alt.	_____ ?
Herr Palikaris ist Student.	_____ ?
Er ist 1970 in Griechenland geboren.	_____ ?
Seine Adresse ist Ludwig-Landmann-Str. 257.	_____ ?
Frau Barbosa arbeitet bei TransFair.	_____ ?
Ihre Telefonnummer ist 5 30 98 72 04.	_____ ?
Sie ist schon drei Monate in Deutschland.	_____ ?
Wir spielen Volleyball bei der TG Bornheim.	_____ _ihr_ _____ ?
Ich möchte einen Orangensaft.	_____ ?

Ich

Ich komme aus _____ . Ich bin __19__ in _____ geboren.

Meine Staatsangehörigkeit: _____ .

Ich bin _____ (von Beruf) und arbeite bei _____ .

Ich bin _____ und habe _____ Kinder.

Ich buchstabiere meinen Namen:

_____

Meine Adresse ist:

_____

Meine Telefonnummer ist

(Vorwahl) _____ (Rufnummer) _____

Antworten Sie.

(„Ich auch." / „Ich nicht." / „Ich auch nicht." / „Aber ich.")

Ich lebe in Deutschland.	_____
Ich bin verheiratet.	_____
Ich habe zwei Kinder.	_____
Ich spreche Englisch.	_____
Ich esse gerne Kuchen.	_____
Ich trinke gerne Cola.	_____
Ich trinke nicht gerne Bier.	_____
Ich esse kein Eis.	_____

Das Präsens

9 Uhr
Ich höre.
Du markierst.
Er fragt.
Sie antwortet.
Wir schreiben.
Ihr ergänzt.
Alle lernen Deutsch.

10 Uhr
Ich frage.
Du _____ .
Er _____ .
Sie _____ .
Wir _____ .
Ihr _____ .
Alle lernen Deutsch.

11 Uhr
Ich verstehe nicht.
Du verstehst nicht.
Er versteht nicht.
Sie fragt: „Versteht ihr"?
Wir verstehen nicht.
Aber das macht nichts.
Alle machen Pause.

Interessante Wörter (Nominativ)

der (ein, kein)   die (eine, keine)   das (ein, kein)

_____   _____   _____

_____   _____   _____

_____   _____   _____

_____   _____   _____

_____   _____   _____

Ich bestelle im Lokal

(„nehmen", „möchten" + Akkusativ)

_____

Interessante Ausdrücke

_____

_____

_____

Contrastive Grammar

Question words

Like English question words (except "how"), German question words begin with a *"w"*. They occupy the first position in a question, with the verb coming second and the subject third:

1	2	3
Wo	wohnt	Karin Beckmann?

"wie" / "was"

Although *"wie"* normally corresponds to the English "how" (*"Wie geht es Ihnen?"* = "How are you?", *"Wie alt ist er?"* = "How old is he?"), it is also used when asking for names, addresses and telephone numbers, where English would use "what":

> Wie ist die Telefonnummer von "TransFair"?
> Wie heißt du? / Wie ist dein Name?
> Wie ist deine Adresse?

It would be wrong to use *"was"* here. Remember also the useful *"Wie bitte?"*, corresponding to the English "pardon?", to get a German speaker to repeat what she / he has just said.

KURSBUCH
A1–B6

"wo" / "wohin" / "woher"

Wo wohnen Sie?	/ Where do you live? /	In Köln.
Wohin möchten Sie?	/ Where would you like to go (to)? /	Nach Köln.
Woher kommen Sie?	/ Where do you come from? /	Aus Köln.

Whilst both the *"wo"* and *"wohin"* questions usually translate into English as "where?", German studiously distinguishes – in later, more complex grammar points too – between

   questions asking about movement to a new position (*"wohin?"* = "where to?")

   and those asking for the location where something takes place (*"wo"*, "where?").

"wer" / "wo" / "wann"

Take care with these sources of common mistakes: *"wer"* sounds like the English question word "where", but it means "who". The German *"wo"* means "where". Pay attention to the *"a"* in the question word *"wann"*. Only its English translation "when" has an "e".

Wer ist Frau Beckmann?	**Who** is Mrs Beckmann?
Wo ist Frau Beckmann?	**Where** is Mrs Beckmann?
Wann kommt Frau Beckmann?	**When** is Mrs Beckmann coming?

In both *"w"*-questions and yes/no questions, the verb precedes the subject and there is no need for any additional verb ("do") as in English.

Wo arbeiten Sie?	Where do you work?
Wohnt sie in Hamburg?	Does she live in Hamburg?
Spricht er Englisch?	Does he speak English?

Please insert the correct question word.

was ◆ wie lange ◆ wie ◆ wo ◆ wohin ◆ wann ◆ woher

Was	sind Sie von Beruf?	– Ingenieur.
_____	ist Ihre Adresse?	– Bondstraße 2.
_____	fliegen Sie?	– Nach Asien.
_____	kommen Sie?	– Aus England.
_____ und _____	sind Sie geboren?	– 1975, in London.
_____	sind Sie schon in Deutschland?	– Ein Jahr.

Verb conjugation – the present tense

Verbs appear in the dictionary in their infinitive (i.e. unconjugated) form, ending normally in *"-en"*, e.g. *"wohnen"* to live, *"trinken"* to drink. To use the verb in the present tense, you remove this *"-en"* to reveal the verb stem. To this stem you add endings, depending on the subject (the person or thing "doing" the verb) of your sentence. The subject will be immediately to the left or right of your verb.

...resident...
-s) *m* block of flats; **Wohn-dich-te** *f* housing (*od.* residential) density.

woh-nen ['vo:nən] *itr* live, stay (*bei* with); **er wohnt bei s-n Eltern**, he lives with his parents; **ein Haus, in dem man nicht ~ kann** a house not fit to live in; **im Hotel ~** stay at a hotel

Wohn-flä-che *f* living space; Wohn-**ge-biet** *n* residential distri...
Wohn-geld...

			wohn-**en**	trink-**en**
1st person singular	I	ich	wohne	trinke
2nd person singular	you (informal)	du	wohnst	trinkst
3rd person singular	she	sie	wohnt	trinkt
	he	er		
	it	es		
	one	man		
1st person plural	we	wir	wohnen	trinken
2nd person plural	you (informal)	ihr	wohnt	trinkt
3rd person plural	they	sie	wohnen	trinken
2nd person singular and plural	you (formal)	Sie		

"you"

There are three words for "you": The plural of *"du"* is *"ihr"*, but no distinction is made in the formal mode of address *"Sie"* between singular and plural.

Wo wohnst **du**?
Wo wohnt **ihr**?
Wo wohnen **Sie**?

Where do **you** live?

"Sie"

At the beginning of a sentence, the capitalized word *"Sie"* might mean one of four things: "she" / "it", "they", "you" (formal, singular) or "you" (formal, plural). The verb ending (*"-t"*) will let us know if it means "she" / "it". If the ending is *"-en"*, you will have to decide the meaning from context.

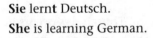

Sie lernt Deutsch.
She is learning German.

Sie lernen Deutsch.

You are learning German.
They are learning German.

"man"

The German word *"man"* means "one" and conjugates as a third person singular (as does the question word *"wer"*). However, it is not at all "stuffy" like the English word and therefore much used in general statements where English frequently seeks alternatives like "people" or "you":

Wie schreibt **man** das?
Ich kenne nur Vokabelhefte, da lernt **man** nicht viel.

How do **you** spell that?
I only know vocabulary books. **You** don't learn much there.

Please do not confuse *"man"* with the German word for "a man", which is spelt altogether differently: *"der Mann"*.

"it"

In German there are three different words used to refer to an object as "it", depending on the gender of the object. The German *"sie"* ("she") also means "it" of any feminine object and *"er"* ("he") also means "it" of any masculine object. Only neuter objects use the pronoun *"es"* to mean "it".

Wo ist **die Lampe**?   – Da ist **sie**.
Wo ist **der Tisch**?   – Da ist **er**.
Wo ist **das Wohnzimmer**? – Da ist **es**.

Where's the lamp?   – There **it** is.
Where's the table?   – There **it** is.
Where's the living room? – There **it** is.

Verbs with different stem endings

For ease of pronunciation, verbs with a stem ending in "t" or "d" (e.g. "arbeiten" to work, "finden" to find) add an extra "e" before "-st" or "-t" endings, and verbs with a stem ending in "s", "ß" or "z" (e.g. "heißen" to be called, "essen" to eat) omit the "s" of the "-st" ending in the "du"-form.

	arbeit-en	**heiß-en**
ich	arbeite	heiße
du	arbeitest	heißt
sie		
er	arbeitet	heißt
es		
man		
wir	arbeiten	heißen
ihr	arbeitet	heißt
sie / Sie	arbeiten	heißen

Verbs with vowel change

Some verbs, whilst having regular verb endings, undergo a vowel change in the stem. This always occurs in the "du" and "sie"/"er"/"es"/"man" persons only. In this lesson you are introduced to a group of verbs where the "e" of the stem changes to an "i" – in one verb, "nehmen", there is an accompanying consonant change too: "-eh-" becomes "-im-".

	sprechen to speak	**helfen** to help	**essen** to eat	**nehmen** to take
ich	spreche	helfe	esse	nehme
du	sprichst	hilfst	isst	nimmst
sie				
er	spricht	hilft	isst	nimmt
es				
man				
wir	sprechen	helfen	essen	nehmen
ihr	sprecht	helft	esst	nehmt
sie / Sie	sprechen	helfen	essen	nehmen

"sein" and "haben"

Some verbs are irregular and have to be learnt as one-offs. Please spend time learning carefully the conjugation of "sein" (to be) and "haben" (to have) on page 19 or G8 of your coursebook, as they are two of the most common verbs in the language.

Ich bin Karin Beckmann. / Das ist Veronika Winter. / Sind Sie Frau Graf? /
Er hat keine Kinder. / Hast du vielleicht einen Tee? / Seid ihr aus London?

Which answer fits the question?

1. Nimmst du Zucker und Milch?
- Du nimmst nur Zucker.
- Ihr nehmt nur Zucker.
- ☒ Ich nehme nur Zucker.

2. Wo arbeiten sie?
- Ich arbeite bei TransFair.
- Sie arbeiten bei TransFair.
- Sie arbeitet bei TransFair.

3. Sprecht ihr Englisch?
- Ja, er spricht gut Englisch.
- Ja, wir sprechen ein bisschen Englisch.
- Nein, sie spricht kein Englisch.

4. Wo wohnen Sie?
- Wir wohnen in Köln.
- Sie wohnen in Köln.
- Sie wohnt in Köln.

5. Hat sie Kinder?
- Nein, sie hat keine Kinder
- Nein, ich habe keine Kinder.
- Ja, er hat zwei Kinder.

6. Seid ihr verheiratet?
- Ja, sie sind verheiratet.
- Ja, wir sind verheiratet.
- Nein, Sie sind ledig.

7. Wie findet sie die Wohnung?
- Sie findet die Wohnung hübsch.
- Sie finden die Wohnung hübsch.
- Ich finde die Wohnung hübsch.

8. Lernen wir viel?
- Ja, du lernst viel.
- Ja, wir lernen viel.
- Ja, sie lernt viel.

The German present tense – English simple present, present continuous ...?

Learning the different verb endings may seem a big task, but luckily German only has one form of the present tense, covering everything which is not completely past. Thus *"ich wohne"* can mean: "I live", "I am living", "I do live", "I have been living (and I still am)".

Vera **wohnt** in Köln.　　Vera **lives** in Köln.
Wo **wohnst** du jetzt?　　Where **are** you **living** / **do** you **live** now?
Wie lange **wohnst** du schon hier?　　How long **have** you **been living** here?

Please translate.

Vera arbeitet bei TransFair. _____

Wie lange arbeitet sie schon bei TransFair? _____

Heute Nachmittag hat Vera frei. Sie arbeitet nicht. _____

Indefinite and negative articles

In lesson 1 you saw there were three words for the definite article "the", depending on the gender of the noun: *"die"*, *"der"*, *"das"*. The plural of all genders or mixes of gender is *"die"*. The corresponding indefinite article "a"/ "an" is *"eine"* for feminine and *"ein"* for both masculine and neuter nouns. For this reason, you should always learn new vocabulary with the definite article, so that you are sure of its gender. As in English, there is no plural form of the indefinite article, it is simply omitted.

Das ist **ein** Bild.   That's **a** picture.

Das **sind** Bilder.   Those **are** pictures.

The use of the definite and indefinite articles in German largely corresponds to their use in English. (One exception we saw in lesson 1 was the omission of the indefinite article when saying someone's profession.) Unlike English, German has a negative indefinite article "not a"/ "not an". This is formed by prefacing *"eine"*/*"ein"* with a "k", i.e. *"keine"*/*"kein"*. Although there is no plural form of *"eine"*/*"ein"*, there is one of *"keine"*/*"kein"*. It is *"keine"*.

	feminine	masculine	neuter	plural
definite article	die	der	das	die
indefinite article	eine	ein	ein	—
negative article	keine	kein	kein	keine

Please form sentences according to the following pattern.

 - +

- Tee   + Kaffee / sehr gut
Das ist kein Tee. Das ist Kaffee. Der Kaffee ist sehr gut.

- Bild   + Tabelle / auf Seite 23

- Haus   + Wohnung / wirklich hübsch

- Dialog   + Regeln / auf Seite 23

- Nachbarn + Kolleginnen von Vera / freundlich

Negation

Most sentences can be negated in German by using either the word *"nicht"* or the negative indefinite article *"kein(e)"*.

> *"kein(e)"* = "not a"/"no"/"not any". It negates nouns with the indefinite or no article.
>
> *"nicht"* = "not". It negates verbs, adjectives and adverbs, nouns with the definite or possessive articles and expressions of time and place.

Just as German does not use the additional verb "do" in forming questions (cf. B1), it does not when forming negative sentences either.

> Sie arbeitet nicht. She **does** not work.

Please complete the missing negative sentences.

Elsa Positiv and Ilse Negativ have nothing in common.

Elsa

Ilse

1 Ich wohne in München.
2 Ich habe eine neue Wohnung.
3 Ich bin verheiratet.
4 Ich habe Kinder.
5 Ich spreche Deutsch.
6 Ich bin freundlich.
7 Das hier ist eine Übung.
8 Ich weiß es.

Ich wohne nicht in München.
Ich habe keine neue Wohnung.
_____
_____
_____
_____
_____
_____

The accusative case

So far you have seen articles accompanying the subjects of sentences. This is called the nominative case. The accusative case is for the person or thing directly affected by the action of the subject. In the sentence "the man drinks a coffee", the man does the drinking and is therefore the nominative. The coffee is the "victim", the direct object of the action and thus in the accusative case: *"Der Mann trinkt einen Kaffee."* Only the masculine singular articles vary between nominative and accusative cases:

nominative	accusative
der	den
ein	einen
kein	keinen

Feminine, neuter and plural articles remain unchanged.

	Nominative	Accusative
Die Suppe	Ist das eine Suppe?	Ich nehme auch **eine** Suppe.
Der Salat	Ist das ein Salat mit Ei?	Ich möchte auch **einen** Salat mit Ei.
Das Käsebrot	Ist das ein Käsebrot?	Ich nehme **ein** Käsebrot.
Erdnüsse (plural)	Sind hier keine Erdnüsse?	Nein, ich habe **keine** Erdnüsse.

Verb + accusative – transitive verbs

In lesson 2 you are introduced to several verbs which are always accompanied by an accusative: *"trinken"*, *"essen"*, *"bestellen"*, *"möchten"*, *"haben"*, *"nehmen"*. These are called transitive verbs. Remember that the verb *"sein"* is not a transitive verb and always takes the nominative case.

Please note: Unlike English, German is not always limited to subject-verb-object word order. Accusatives may sometimes precede nominatives, so you will have to carefully identify what is in the nominative and what in the accusative case in your sentence.

What would you like?

1 trinken *Ich trinke ein Mineralwasser.* _____

2 essen _____

3 bestellen _____

4 möchten _____

5 kaufen _____

6 nehmen _____

Please complete the dialogue in the restaurant.

> ~~Salat mit Ei~~ ◆ Mineralwassser ◆ Orangensaft ◆ keine Gulaschsuppe ◆
> Stück Apfelkuchen ◆ Salat mehr ◆ keinen Orangensaft ◆
> gerne einen Apfelsaft ◆ und ein Mineralwasser ◆ Gulaschsuppe

● Guten Abend. Was darf's sein?

■ Ich nehme einen ___*Salat mit Ei.*___ .

● Tut mir Leid, wir haben keinen _____ .
  Möchten Sie vielleicht eine _____ ?

■ Nein, ich esse _____ .
  Ich nehme ein _____ .

● Und was möchten Sie trinken?

■ Einen _____ bitte.

● Tut mir Leid, wir haben _____ mehr.
  Möchten Sie _____ ?

■ Nein danke, ich trinke ein _____ .

● Also ein Stück Apfelkuchen _____ .

The adverb "gern(e)"

The adverb *"gern"* or *"gerne"* (both forms are always correct), placed after verb and subject, is the easiest way to express that one likes to do something.

Was trinken Sie **gern**?	What do you **like** to drink?
Ich trinke **gerne** Bier.	I **like** drinking beer.
Ich trinke nicht (so) **gerne** Tee.	I don't (much) **like** to drink tea.

KURSBUCH
F2

Likes and dislikes. Please write in German.

I like being at home.   *Ich bin gern(e) zu Hause.*
I like learning German.   _____
I don't like (to drink) red wine.   _____
What does Petra like to eat?   _____
We like speaking German.   _____
What don't you much like to eat, Nikos?   _____
Does Vera like working for TransFair?   _____
I don't like playing volleyball.   _____

Pronunciation Tips

The letter combinations "ei" and "ie"

The letters *"e"* and *"i"* frequently appear together in German words.

The diphthong *"ei"* [ai] is pronounced like an English "i" (as in: "I am").
Please try reading the following aloud:

> **ei**n – h**ei**ßen – b**ei** – k**ei**n – R**ei**sel**ei**terin – W**ei**ßw**ei**n – verh**ei**ratet

The reverse combination *"ie"* [i:] is normally pronounced like a long English "e" (as in: "she").
Please try reading the following aloud:

> sp**ie**len – L**ie**d – w**ie** – v**ie**l – s**ie** – Auf W**ie**dersehen – d**ie**

In country names like Brasilien, Spanien, Italien and in the word *"Familie"* the *"ie"* is pronounced as two separate sounds [ie] (as in the name "Ian").

Practise these sentences aloud. Concentrate on "ei" and "ie".

Der Spanier heißt Juan. Er ist mit einer Reiseleiterin verheiratet. Sie mag keinen Weißwein, aber Bier. Sie trinkt nicht viel. Sie spielt ein schönes Lied. Dann sagt sie „Auf Wiedersehen".

Now read the following aloud.

Tut mir Leid, wir haben kein Eis. Möchten Sie vielleicht einen Salat mit Ei?
Nein. Auf Wiedersehen!
Wie schreibt man "zum Beispiel"?
Ich weiß nicht.
Ich heiße Heinrich Liebezeit. Meine Adresse ist Schleißheimer Straße siebenunddreißig.

> ### Learner Tip
>
> *"ei"* / *"ie"* – pronounce the second vowel!
> Pronounce it like an English vowel!
>
> *"Wein"* (wine) pronounced "vine"
> *"Wien"* (Vienna) pronounced "veen"

Cultural Corner

German spelling

On 1. 8. 1998, a thorough reform of spelling and punctuation rules officially came into force in the German-speaking countries. Their citizens now have a transitional period until Summer 2005 to fully adapt. You are lucky: TANGRAM will fully teach you the new way of spelling.

One of the many changes concerns spelling with *"ss"* and *"ß"*. The use of *"ß"* is reduced, but still remains (only the Swiss will continue to do without it). The new rule states that *"ß"* is used after a long vowel (*"Straße"*) or diphthong (*"heißen"*), and *"ss"* after a short vowel (*"Kuss"*). Since *"ß"* never begins a word, it is not usually a problem that it only exists as a lower case letter. Should you need to write a whole word in capitals though, it is then correct to replace *"ß"* with *"ss"*.

With *"ß"* and the three modified vowels *"ä"*, *"ö"*, *"ü"*, the German alphabet has 30 letters. As an English speaker, you may find some of them confusing at first. Pay special attention to the difference, when saying the alphabet, between *"a"* and *"r"*, between *"a"*,*"e"* and *"i"* and between *"v"* and *"w"*. Germans too find some of the sounds very similar (b – p / d – t / e – ä etc.), so that the word alphabet (see workbook A5) is much used, especially on the telephone.

Registering with the authorities

Everyone who takes up residence anywhere in Germany is obliged to notify the authorities of his or her address (*"anmelden"*), usually within a week (3 days in Austria). If you move to a different address, you must first of all inform the authorities in your previous place of residence that you are moving away (*"abmelden"*). In Switzerland regulations vary from canton to canton.

Afternoon coffee

In Germany, an invitation to someone's house for afternoon coffee (*"zum Kaffeetrinken"*) may involve you in a stay of a couple of hours. There will usually be cakes or biscuits to accompany the coffee and there may be other guests you will be introduced to. It might be a good idea to bring the lady of the house flowers: an uneven number, not red roses, and unwrap them before you present them. Don't overstay your welcome though. Your host is not necessarily expecting you to stay for dinner!

Guten Tag, ich suche...

A

Schilling, Franken, Mark ...

A 1

Wie heißt das Geld in ... ? Ergänzen Sie.

Dollar ◆ Franken ◆ Lire ◆ Peseten ◆ ~~Schilling~~ ◆ Rupien ◆ Yen ◆ Mark ◆ Pesos

Österreich	_schilling_	Türkei	_____	Australien	_____
Schweiz	_____	Italien	_____	Japan	_____
USA	_____	Deutschland	_____	Chile	_____
Indien	_____	Spanien	_____	...	_____

KURSBUCH
A 2-A 3

A 2

Ergänzen Sie die Zahlen auf den Schecks.

~~dreitausendzweihundert~~

zweitausendsechshundertfünfzig

vierzigtausend

fünftausenddreihundertzwölf

neuntausendzweihundertzwanzig

achttausendachthundert

3 000 = dreitausend
200 000 = zweihunderttausend
1 000 000 = eine Million

A 3

1/29

Hören Sie und ergänzen Sie die Zahlen.

1 Das Sofa kostet _____12 500_____ Schilling.

2 Der Kunde wechselt _____ Lire in Franken.

3 Das Menü kostet _____ Peseten.

4 Im Jackpot sind _____ Mark.

5 Das Bild von Picasso kostet _____ Franken.

6 Frau Hansen gewinnt _____ Mark.

A 4

Lesen Sie den Text und ergänzen Sie die Fragen.

| 1 | eröffnet | 2 | das erste IKEA-Möbelhaus in | 3 | . Heute ist IKEA ein

internationales Unternehmen mit einem Umsatz von etwa | 4 | pro Jahr und mit fast | 5 |

Mitarbeiterinnen und Mitarbeitern. 1996 gibt es | 6 | IKEA-Möbelhäuser in | 7 | .

Über | 8 | Besucher kommen pro Jahr zu IKEA. Das Angebot umfaßt heute nicht nur Möbel,

sondern auch | 9 | . Das wichtigste Werbemittel ist | 10 | .

Wann ◆ Was ◆ Wer ◆ Wie hoch ◆ Wie viele ◆ Wo

---

1 _Wann_   eröffnet das erste IKEA-Möbelhaus?   _1958._

2 _____ ist der Gründer von IKEA?   _____

3 _____ steht das erste IKEA-Möbelhaus?   _____

4 _____ ist der Jahresumsatz von IKEA?   _____

5 _____ Mitarbeiter hat IKEA?   _____

6 _____ IKEA-Möbelhäuser gibt es 1996?   _____

7 _____ gibt es IKEA-Möbelhäuser?   _____

     _____

8 _____ Besucher kommen pro Jahr zu IKEA?   _____

9 _____ gibt es bei IKEA?   _____

     _____

10 _____ ist das wichtigste Werbemittel?   _____

     _____

Was passt wo? Ergänzen Sie jetzt die Antworten.

---

10 Milliarden Mark ◆ 35 000 ◆ 125 Millionen ◆ 134 ◆ 1958
Älmhult/Schweden ◆ der IKEA-Katalog ◆ Europa, Amerika, Asien und Australien
Ingvar Kamprad ◆ Lampen, Teppiche, Geschirr und Haushaltswaren

---

KURS
A 4-

KURS
B 1-

32   *Arbeitsbuch*

B

Im Möbelhaus

Finden Sie die Fehler. Üben Sie zu zweit oder schreiben Sie.

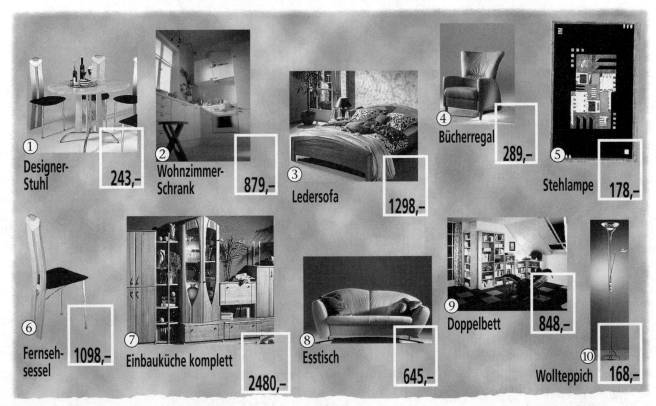

① Designer-Stuhl 243,–
② Wohnzimmer-Schrank 879,–
③ Ledersofa 1298,–
④ Bücherregal 289,–
⑤ Stehlampe 178,–
⑥ Fernseh-sessel 1098,–
⑦ Einbauküche komplett 2480,–
⑧ Esstisch 645,–
⑨ Doppelbett 848,–
⑩ Wollteppich 168,–

Nr. 1 ist kein Stuhl,→ das ist ein Tisch. ↘
Ich glaube,→ das ist der Esstisch für 645 Mark. ↘

B 2

Wie heißt das Möbel? Ergänzen Sie.

der Schreib *tisch* _____

_____ Hoch_____

_____ Kleider_____

_____ Garten_____

der Tisch   der Schreibtisch

_____ Küchen_____

_____ Einbau_____

 1/30 **Markieren Sie die Wortakzente. Dann hören Sie, sprechen Sie nach und vergleichen Sie.**   KURSBUCH **B 3-B 4**

Hören und sprechen Sie.

<u>alt</u>modisch	be<u>quem</u>	ganz hübsch	günstig	interessant	langweilig
modern	nicht billig	nicht schlecht	nicht so schön	originell	praktisch
<u>sehr</u> <u>günstig</u>	super	unbequem	unpraktisch	zu teuer	

Markieren Sie jetzt die Wortakzente.
Dann hören Sie noch einmal und vergleichen Sie.

B 4   Wie heißt das Gegenteil? Ergänzen Sie die passenden Adjektive.

altmodisch   *modern* _____   langweilig _____

bequem   _____   praktisch _____

günstig   _____   super   _____

hübsch   _____   originell _____

B 5   Widersprechen Sie! Schreiben Sie oder üben Sie zu zweit.

Artikel + Nomen (Nominativ)			Artikel ohne Nomen (= Pronomen) (Akkusativ)	
Die Lampe ist ganz hübsch.		Hübsch?	**Die** Lampe	finde ich nicht so schön.
Der Sessel ist originell.		Originell?	**Den** ~~Sessel~~	finde ich langweilig.
Das Regal ist günstig.		Günstig?	**Das** ~~Regal~~	finde ich zu teuer.
Die Stühle sind praktisch.		Praktisch?	**Die** ~~Stühle~~	finde ich unpraktisch.

1 Schau mal, der Kleiderschrank. Sehr modern!   *Modern? Den finde ich altmodisch.*

2 Das Sofa finde ich ganz hübsch.   *Hübsch? Das finde ich* _____

3 Das Hochbett ist doch praktisch!   _____

4 Der Sessel ist sehr bequem.   _____

5 Die Stehlampe ist günstig, nur 385 Mark.   _____

6 Der Wollteppich ist interessant.   _____

7 Die Gartenstühle sind zu teuer.   _____

8 Den Küchenschrank finde ich nicht so schön.   _____

9 Die Futon-Betten finde ich langweilig.   _____

10 Die Einbauküche ist super.   _____

Ergänzen Sie die Tabelle und die Regeln.

Singular	*f*		*m*		*n*		Plural *f , m , n*	
Nominativ	*die*	Küche	_____	Teppich	_____	Sofa	_____	Betten
Akkusativ	_____	Küche	_____	Teppich	*das*	Sofa	_____	Betten

1 Der bestimmte Artikel

    Nominativ *der* ___ Akkusativ _____

    Nominativ und Akkusativ gleich: _____ und _____

2 Die Verben „sein" und „finden":

    Verb mit Akkusativ: _____

    Verb ohne Akkusativ: _____

Sortieren Sie die Dialoge.

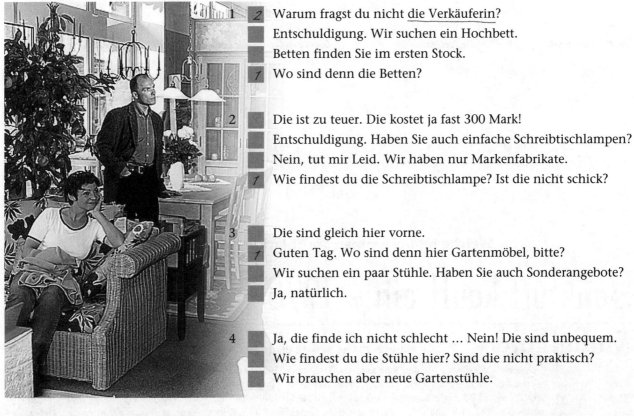

1
2	Warum fragst du nicht die Verkäuferin?
	Entschuldigung. Wir suchen ein Hochbett.
	Betten finden Sie im ersten Stock.
1	Wo sind denn die Betten?

2
	Die ist zu teuer. Die kostet ja fast 300 Mark!
	Entschuldigung. Haben Sie auch einfache Schreibtischlampen?
	Nein, tut mir Leid. Wir haben nur Markenfabrikate.
1	Wie findest du die Schreibtischlampe? Ist die nicht schick?

3
	Die sind gleich hier vorne.
1	Guten Tag. Wo sind denn hier Gartenmöbel, bitte?
	Wir suchen ein paar Stühle. Haben Sie auch Sonderangebote?
	Ja, natürlich.

4
	Ja, die finde ich nicht schlecht ... Nein! Die sind unbequem.
	Wie findest du die Stühle hier? Sind die nicht praktisch?
	Wir brauchen aber neue Gartenstühle.

1/32

Jetzt hören und vergleichen Sie.
Dann markieren Sie die Akkusativ-Ergänzungen.

> mit Akkusativ-Ergänzung: fragen, suchen, finden, kosten, haben, brauchen , ...
> ohne Akkusativ-Ergänzung: sein, heißen, ...

Markieren Sie die Akkusativ-Ergänzungen und ergänzen Sie.

> Nomen ohne Artikel ◆ Artikel + Nomen ◆ Artikel ohne Nomen (= Pronomen)

Akkusativ-Ergänzung

1. Wir suchen Gartenstühle. *Nomen ohne Artikel*
2. Gartenstühle finden Sie gleich hier vorne.
3. Haben Sie auch Sonderangebote?
4. Wie findest du die Lampe?
5. Die finde ich nicht schlecht.
6. Haben Sie auch einfache Lampen?
7. Wir haben nur Markenfabrikate.
8. Warum fragst du nicht die Verkäuferin?
9. Wir suchen ein Hochbett.
10. Betten finden Sie im ersten Stock.

Was passt wo? Ergänzen Sie die Sätze aus B 7.

A.

Subjekt	Verb	(...)	Akkusativ-Ergänzung
Wir	*suchen*		*Gartenstühle* .

B.

Akkusativ-Ergänzung	Verb	Subjekt	...
Gartenstühle	*finden*	*sie*	*gleich hier vorn.*

C.

...	Verb	Subjekt	(...)	Akkusativ-Ergänzung
Wie	*findest*	*du*		*die Lampe* ?

D.

Verb	Subjekt	(...)	Akkusativ-Ergänzung
Haben	*Sie*	*auch*	*Sonderangebote* ?

Welche Möbel kennen Sie? Markieren Sie bitte.

Frankfurt kauft ein – 1998

MöbelFun

Hanauer Landstr. 424, Tel. 2847596
Mo–Fr 9–20 Uhr, Sa 9–16 Uhr (eigener Parkplatz)

Möbel-Fun ist ein preiswertes Möbelhaus für den jugendlichen Geschmack. Hier finden Sie günstige Kompletteinrichtungen, moderne Systemmöbel und interessante Einzelstücke. Eine einfache, aber komplette <u>Einbauküche</u> kostet knapp 1600,– DM, einen praktischen Schreibtisch für Büro oder Arbeitszimmer bekommen Sie für 1289,– DM. Ein flottes Ledersofa (in vielen aktuellen Farben) gibt es für 1498,– DM und – dazu passend – einen Sessel für 899,– DM (sehr schön, aber nicht sehr bequem). Lieben Sie Asien? Dann empfehlen wir den Verkaufshit „Yin & Yang", einen Beistelltisch mit asiatischem Charme für „nur" 888,– DM. Sie haben keinen Platz für große Möbel? Dann empfehlen wir das Modell „Sesam", einen originellen und praktischen Kombi-Schrank mit Regaltüren für 999,– DM. Ein zeitloses und solides Bücherregal (Modell „Esprit") gibt es ab 390,– DM (Basis-Einheit mit nur 3 Böden, weitere Böden extra!). In der 3. Etage finden Sie farbenfrohe Teppiche und schicke Lampen für jeden Geschmack. Kleinigkeiten zur Verschönerung Ihrer Wohnung und Geschenkartikel aller Art bekommen Sie in der Boutique im Erdgeschoss. Leider gibt es keine Gartenmöbel – doch sonst ist das Angebot wirklich komplett.

Möbel-Studio Thomas

Bergen-Enkheim, Hessen-Center, Tel. 06109/35982
Mo–Fr 9–13 Uhr + 15–19.30 Uhr, Sa 9–14 Uhr (FVV: U7, Parkplatz Hessen-Center)

Klassisches Mobiliar auf gehobenem Niveau für den anspruchsvollen Kundenkreis. Sie finden das komplette Einrichtungsangebot in den

---

Ergänzen Sie die Artikel und die Regeln.

Bei Möbel Fun gibt es _____ Einbauküche für 1568,– DM, _____ Schreibtisch für 1289,– DM, _____ Ledersofa für 1498,– DM und _____ Sessel für 899,– DM. Sie finden _____ Beistelltisch für 888,– DM, _____ Kombi-Schrank für 999,– DM und _____ Regal-System für 390,– DM. Im 3. Stock finden Sie _____ Teppiche und _____ Lampen.

Singular	*f*		*m*		*n*		Plural *f* , *m* , *n*	
Nominativ	*eine*	Küche	*ein*	Sessel	*ein*	Sofa	—	Teppiche
Akkusativ	_____	Küche	_____	Sessel	_____	Sofa	_____	Teppiche

1 Der unbestimmte Artikel   Feminin und Neutrum: Nominativ und Akkusativ sind gleich.
   Maskuline Nomen: Nominativ _*ein*_   Akkusativ _____

2 Neue Verben mit Akkusativ: _*es gibt,*_ _____

Haushaltsgeräte

Schreiben Sie den Text richtig.

Fast alle Haushalte in Deutschland haben eine Waschmaschine, einen Fernseher und ein Telefon. Fast alle – aber nicht mein Freund Achim.

die Waschmaschine → Er hat **keine** Waschmaschine.
der Fernseher → Er hat **keinen** Fernseher.
das Telefon → Er hat **kein** Telefon.

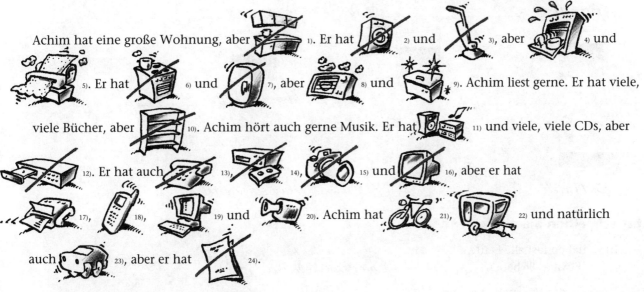

Achim hat eine große Wohnung, aber 1). Er hat 2) und 3), aber 4) und 5). Er hat 6) und 7), aber 8) und 9). Achim liest gerne. Er hat viele, viele Bücher, aber 10). Achim hört auch gerne Musik. Er hat 11) und viele, viele CDs, aber 12). Er hat auch 13), 14), 15) und 16), aber er hat 17), 18), 19) und 20). Achim hat 21), 22) und natürlich auch 23), aber er hat 24).

Bei Achim ist eben alles etwas anders.

Achim hat eine große Wohnung, aber keine Küche. Er hat keine Waschmaschine und keinen Staubsauger, aber eine Spülmaschine und …

1 die Küche	7 der Kühlschrank	13 das Telefon
2 die Waschmaschine	8 die Mikrowelle	14 der Video-Recorder
3 der Staubsauger	9 die Tiefkühltruhe	15 der Fotoapparat
4 die Spülmaschine	10 das Bücherregal	16 der Fernseher
5 die Bügelmaschine	11 die Stereoanlage	17 das Fax-Gerät
6 der Herd	12 der CD-Player	18 das Handy

19 der Computer	
20 die Videokamera	
21 das Fahrrad	
22 der Wohnwagen	
23 das Auto	
24 der Führerschein	

Machen Sie das Kreuzworträtsel und ergänzen Sie die passenden Wörter.

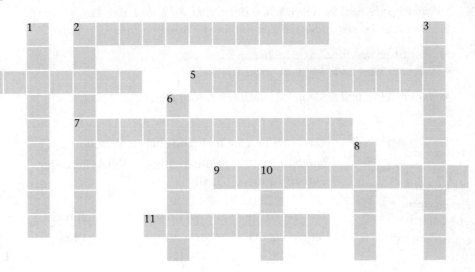

Waagerecht:
2 Ich möchte Bilder machen. Ich brauche einen ~.
4 Man braucht keinen Führerschein für ein ~.
5 Schrank für Bier, Cola, Schinken, Käse, …
7 Musik von rechts und links
9 Er ist laut. Er isst Staub.
11 Maschine für Texte, Zahlen und Spiele

Senkrecht:
1 Wohnung ohne Adresse
2 Die Welt im Wohnzimmer
3 Moderner Herd
6 Kommunikationsgerät
8 Modernes Telefon
10 Volkswagen, Honda, BMW, …

KURSBUCH
C 2

C 3

Was passt wo? Ergänzen Sie bitte.

~~fast alle~~ ◆ fast 80% ◆ etwa 80% ◆ über 80% ◆ ~~über die Hälfte~~ ◆ fast die Hälfte ◆ ~~ein Drittel~~ ◆ zwei Drittel ◆ ein Viertel ◆ ~~etwa ein Viertel~~ ◆ drei Viertel ◆ nur wenige

fast alle | | |

| | | _über die Hälfte_ |

ein Drittel | | _etwa ein Viertel_ |

Jetzt schreiben Sie einen Text.

In ... haben fast alle Leute ...
Etwa ... % haben ...

... der Haushalte besitzen ...
Ich habe ..., aber ich habe kein ...

In Japan haben fast alle Leute einen Fernseher. Etwa drei Viertel der Haushalte besitzen

C 4

1/33

Hören und antworten Sie.

Es klingelt. Sie öffnen die Wohnungstür.

Guten Tag. Mein Name ist Spät. Ich komme von der Firma Allkauf – Haushaltsgeräte, Sport und Elektronik. Wir führen erstklassige Geräte zu wirklich günstigen Preisen. Zum Beispiel unser Staubsauger, der Vampir Deluxe: ein Spitzenfabrikat für nur 398 Mark – mit allem Zubehör.

> Ein Staubsauger? Nein, danke.
> Ich brauche keinen, ich habe schon einen.

Sie brauchen keinen, Sie haben schon einen. Aha. Sie haben aber doch sicher viel Bügelwäsche. Da sparen Sie viel Zeit mit unserer Bügelmaschine „Performa".

> Eine Bügelmaschine? Nein, danke.
> Ich habe keine, und ich brauche auch keine.

Sie haben keine, und Sie brauchen auch keine. Nun ja ...

f	**Eine** Bügelmaschine? ↗	Ich habe **keine,**→
		und ich brauche auch **keine.** ↘
m	**Ein** Staubsauger? ↗	Ich brauche **keinen,**→
		ich habe schon **einen.** ↘
n	**Ein** Fahrrad? ↗	Ich brauche **keins,**→
		ich habe schon **eins.** ↘

Das brauchen Sie nicht, das haben Sie schon

| _Staubsauger_ | Spülmaschine | Video-Recorder |
| _Fotoapparat_ | Handy | |

Das haben Sie nicht und brauchen Sie auch nicht

| _Bügelmaschine_ | Mikrowelle | Videokamera |
| _Fax-Gerät_ | Computer | |

Kann ich Ihnen helfen?

Was ist wo? Ergänzen Sie und markieren Sie die Plural-Endungen.

4. Stock:	Möbel, Lampen, Teppiche, Bilder
3. Stock:	Foto, TV & Video, Musik, Computer, Elektronik
2. Stock:	Sportbekleidung, Sportgeräte, Fahrräder
1. Stock:	Textilien, Damen- und Herrenbekleidung
Erdgeschoss:	Information, Lederwaren, Schreibwaren, Zeitungen, Zeitschriften, Bücher, Kosmetik
Untergeschoss:	Haushaltswaren, Haushaltsgeräte

Betten ◆ ~~Weingläser~~ ◆ Bilder ◆ Computer ◆ Fahrräder ◆ Fernseher ◆ Fotoapparate ◆ Handys ◆ Kühlschränke ◆ Kulis ◆ Mäntel ◆ ~~Schals~~ ◆ Sessel ◆ Sofas ◆ Spülmaschinen ◆ Staubsauger ◆ Stehlampen ◆ Stereoanlagen ◆ Stühle ◆ Teppiche ◆ Töpfe ◆ Jogginganzüge ◆ Videokameras ◆ Wörterbücher ◆ Zeitungen

4. Stock: _____

3. Stock: _____

2. Stock: _____

1. Stock: _*Schals,*_____

Erdgeschoss: _____

Untergeschoss: _*Weingläser,*_____

Ergänzen Sie die Plural-Endungen.

Teppich___   Bett___   Stehlampe___   Bild___   Schal___   Staubsauger___

Spielen Sie „Information" oder schreiben Sie vier Fragen und Antworten.

Entschuldigung, wo finde ich ... ?	... finden Sie im ...
Haben Sie hier keine ... ?	Doch, natürlich. ... finden Sie im ...

● *Entschuldigung, wo finde ich Betten?*

■ *Betten finden Sie im vierten Stock.*

Wörter suchen

Sie suchen das Wort
„Töpfe". Aber „Töpfe" steht
nicht in der Wortliste.
→ „Töpfe" ist vielleicht
Plural.

Tipp der, -s	53, 54, 55, 73
Tisch der, -e	31, 32, 33, 39
Toastbrot das, -e	45
Toaster der, -	45
toll	32, 33, 39
Ton der, ⸚e	11, 27, 39, 51
Topf der, ⸚e	36, 37, 38, 42
Tourist der, -en	3
Träne die, -n	45, 46, 47

Bei „ä", „ö", „ü" probieren Sie immer „a", „o" und „u",
also „Topf" oder „Topfe".

Hier steht es: „Topf der, ⸚e", das heißt „der Topf,
Plural: die Töpfe".

Sortieren Sie die Wörter aus D 1 nach den Pluralendungen.

-e / ⸚e	-(e)n	-er / ⸚er	-s	- / ⸚
der Fotoapparat	*das Bett*	*das Weinglas*	*das Handy*	*der Computer*
		das Bild		*der Fernseher*
		das Fahrrad		

Ergänzen Sie die Regeln und finden Sie Beispiele aus D 3.

1 ____ wird im Plural oft zu „ä"   *das Weinglas, die Weingläser*

   ____ wird im Plural oft zu „ö"   _____

   ____ wird im Plural oft zu „ü"   _____

2 Fast alle Wörter auf -e bilden den Plural mit -n _____

3 Wörter auf -er haben oft keine Plural-Endung _____

Schreiben Sie Wortkarten für die Möbel und Haushaltsgeräte aus Lektion 3.

Zum Beispiel: der Fernseher, (die) Fernseher →

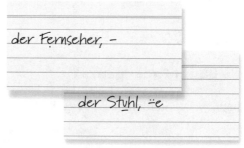

            der Stuhl, (die) Stühle →

Sortieren Sie die Wortkarten in Gruppen.

Zum Beispiel:
Büro – Küche – Schlafzimmer – Wohnzimmer
Bilder – Musik – Sprache
Groß oder klein
Alt oder modern
Artikel: die – der – das
…

Lesen Sie Ihre Wortkarten-Gruppen
ohne Überschriften vor.
Die anderen raten die Überschriften.

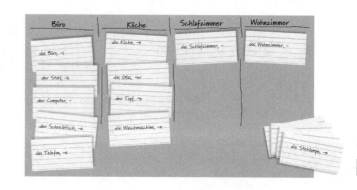

KURSB
D 4-

Was „sagen" die Leute? Lesen Sie, dann hören und markieren Sie.

6
1/34

1 ☒ Guten Tag.
   ☐ Entschuldigung.

2 ☐ Kann ich Ihnen helfen?
   ☐ Haben Sie hier keine Computer?

3 ☐ Ja, bitte. Ich suche ein Handy.
   ☐ Doch, natürlich.

4 ☐ Computer finden Sie da hinten rechts.
   ☐ Handys sind gleich hier vorne.

5 ☐ Was für eins suchen Sie denn?
   ☐ Fragen Sie doch bitte dort einen Verkäufer.

6 ☐ Vielen Dank.
   ☐ Ich weiß auch nicht genau.

| Foto & Film | Computer & Elektronik |
| TV Video Musik | Sie sind hier. Telekommunikation |

Stereoanlagen	(die Stereoanlage)	Was für	eine	suchen Sie denn?
Computer	(der Computer)		einen	
Handys	(das Handy)		eins	

Schreiben Sie jetzt zwei Dialoge.

1 ● *Guten Tag. Kann ich* _____
   ■ *Ja, bitte. Ich* _____
   ● _____
   _____
   ■ _____

2 ■ *Entschuldigung. Haben Sie hier* _____
   _____
   ● *Doch, natürlich.* _____
   _____
   ■ _____

Hören Sie, vergleichen Sie und sprechen Sie nach.

1/34

Schreiben Sie ähnliche Dialoge.

KURSBUCH E 1–E 2

Der Ton macht die Musik

E

Lang (_) oder kurz (.)? Hören Sie, sprechen Sie nach und markieren Sie.

1
1/35

| a | Land | Plan | Glas | Mantel | Schrank |
| ä | Länder | Pläne | Gläser | Mäntel | Schränke |

| o | Ton | Topf | Wort | froh | schon |
| ö | Töne | Töpfe | Wörter | fröhlich | schön |

Welche Laute klingen gleich? Markieren und ergänzen Sie.

2
1/36

1 ☐ a) Gast
   ☒ b) Gäste
   ☒ c) Geste

2 ☐ a) Sätze
   ☐ b) Satz
   ☐ c) setzen

3 ☐ a) schenke
   ☐ b) Schränke
   ☐ c) Schrank

4 ☐ a) Sessel
   ☐ b) Pässe
   ☐ c) Pass

5 ☐ a) Städte
   ☐ b) Betten
   ☐ c) Stadt

Ein kurzes „ä" spricht man immer wie ein kurzes _____ [ɛ].

Üben Sie.

Sagen Sie:
Gläser, Rätsel, Pläne, ähnlich,
erzählen, Käse, spät

*) Oft sagt man auch [e:] statt [ɛ:].

Langes „ä" = [ɛ:] *)
Sagen Sie: „eeeeeeeeeeeeeeee"   [e:]

Öffnen Sie dabei den Mund: „eeeeee"
wird zu „äääää".   [e:] → [ɛ:]
Sagen Sie „ääääääää" – „ääääää" – „äää" –
„ää" – „ää" – „ää" …

E 4

Ergänzen Sie „a" oder „ä" und sprechen Sie.

Gl_ä_ser	Gl_a_s	Fahrr__d	Fahrr__der	m___nnlich	M___nn
g___nz	erg___nzen	n___mlich	N__me	T__g	t__glich

Jetzt hören und vergleichen Sie.

E 5

Lang (_) oder kurz (.)? Hören Sie, sprechen Sie nach und markieren Sie.

möchte   hören   Töpfe   öffnen   Töne   Französisch   schön   Möbel   zwölf   höflich

---

Üben Sie.

Langes „eeeee" = [e:]
Sagen Sie „Teeeeee"

Langes „ööööö" = [ø:]
Sagen Sie weiter „eeeeee" und machen
Sie die Lippen rund (wie bei „o"):
„eeeee" wird zu „öööö". Sagen Sie
„schöööööööööön!"

Kurzes „ö" = [œ]
Sagen Sie „öööööö" – „öööö" –
„öö" – „ö" – „ö" – „ö" …

Sagen Sie: „schöne Töpfe" – „schöne Töpfe" – „schöne Töpfe"…

E 7

Hören und sprechen Sie.

Lernen	Schön	Information	Ende
Sätze ergänzen,	Späte Gäste,	Wo gibt es hier Möbel?	Es ist sehr schön, es ist sehr spät,
Rätsel raten,	volle Gläser,	Wo finde ich Töpfe?	es ist schon zwölf – sie geht.
Pläne markieren,	Käse essen,	Ich suche ein Faxgerät.	
Wörter lernen,	Musik hören …	Haben Sie Schränke?	
Töne hören,		Wo finde ich Gläser?	
Texte sortieren.		Was kosten die? – Das geht.	

F

Gebrauchte Sachen

F 1

Lesen Sie die Anzeigen und schreiben Sie die Zahlen in die Liste.

Möbel, Haushalt

1030 Küchenzeilen, Einbauküchen

EBK, m. Bosch Einbaugeräten, grau/weiß. Anschauen lohnt sich, 2500,– DM VB. 069/563412

EBK über Eck, 5 Unter-/Oberschränke, weiß, rot abgesetzt, m. Spüle u. Armatur, ohne Arbeitsplatte, ohne E-Geräte, 650,– DM. 069 /613715

Küchenzeile, 280 cm, beige-braun, m. Spüle, AEG-Umluftherd, Dunstabzugshaube, Kühlschrank, 4 Ober- u. 4 Unterschränke

1080 Kühl- und Gefrierschränke

Kühlschrank, 2-Sterne-Gefrierfach, 150,– DM. 069/ 230340

Kühl-Gefrierkombination von Liebherr, 4 Jahre alt, sehr gut erhalten, 380,– DM VB. 069/ 356149

Kühlschrank, 85 x 60 x 45 cm, 100,– DM, 069/ 357153

2 Kühlschränke je 80,– DM. 069/ 416572

1090 Waschmaschinen, Trockner

Waschmaschine, Miele, an Selbstabholer, 90,– DM VB. 069/ 309912

WaMa, Markengerät, VB. 069/ 412540

Kl. WaMa, Frontlader, gt. Zust., 280,– DM. 069/ 441408

Nagelneue Waschmaschine, 30 Proz. billiger, NP 870,– DM, 069/ 444334

1200 Polster, Sessel, Couch

Liegesessel, schwarzer Stoff, Armlehnen, modernes Design, NP 298,– 80,– DM. 069/ 302747

Kunstledersofa, schwarz, 4er, 1 Sessel, 250,– DM. 069/317802 ab 16.30

Ledercouch mit Bettkasten, rotbraun, für 1100,– DM. 2 Ledersessel, cremefarben, für 900,– DM VB. 069/ 342179

Gesucht

Suche Kuschelsofa oder Sofagruppe oder/und Sessel. 069/ 444385 ab 19 Uhr

Suche Bettsofa, ca. 130x150 cm, gerne auch Futon Sofa von Ikea. 069/ 525583

Suche Ledersofa, 3-Sitzer, gefedert, in gt. Zust. 0611/ 425279

1220 Sonstige Wohnzimmereinrichtung

Couchtisch, 150x70 cm, Kiefer massiv, 80,– DM, kl. Fernsehtisch Kiefer m. Rollen, 40,– DM. 069/ 301451

Dunkelbrauner Wohnzimmertisch. Möbel Thomas, 1 Jahr alt, sehr modern, NP 220,– DM, für 120,– DM, 069/ 307027

Weißer Marmor-Bistrotisch, Durchm. 60 cm, VB, außerdem zwei fast neue Chrom-Stühle, Sitzbezug ist aus Leder, für je 60,–. 069/ 307027

1290 Gardinen, Lampen

Halogen-WZ-Lampe, aufziehbar, Gestell schwarz, auf Glasplatte, 100,– DM. 069/ 469244

Stehlampe m. Messingfuß. 0172/ 6109713

Ikea Fotolampe, Dulux Energiesparlampe, 50,– DM. 0611/ 401145

Weiße WZ-Lampe m. 6 weißen Kugeln, f. 70,– DM. 0611/ 42579

2x Jalousien, wie neu, 110 cm breit, 300,– DM. 0611/ 609479

Wunderschöne Mahagoni WZ-Pendelleuchte, Glasscheiben mit geschliffenem Dekor, 1-flammig, 55 cm Durchm., gleiche Beistellleuchte, 3-flammig, NP 1000,– DM 300,– DM. 06002/ 1672

Stehlampe, 06187/ 91565

1300 Regale

Ikea Onkel Regal, NP 89,– DM für 50,– DM. 069/ 250973

2 schwarze mod. Regale f. 250,– DM. 069/ 456908

10 Holzregale, braun, 105x128x34cm, VB. 069/ 598101

Kleines Bücherregal für 20,– DM. 069/ 702709

TV, Radio, Video

1700 Fernseher

Farb-TV, Multisystem, 100,– DM. 069/ 29843

TV-Gerät m. FB, Schlafmodus, 28er Bild, 200,– DM. 069/ 235668

Grundig Supercolor Stereo, 63/260 CTI, gt. Zust. m. FB, NP 1500,– DM. 350,– DM. 069/ 366927

Computer

8300 Apple-Computer und Zubehör

Performa 475 mit 8 MB RAM, 270 MB FP, System, 1400,– DM VB. 069/ 231807

Nagelneues Powerbook 190, 33/66 Mhz, Garantie, wg. Doppelschenkung für 25 Proz. unter NP. 069/ 818522

8315 PC 386 / 486 / P5

Intel 486 DX4/100 4 MB RAM, 2 MB VLB, VGA-Karte, Minitowergehäuse, $3\frac{1}{2}$ Zoll Laufwerk, 350 MB u. 260 MB Festplatte, DOS u. Windows, Tastatur, 14-Zoll strahlungsarmer Monitor, 1250,– DM, 069/ 344376

High Screen Desktopgehäuse 368 DX 40 2 MB RAM, VGA-Karte, $3\frac{1}{2}$" Laufwerk, 170 MB Festplatte, DOS u. Windows, Tastatur, ohne Monitor, 450,– DM, 069/ 344376

Sie suchen ...	Nummer
ein Bücherregal	*1300*
eine Waschmaschine	
einen Computer	
einen Fernseher	
eine Einbauküche	
einen Kühlschrank	
eine Stehlampe	
einen Sessel	
ein Sofa	
einen Tisch	

Markieren Sie fünf Geräte oder Möbel und notieren Sie.

Gerät	Alter	Preis	Telefon-Nummer
1 Waschmaschine	?	280,–	069/ 441408
2			
3			
4			
5			

F 3

Was bedeuten die Abkürzungen? Ergänzen Sie.

~~Einbauküche~~ ◆ Prozent ◆ guter Zustand ◆ mit ◆ Neupreis ◆ und ◆ Verhandlungsbasis ◆ klein ◆ für ◆ Waschmaschine

EBK _Einbauküche_ NP _____

f. _____ Proz. _____

gt. Zust. _____ u. _____

kl. _____ VB _____

m. _____ WaMa _____

F 4

Sie möchten Möbel oder ein Gerät verkaufen. Schreiben Sie ein Fax.

Peter Johannson
Tel. + Fax: +49 7201 686192
18–07–97

TELEFAX

1 Seite

An

das „Inserat'

Fax-Nummer 06195 - 928-333

Sehr geehrte Damen und Herren,

bitte veröffentlichen Sie folgende Kleinanzeige in Ihrer Zeitung:

Mit freundlichen Grüßen

Zwischen den Zeilen

G

G 1

„Finden" oder „finden"? Markieren und ergänzen Sie.

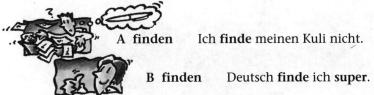

A **finden**   Ich **finde** meinen Kuli nicht.

B **finden**   Deutsch **finde** ich super.

1   Bei Möbel Fun finden Sie günstige Möbel für wenig Geld.   *A*
2   Ich finde das Regal zu teuer.   *B*
3   Wie findest du die Schreibtischlampe?
4   Betten finden sie im ersten Stock.
5   Ergänzen Sie die Regeln und finden Sie Beispiele.
6   Wo finde ich Fernseher?
7   Die Stühle finde ich unpraktisch.
8   Mist! Ich finde meinen Pass nicht.
9   Wie findest du die Stühle hier?
10 Entschuldigung, wo finde ich Frau Meyer?
11 Wie findest du Picasso?
12 Lesen Sie den Text und finden Sie die Fehler.

Was heißt „finden" in Ihrer Sprache?   A _____   B _____

G 2

„Sprechen" oder „sagen"? Ergänzen Sie die richtige Form.

1   Hören und _*sprechen*_ Sie.

2   _*Sagen*_ Sie: „schöne Töpfe".

3   In der Schweiz _____ man meistens „Grüezi!".

4   _____ Sie über die Bilder.

5   Was _____ die Leute?

6   Du _____ aber gut Deutsch.

7   Die Deutschen _____ nicht „einszehn", sondern „elf".

8   _____ Sie Englisch?

9   Ich _____ Spanisch, Englisch und etwas Deutsch.

10 In Österreich _____ wir „Servus!".

In meiner Sprache heißt **sprechen** _____ und **sagen** _____

G 3

Ergänzen Sie „finden", „sprechen" oder „sagen".

Salih und Mirjana _____ (1) über den Deutschkurs. „Wie _*findest*_ (2) du den Kurs?", fragt Salih.
„Nicht schlecht", _____ (3) Mirjana, „wir hören und _____ (4) viel, das _____ (5) ich gut."
„Das _____ (6) ich auch gut", _____ (7) Salih, „aber Deutsch ist schwierig. Ich _____ (8)
oft nicht die richtigen Wörter."
„Die Grammatik _____ (9) ich auch schwierig.", _____ (10) Mirjana. „Du _____ (11) doch
auch Englisch. Was _____ (12) du schwieriger: Deutsch oder Englisch?", fragt Salih. „Ich weiß nicht",
_____ (13) Mirjana, „vielleicht Deutsch. Auf Englisch _____ (14) man nur ‚you', auf Deutsch
heißt es ‚du' oder ‚Sie'."

KURSBUCH
H

Das Inserat

Was gibt es alles im „inserat"? Raten Sie mal.

Waschmaschinen, _____

_____

_____

_____

Lesen Sie den Text und markieren Sie.

In Deutschland gibt es inzwischen in fast jeder Stadt eine Anzeigenzeitung. Anzeigenzeitungen sind ein „Supermarkt" für alle, die etwas verkaufen oder günstig kaufen möchten. Sie erscheinen mindestens einmal pro Woche und sind überall erhältlich. In Frankfurt und Umgebung heißt diese Zeitung „das inserat".
„das inserat" erscheint dreimal pro Woche (montags, mittwochs und freitags) und kostet 4,20 DM. Im „inserat" findet man vor allem gebrauchte Möbel, Haushaltsgeräte, Fernseher und Videogeräte, Fotoartikel, Sportgeräte, Computer, Autos, Wohnmobile und vieles andere. Oft gibt es aber auch Sonderangebote für Neugeräte.

Sie suchen eine neue Wohnung, eine neue Arbeit oder Partner für Ihre Hobbys? Im „inserat" finden Sie auch Wohnungs- und Stellenanzeigen, Gruppen für alle Arten von Freizeitgestaltung und sogar Kontakt- und Heiratsanzeigen. Sie möchten jemandem Grüße schicken oder zum Geburtstag gratulieren? Setzen Sie einfach eine Anzeige ins „inserat". Wer eine Anzeige aufgeben möchte, schickt ein Fax, schreibt einen Brief oder greift zum Telefon. Eine Anzeige im „inserat" kostet nichts (in anderen Zeitungen kosten Inserate zwischen 25 und 100 DM).
Viele Leute nutzen diese günstige Gelegenheit. Deshalb ist „das inserat" in den letzten Jahren immer dicker geworden.

1 „das inserat" ist

☐ ein Supermarkt in Frankfurt.

☐ eine Anzeigenzeitung in Frankfurt.

2 „das inserat" gibt es

☐ montags, mittwochs und freitags.

☐ einmal pro Woche.

3 Die Zeitung kostet

☐ nichts.

☐ 4,20 DM.

4 Hier gibt es

☐ nur gebrauchte Sachen.

☐ viele Angebote.

5 Sie möchten etwas verkaufen. Sie

☐ kaufen „das inserat".

☐ telefonieren, schreiben einen Brief oder schicken ein Fax.

6 Eine Anzeige im „inserat" kostet

☐ nichts.

☐ 25 bis 100 DM.

I

Kurz & bündig

Möbel und Geräte

Welche Möbel und Geräte kennen Sie (auf Deutsch)?

die Waschmaschine, _____

_____

Die Akkusativ-Ergänzung

Was haben Sie? Was haben Sie nicht? Was brauchen Sie? Was brauchen Sie nicht?

Ich habe eine _____ *, aber keine* _____

Ich habe einen _____

Ich habe kein _____

Ich brauche _____

Antworten Sie.

Haben Sie ein Deutschbuch?   *Ja, ich habe eins.* _____

Haben Sie ein Handy?   _____

Haben Sie einen Wohnwagen?   _____

Haben Sie eine Tiefkühltruhe? _____

Sie sind im Kaufhaus und suchen ... Was fragen Sie an der Information?

_____

Widersprechen Sie.

Der Tisch ist doch toll.   *Den finde ich nicht so schön.* _____

Die Stehlampe ist langweilig. _____

Der Sessel ist sehr originell. _____

Das Bett ist unpraktisch.   _____

Die Stühle sind günstig.   _____

Welche Verben haben eine Akkusativ-Ergänzung?

haben, _____

Meine Regeln für den Akkusativ:

_____

_____

Der Plural

Ergänzen Sie Beispiele.

-e/ ̈e   *der Teppich – die Teppiche,* _____

-(e)n   _____

-er/ ̈er _____

-s   _____

-/ ̈   _____

Weiter so?

1945 Frieden
1950 Heirat
1952 Kind
1953 Fahrrad
1954 2. Kind
1955 Motorrad
1960 Fernseher
1965 Kühlschrank
1968 Waschmaschine
1970 Auto und Stereoanlage
1975 Einbauküche mit Spülmaschine
1980 Tiefkühltruhe, Video-Recorder, neues Auto
1985 Nähmaschine, Bügelmaschine, Videokamera, Wohnwagen
1990 Mikrowelle, CD-Player, Computer, Fax-Gerät, neue Einbauküche, neues Auto
1995 Handy, neuer Wohnwagen, neuer Computer, neue Möbel, neuer Video-Recorder, neues Auto
2000 ...

erst, schon, fast, über, etwa

Was antworten Sie?

Wie lange sind Sie schon hier in ... ?
Wie lange lernen Sie schon Deutsch?
Wie viel verdienen Sie im Monat?
Wie alt ist Ihr Auto?

Gebrauchte Sachen

Preis, Alter, ...

Sie suchen ein gebrauchtes Fahrrad. Sie lesen eine Anzeige und telefonieren. Was fragen Sie?

Interessante Ausdrücke

Contrastive Grammar

"das ist" ... / "das sind" ...

The demonstrative pronoun *"das"* followed by the verb "to be" is used in this lesson to identify objects and here, in particular, currencies.

The gender and number of the noun that follows after the verb have no impact on the word *"das"*. Unlike in English "This is ...", "There are ...", *"das"* does not change. Please see the examples below. This is also true for the question form: *"Was ist das?"*, which is always phrased in the singular form. In the answer only the verb changes according to singular or plural.

<table>
<tr><td>Was ist das?</td><td>Das ist österreichisches Geld.</td></tr>
<tr><td></td><td>Das sind Schweizer Franken.</td></tr>
</table>

Das sind Schweizer Franken.	**These are** Swiss francs.
Das ist österreichisches Geld.	**This is** Austrian money.

Please write the answers.

Das sind fünfhundert Euro. _____

Was ist das? _____

Was ist das? _____

Was ist das? _____

Was ist das? _____

Was ist das? _____

Was ist das? _____

B1-2

Compound nouns

It is characteristic of the German language to put one or more words together to make a new noun. These words are called "compound nouns". Nouns can be combined with
a) other nouns, b) verbs or c) adjectives:

a) das Bücherregal: die Bücher + das Regal
b) die Stehlampe: stehen + die Lampe
c) das Hochbett: hoch + das Bett

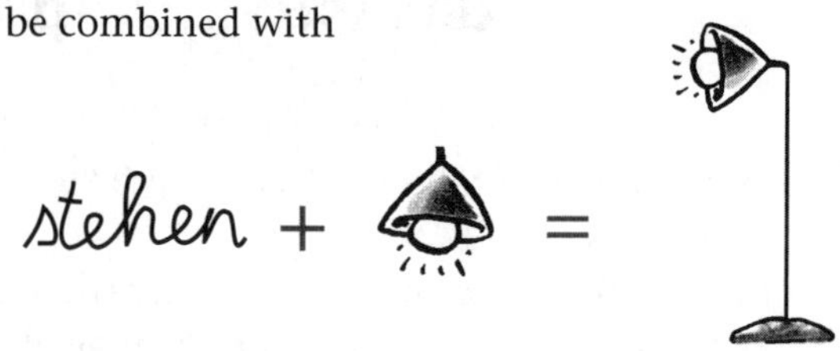

The last word determines the basic meaning and the gender. When speaking, the wordstress is on the first component.

B1

Please find the two components that make up one word.

der Schreibtisch: *schreiben + der Tisch*

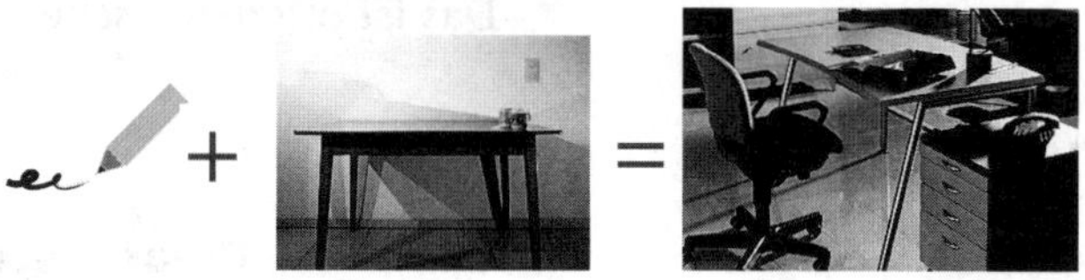

1 das Küchenmöbel: ______
2 die Wortliste: ______
3 der Esstisch: ______
4 das Möbelhaus: ______
5 der Fernsehsessel: ______

Please combine the mixed words.

A) These words are all mixed up. Please combine them correctly.

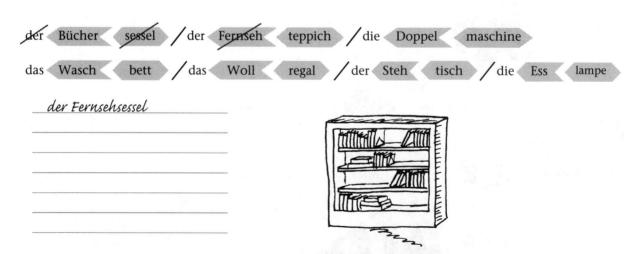

~~der~~ Bücher ~~sessel~~ / der ~~Fernseh~~ teppich / die Doppel maschine

das Wasch bett / das Woll regal / der Steh tisch / die Ess lampe

der Fernsehsessel
______
______
______
______
______
______

B) Please read out the correct combinations putting the word stress on the first word.

Adjectives

Adjectives are words that describe nouns:

> die **neue** Lampe / ein **bequemer** Gartenstuhl / Das Sofa ist **bequem**.

1 If the adjective stands alone, not in front of the nouns, it has no ending.

> Die Lampe ist **neu**. / Der Stuhl ist **praktisch**. / Das Sofa ist **bequem**.

2 Adjectives have endings if they stand in front of the nouns. If they are used with the definite articles "die", "der", "das", they take the ending "-e".

> die **neue** Lampe / der **praktische** Stuhl / das **bequeme** Sofa

If the adjectives are used with the indefinite articles "eine" and "ein" or if they are "on their own" with the noun, they take the endings "-e", "-er", "-es", according to the gender of the noun.

> (eine) **neue** Lampe / (ein) **praktischer** Stuhl / (ein) **bequemes** Sofa

Articles in the accusative case

In lesson 2 the nominative and accusative case were contrasted. Here an example using the indefinite article followed by the masculine noun:

Nominativ:	Das ist **ein** Apfelsaft.	This is **an** apple juice.
Akkusativ:	Ich trinke **einen** Apfelsaft.	I drink **an** apple juice.

The same principle applies when the definite article is used:

Nominativ:	Das ist **der** Apfelsaft.	This is **the** apple juice.
Akkusativ:	Ich trinke **den** Apfelsaft.	I drink **the** apple juice.

With feminine and neutral nouns the article doesn't change:

Nominativ:	Das ist **die** / **eine** Lampe.	Das ist **das** / **ein** Auto.
Akkusativ:	Ich kaufe **die** / **eine** Lampe.	Ich brauche **das** / **ein** Auto.

Accusative or nominative? Please complete the sentences.

Er möchte ___*eine*___ Stehlampe. (a)

Ich brauche noch _____ Esstisch. (a)

Kaufen wir _____ Doppelbett? (a)

Was kostet _____ Wohnzimmerschrank? (the)

Ich glaube, das ist _____ Bücherregal für 160,- €. (the)

Wir suchen _____ Einbauküche. (a)

(The) _____ Wollteppich ist sehr modern.

(A) _____ Fernsehsessel möchte ich noch.

Articles without nouns = definite pronouns

As in English there are ways to avoid repeating a previously mentioned noun. You can just use the article when it stands alone and replaces the whole expression. Here is an example:

Wie findest du **den Schrank**?   Den ~~Schrank~~ finde ich praktisch.

It is enough to repeat the definite article, which then becomes the definite pronoun. Here "the cupboard" is the object of the sentence and therefore in the accusative case.

An example for the nominative case:

Der Schrank ist sehr groß.   Der ~~Schrank~~ ist praktisch.

B7-8

Please complete the exercise.

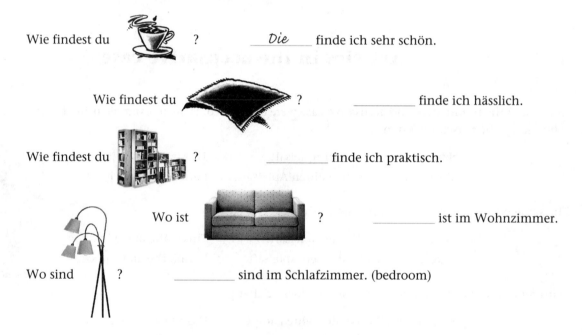

Wie findest du ___ ?   ___Die___ finde ich sehr schön.

Wie findest du ___ ?   _____ finde ich hässlich.

Wie findest du ___ ?   _____ finde ich praktisch.

Wo ist ___ ?   _____ ist im Wohnzimmer.

Wo sind ___ ?   _____ sind im Schlafzimmer. (bedroom)

B10

"Es gibt ..."

This structure can be used to express: "there is", "there are", "they have". It doesn't change according to singular or plural and it is always followed by the accusative case.

Bei Möbel Fun **gibt es** einen schönen Stuhl für 48,- € .   At Möbel Fun **there is** a nice chair for 48.- €
Bei Möbel Fun **gibt es** Teppiche.   At Möbel Fun **they have / there are** carpets.
Leider **gibt es** keine Fernseher.   Unfortunately **there are** no televisions.

Create your own statistics.

A) Please guess the percentage for your country:

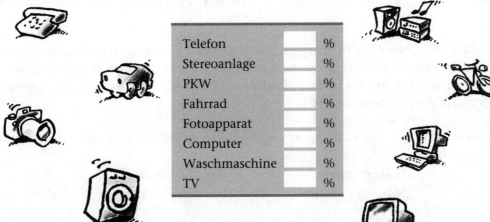

Telefon	%
Stereoanlage	%
PKW	%
Fahrrad	%
Fotoapparat	%
Computer	%
Waschmaschine	%
TV	%

B) Please transfer this information. Use *"es gibt"* and the accusative case as in the example, if possible. Include the following terms.

fast alle ◆ über ... % ◆ etwa ... % ◆ die Hälfte ◆ ein Drittel ◆ ein Viertel ◆ nur wenige

Es gibt in fast allen Haushalten ein TV.
Etwa die Hälfte der Haushalte hat einen Fernseher.

The indefinite articles "ein", "kein"

The indefinite articles are used when one is referring to no object or person in particular. Here a few examples.

Da ist **ein** Verkäufer.	There is **a** shop assistant.
Hier sind **keine** Sessel.	There are **no** armchairs.
Ich habe **eine** Mikrowelle.	I have **a** microwave.
Aber ich habe **keinen** Staubsauger.	But I don't have **a** vacuum cleaner.
Ich habe **ein** Handy.	I have **a** mobile.
Ich habe **keine** Kinder.	I have **no** children.

C4 It is not necessary to repeat the nouns in the answers.

Gibt es **einen** Staubsauger? Ja, es gibt **einen**.   Is there **a** vaccum cleaner? Yes, there is **one**.
Hast du **ein** Handy? Ja, ich habe **eins**.   Do you have **a** mobile? Yes, I have **one**.
Haben Sie Kinder? Nein, ich habe **keine**.   Do you have children? No, I don't have **any**.

The indefinite article *"ein-"*, *"kein-"*, with the corresponding ending according to the gender (feminine, masculine, neuter) and the case (nominative, accusative) can replace the longer form. It then becomes an indefinite pronoun, as it replaces the article + noun. In English this could be: "one" or "not one". Please check with the grammar section of your coursebook, § 16 b.

In German you have to use an article in the short version unlike in English, where it is enough to say:

Ja, da ist **einer**.   Yes, there is ~~one~~.
Nein, da ist **keiner**.   No, there isn't ~~one~~.

What would you answer?

Haben Sie ein Fahrrad? _Ja, ich habe eins. / Nein, ich habe keins._
Suchen Sie ein Sofa? _____
Brauchen Sie einen Computer? _____
Möchten Sie ein Eis? _____
Suchen Sie einen Fotoapparat? _____
Haben Sie Kinder? _____
Haben Sie ein Hobby? _____

D

Plurals

In German there are different ways of making plural nouns.
Usually you find the plural form in the dictionary.

> **Kropf** [krɔpf, ˈkrœpfə] ‹-(e)s, ⸚e› *m* **1.** *(bei Taube etc)* crop; **2.** *med* goitre
>
> **Kröte** [ˈkrø:tə] ‹-, -n› *f* **1.** *zoo* toad; **2.** *pl sl (Geld)* ~**n** dough
>
> **Krücke** [ˈkrykə] ‹-, -n› *f* **1.** *(Gehhilfe)* crutch; **2.** *fig* prop **3.** *sl (Flasche, Versager)* dead loss
>
> **Krug** [kru:k, ˈkrygə] ‹-(e)s, ⸚e› *m* jug; **2.** *(Bier~)* mug
>
> **Krume** [kru:mə] ‹-, -n› *f* **1.** *(Brot~)* crumb; **2.** *(Acker~)* soil
>
> **Krümel** [ˈkry:məl] ‹-s, -› *m (Krume)* crumb;

For some useful rules and guidelines for making the plural, look at your coursebook D3. But be careful, there are also many exceptions. In many cases the plural must simply be learnt.

Please note: In a compound word, it is the last component that is affected.

der Schreibtisch	– die Schreibtische
die Stehlampe	– die Stehlampen
die Telefonnummer	– die Telefonnummern
das Kinderbett	– die Kinderbetten
der Gartenstuhl	– die Gartenstühle

 Please note that the plural form of compound nouns is usually not given in a dictionary. For that you have to look up the last component.

Please complete the sentences.

Der Tisch kostet sehr wenig.   *Die Tische kosten sehr wenig.*

Ich brauche ein Sofa. _____

Ikea hat einen Sessel für 89,- .

Er findet den Stuhl unpraktisch. _____

Ich nehme das Regal. _____

Haben Sie ein Futon-Bett? _____

Ist das ein Sonderangebot? _____

D3 **Please find the plural form.**

Help with the inventory at Ikea, making a list of items. Please use your dictionary.

Lampe	(11)	*Es gibt elf Lampen.*
Bett	(7)	*Wir haben*
Stehlampe	(4)	*Da sind*
Stereoanlage	(12)	_____
Stuhl	(25)	_____
Staubsauger	(6)	_____
Sofa	(9)	_____
Teppich	(13)	_____
Tisch	(20)	_____

D6 # "ja", "nein", "doch"

Hast du ein Handy? – **Ja**, ich habe ein Handy.
Hast du Hunger? – **Nein**, ich habe keinen Hunger.
Hast du **keinen** Hunger? – **Doch**, ich habe Hunger.

The positive answer to a negative question requires: "doch".

Please fill in "ja", "nein" or "doch".

Haben Sie ein Handy?	+ _Ja_	, ich habe eins.
Möchten Sie ein Bier?	− _Nein_	, ich habe noch eins.
Hast du keinen Hunger?	+ _Doch_	, ich möchte eine Pizza.
Kaufst du das Sofa?	− _____	, es ist hässlich.
Findest du den Teppich gut?	+ _____	, er ist hübsch.
Gibt es bei IKEA Fernseher?	+ _____	, im dritten Stock.
Sprichst du kein Deutsch?	+ _____	, ich spreche sehr gut.
Trinken Sie Alkohol?	− _____	, nie.
Haben Sie keinen Fotoapparat?	+ _____	, ich habe einen Apparat.

"erst", "nur", "schon"

"erst"/ "nur"

Both words mean "only" in English. Whereas *"erst"* is always used in time expressions, *"nur"* can be used in certain cases for time expressions, but is mainly used for all other quantities.

Wir haben **nur** ein Kind.	We have **only** one child.
Ich möchte **nur** einen Salat.	I **only** want a salad.
Wir wohnen **erst** drei Jahre hier.	We have been living here for **only** three years.
Wir sind **nur** drei Stunden hier.	We are **only** going to be here for three hours.

"erst"/ "schon"

The word *"erst"* means "only" and *"schon"* means "already". Please notice that unlike in English in German you use the present tense in the following examples, where the action started in the past and is still going on:

Wir lernen **erst** ein Jahr Deutsch.	We have **only** been learning German for one year.
Wir lernen **schon** drei Jahre Deutsch.	We have **already** been learning German for three years.

"Erst" and *"schon"* can express how you feel about the time passed. What feels like a short period of time to one person, can feel rather long to another.

Wir sind erst drei Jahre verheiratet.	We have only been married for three years.
Wir sind schon drei Jahre verheiratet.	We have already been married for three years.

Please ask for confirmation, using: "erst", "nur", "schon".

Die Waschmaschine kostet 400 € . (nicht 500 €)	_Nur 400 € ?_
Das Sofa bei IKEA kostet 800 € . (nicht 1000 €)	_____
Der Fernseher ist 3 Jahre alt. (nicht 4 Jahre)	_____
Ich möchte 2 Würstchen. (nicht 3 Würstchen)	_____
Alexander hat ein Kind. (nicht 2 Kinder)	_____

KURS

Pronunciation tips

German vowels sound differently according to the combination of letters. In the list of words following, the underlined "e" is a long sound, whereas the "ẹ" with a dot underneath is a short and open sound.

Please read out the words.

dẹn - dẹnn   gehen - Bẹtt   Tee - Tẹppich   lesen - Tẹxt   Idee - modẹrn

This rule also applies to other vowels you have come across already.

Please combine and find the rule.

vowel + one single consonant

short vowel → vowel + h

long vowel → vowel + two consonants

vowel + same vowel

 As far as the "Umlaute" "ä", "ö", "ü" are concerned, there are no exact equivalent sounds in English. The closest sound to "ä" you will probably find in the English words: "gay", "hay", "day", etc. The sound in the name of the plant "myrrh" is similar to the German "Umlaut" "ö". In order to produce the sound "ü", you should start off pronouncing the German letter "i" and while saying it, shape your lips into a "kiss".

Long or short vowels?

schön ◆ Möbel ◆ suchen◆ kommen ◆ Gläser ◆ billig ◆ fast ◆ Nummer ◆ wie ◆ Töpfe ◆ Bild ◆ ähnlich ◆ Jahr ◆ Bier ◆ Sätze ◆ ihr ◆ Verb ◆ Suppe ◆ Bäcker ◆ was ◆ Pläne ◆ Wohnung ◆ Geld ◆ Stühle

Please place these words into the correct column and don't forget that "ie" is also a long sound.

vowel is short	vowel is long
Nummer	*Jahr*

Cultural Corner

Opening hours for shops

Should the shops stay open longer? This has been a point of discussion for some time. Opening hours in Germany are state-regulated in order to guarantee competition between bigger shops like department stores and smaller businesses. Before 1996 shops had to close at 6 pm or 6.30 pm Monday to Friday, but now may stay open until 8.00 pm on these days. On Saturdays people enjoy an extra two hours to do their shopping, as the closing time has changed from 2 pm to 4 pm. The reaction to these changes has been positive. It seems that particular advantage is taken of the extra hours towards the end of the week and on Saturdays.

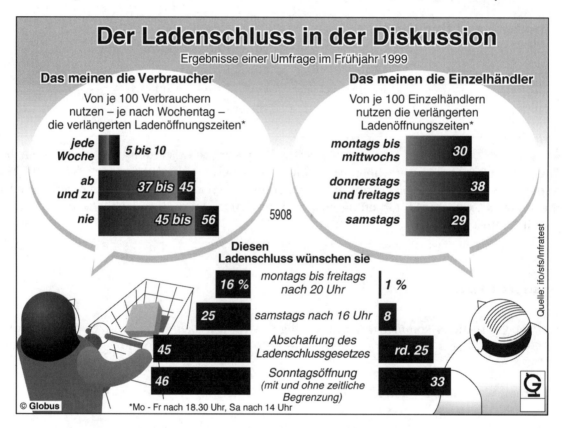

Can you use your hair-dryer? (travel tip)

When you travel to Germany it is advisable to check if the plugs of your electrical appliances are compatible with the German power sockets. Bringing a "converter" along might save you some trouble and disappointment. This will be the case if you come from England, for example.

$$3 \neq 2$$

Im Supermarkt

Kleine Geschenke erhalten die Freundschaft

Welche Lebensmittel kennen Sie schon auf Deutsch?

Schreiben Sie Wortkarten.

trinken

der Kaffee

das Mineralwasser

essen
du isst
sie / er isst

die Orange, -n

das Mehl

der / das Joghurt

UNSER HAUSBROT
IN ALLER MUNDE

Ein paar Lebensmittel und fast
alle Getränke haben keinen
Plural. Man sagt:
2 (Tassen) Kaffee,
3 (Gläser) Mineralwasser,
4 (Flaschen) Bier,
2 Kilo Mehl

Sortieren Sie die Lebensmittel.

Das essen oder trinken Sie ...
  ... gern – nicht so gern.
  ... oft – nicht so oft.

Das ist teuer – günstig ...
  ... in Ihrem Land.
  ... in Deutschland.

Das essen oder trinken die Leute ...
  ... in Ihrem Land.
  ... in Deutschland.

Das essen/trinken Kinder gern – nicht gern.

Sprechen oder schreiben Sie.

Ich esse gern Orangen und Eis. Ich trinke keinen Kaffee, aber ich trinke oft ...

Bei uns in ... isst man viel ...

In Deutschland trinkt man viel ...

In ... sind ... nicht teuer, aber hier in ...

Kinder essen gern ..., aber sie essen nicht gern ...

Allgemeine Aussagen	ohne Artikel
In Deutschland trinkt man viel	Bier. (Singular)
Ich esse gern	Orangen. (Plural)

KURSBUCH
A 1-A 3

Ergänzen Sie die Personalpronomen.

~~dir~~ ◆ uns ◆ ~~mir~~ ◆ ihm ◆ euch ◆ ihnen ◆ uns ◆ ihr ◆ Ihnen

Kleine Geschenke erhalten die Freundschaft

(frei nach Ephraim Kishon)

Ein Freund schenkt _mir_ Pralinen.

Ich esse keine Pralinen. Aber **du** hast bald Geburtstag. Ich schenke _dir_ die Pralinen.

Du isst auch keine Pralinen. Aber deine Mutter hat bald Namenstag. Du schenkst _____ die Pralinen.

Sie macht eine Diät. Aber ein Kollege hat bald Jubiläum. Sie schenkt _____ die Pralinen.

Er macht auch eine Diät. Aber ihr habt bald Hochzeitstag. Er schenkt _____ die Pralinen.

Ihr esst keine Pralinen, aber ihr habt Freunde. Sie heiraten bald. Ihr schenkt _____ die Pralinen.

Sie essen auch keine Pralinen. Aber wir haben eine neue Wohnung und machen ein Fest. Sie schenken _____ die Pralinen.

Wir machen einen Fehler: Wir öffnen die Pralinen. – Oh!

Möchten Sie vielleicht Pralinen? Ich schenke _____ gern ein paar Pralinen …

Du hast bald Geburtstag.
Ich schenke **dir** die Pralinen.

Nominativ	ich	du	er	sie	es	wir	ihr	sie	Sie
Dativ		*dir*							

Schreiben Sie Sätze.

1 Papa! Schau mal, Luftballons.   _Kaufst du mir einen Luftballon_ · ?
                                       mir / du / kaufst / einen Luftballon

2 Vera hat Geburtstag.   _____ .
                  schenkt / ihr / Daniel / einen Volleyball

3 Ihr sucht einen Kühlschrank? Ich habe zwei.   _____ .
                                   gebe / ich / einen / euch

4 Thomas hat Geburtstag.   _____ .
                  ihm / Anna / kauft / ein Überraschungsei

5 Wir möchten Möbel kaufen und haben kein Auto.   _____ ?
                                 du / dein Auto / gibst / uns

6 Möchten Sie vielleicht Pralinen?   _____ .
                  schenke / gern / ein paar Pralinen / Ihnen / ich

7 Achim und Jasmin möchten Nikos anrufen.   _____ ?
                         du / ihnen / die Telefonnummer / gibst

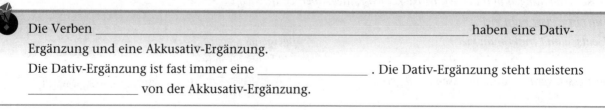

Die Verben _____ haben eine Dativ-Ergänzung und eine Akkusativ-Ergänzung.

Die Dativ-Ergänzung ist fast immer eine _____ . Die Dativ-Ergänzung steht meistens _____ von der Akkusativ-Ergänzung.

B

Bilder beschreiben

B 1

Die Leute sprechen über die Bilder? Welches Bild passt?

Hören und markieren Sie.

| auf dem Flughafen ◆ in der Kneipe ◆ |
| auf der Meldestelle ◆ im Möbelhaus ◆ |
| im Hotel ◆ im Supermarkt ◆ |
| im Kaufhaus ◆ zu Besuch bei ... ◆ |
| in der Sprachschule |

Dialog	Bild	Wo?
1		
2		
3		

B 2

Sprechen oder schreiben Sie über die anderen Bilder.

Wo ist das? Was machen die Leute? Was denken und sagen die Leute?

Die Leute sind ...	Sie ...	Sie sagen ... / Sie denken ...
traurig	haben keine Zeit ◆ warten ...	„Prost!"
fröhlich	weinen ◆ lachen	„Das dauert aber lange."
nervös	suchen ... ◆ kaufen ...	„Warum weinst du?"
sauer	bestellen ... ◆ essen ... ◆ trinken ...	„Wo ist denn die Mutter?"
	spielen ... ◆ lesen ...	

Die Leute sind in der Kneipe. Sie möchten ...
Nein, das glaube ich nicht. Sie sind bestimmt zu Besuch bei ...
Aber... – das passt nicht!

Ergänzen Sie die fehlenden Verbformen und die Regel.

Geben und nehmen

Du gibst – ich nehme,
du nimmst – ich gebe:
wir tauschen.

Du gibst – sie nimmt,
du _____ – sie _____ :
ihr tauscht.

Sie gibt – er _____ ,
sie _____ – er _____ :
sie tauschen.

Wir _____ – ihr nehmt,
wir _____ – ihr _____ :
wir tauschen.

Ihr _____ – sie _____ ,
ihr _____ – sie _____ :
ihr tauscht.

Und Sie?
_____ Sie? – Nehmen Sie?
Tauschen Sie auch?

Essen und sein

(frei nach Descartes)

Ich esse, also bin ich.

Du bist, also isst du.

Er isst, also _____ er.

Sie ist, also *isst* sie.

Wir essen, also _____ wir.

Ihr seid, also _____ ihr.

Sie sind, also _____ sie.

Sie essen, also _____ Sie.

Man ist, also _____ man –

oder isst, also _____ man?

Hilfe! Hilfe! Hilfe!

Ich helfe dir
und du _____ mir,

sie _____ ihm
und er _____ ihr,

wir _____ euch
und ihr _____ uns,

sie _____ Ihnen
und Sie _____ ihnen.

Bei den Verben
„geben", „nehmen", „sprechen", „helfen" und „essen" heißt es:
      du _____
er/sie/es/man _____

Der Vokal e wird zu _____ .

 Jetzt hören und vergleichen Sie.
Lesen Sie dann die Texte noch einmal laut.

 Schreiben Sie jetzt einen ähnlichen Text.

Hören und sprechen
du sprichst – ich höre,
du hörst – ich spreche:
wir kommunizieren.
...

Können Sie mir helfen?

Was steht auf dem Küchentisch? Markieren Sie.

✓ Butter   Waschpulver
Käse   Gulasch
Öl   Pizza
Hefe   Zucker
10 Eier   Toastbrot
Fisch   2 l Milch
3 Fl. Wasser   Mehl
Pfeffer

Hören und markieren Sie.

1   Ein Kilo Kartoffeln kostet
    ☐ 3,00 DM.
    ☐ 1,80 DM.

4   Es gibt kein Mirdir Bier
    ☐ im Kasten.
    ☐ im Sechserpack.

2   Das Sonderangebot kostet
    ☐ 4,95 DM.
    ☐ 495,- DM.

5   Die Frau
    ☐ möchte 125 g und bekommt etwas mehr Salami.
    ☐ möchte 125 g und bekommt 125 g Salami.

3   Der Mann kauft
    ☐ das 5-Kilo-Paket für 13,85 DM.
    ☐ das 3-Kilo-Paket für 8,65 DM.

6   Der Mann kauft
    ☐ eine Tüte Milch.
    ☐ eine Flasche Milch.

Was passt zusammen? Ergänzen Sie.

Man schreibt	Man sagt
1/4 l; 0,25 l; 125 g	ein Viertel …
	sechs Mark zwanzig
	zwei Mark sechzig
	drei Liter
	ein halbes Kilo
	ein halber Liter
	fünf Kilo
	ein halbes Pfund
	ein Pfund
	sechs zwanzig
	neunundsiebzig Pfennig
	zweihunderfünfzig Gramm
	sechshundertzwanzig Mark

250 g ◆ 2,60 DM ◆ 1/2 l ◆
3 l ◆ 5 kg ◆ 620,- DM ◆
0,79 DM ◆ ~~1/4 l~~ ◆ 1/2 kg ◆
~~0,25 l~~ ◆ 500 g ◆ ~~125 g~~ ◆
6,20 DM ◆ 0,5 l

Was möchten Sie? Schreiben oder sprechen Sie.

die Flasche

die Packung

das Paket

die Tüte

Jetzt schreiben oder sprechen Sie.

Ich möchte gern 1 Kilo Bananen.
Ich hätte gern 2 Flaschen Milch.
Eine Packung Erdnüsse, bitte.
...

die Dose

die Schachtel

C 5 2/4

Hören Sie, sprechen Sie nach und markieren Sie den Wortakzent.

Äpfel ✓ ◆ Banạnen ◆ Bier ◆ Bonbons ◆ Brot ◆ Butter ◆ Camembert ◆ Curry ◆
Eier ✓ ◆ Eis ◆ Erdnuss-Öl ◆ Fisch ◆ Gouda ◆ Jasmintee ◆ Joghurt ◆
Kartoffeln ◆ Kaugummis ◆ Klopapier ◆ Kuchen ◆ Mehl ◆ Milch ◆
Mineralwasser ◆ Orangen ◆ Pfeffer ◆ Pizza ◆ Putzmittel ◆ Reis ◆
Salami ◆ Salat ◆ Salz ◆ Sardellen ◆ Schinken ◆ Schokolade ◆ Tomaten ◆
Waschmittel ◆ Wein ◆ Würstchen ◆ Zucker

Wo gibt es was? Sortieren Sie.

Backwaren	Fleischwaren	Gemüse	Getränke	Gewürze	Haushaltswaren

Käse	Milchprodukte	Obst	Spezialitäten	Süßwaren	Tiefkühlkost
		Äpfel			

andere Lebensmittel

Eier

C 6

Was kaufen Sie oft? Schreiben Sie.

Ich kaufe oft ...

Die/Den/Das | gibt es bei ...
Die |

Wo?		
Singular:	f	**bei der** Tiefkühlkost
	m	**beim** Käse
	n	**beim** Gemüse / Obst
Plural:		**bei den** Getränken / Gewürzen / Haushaltswaren / Milchprodukten / Spezialitäten ...

C 7

Was passt wo? Ergänzen Sie die Dialoge und markieren Sie.

Entschuldigung ◆ Vielen Dank ◆ Da sind Sie hier falsch. ◆ Wo ist das, bitte? ◆ Bitte, bitte. ◆
wo finde ich hier ◆ Ich suche ◆ der Tiefkühlkost ◆ tut mir Leid ◆ Gibt es hier keinen ◆
hier vorne rechts ◆ Was suchen Sie denn? ◆ da hinten

Kundin = K   Angestellte / Angestellter = A

1 K *Entschuldigung*_____ , können Sie mir helfen?
  A Aber natürlich. _____ ?
     Die Leergut-Annahme.
     Die ist gleich _____ , bei den Backwaren.
     Danke.
     _____ .

2   Entschuldigen Sie, _____ Fisch?
     Den bekommen Sie bei _____ , im nächsten Gang links.
     _____ frischen Fisch?
     Nein, _____ .

3   Kann ich Ihnen helfen?
     Ja, bitte. _____ Waschpulver.
     _____ . Waschpulver gibt es bei den Haushaltswaren.
     Haushaltswaren? _____ ?
     Ganz _____ , im letzten Gang.
     _____ !
     Nichts zu danken.

2/5 **Hören und vergleichen Sie.**

C 8

Was passt zusammen? Markieren Sie.

1 Entschuldigung,
  können Sie mir helfen? *a + j; g + j*
2 Kann ich Ihnen helfen? _____
3 Wo finde ich hier ... ? _____
4 Ich suche ... _____
5 Gibt es hier keine ... ? _____
6 Vielen Dank! _____

a)	Aber natürlich.	g)	Ja, bitte.
b)	Bitte, bitte.	h)	Nein, tut mir Leid.
c)	Doch, natürlich.	i)	Nichts zu danken.
d)	Ich suche ...	j)	Was suchen Sie denn?
e)	Gleich hier vorne rechts.	k)	Wo finde ich ... ?
f)	Im nächsten Regal links oben.	l)	... bekommen Sie bei ...

Schreiben Sie jetzt einen Dialog.

Der Ton macht die Musik

Hören und markieren Sie: „u" oder „ü"?

Vergleichen Sie:	Stuhl [u:]	Stühle [y:]
	Mutter [ʊ]	Mütter [y]

Nr.	u	ü		Nr.	u	ü		Nr.	u	ü		Nr.	u	ü
1	X			1				1				1		
2		X		2				2				2		
3	X			3				3				3		
4				4				4				4		
5				5				5				5		
6				6				6				6		

Lang (_) oder kurz (.)? Hören Sie, sprechen Sie nach und markieren Sie.

süß   Stück   fünf   üben   Tür   über   flüstern   Gemüse   Würstchen

Bücher   Küche   Tüte   für   wünschen   Stühle   gemütlich   günstig   natürlich

Üben Sie.

Langes „iiiiiiii" = [i:]
Sagen Sie „Siiiiiiiiie"

Langes „üüüüü"= [y:]
Sagen Sie weiter „iiiiiii" und
machen Sie die Lippen rund (wie
bei „o"): „iiiii" wird zu „üüüüü".
Sagen Sie „süüüüüüüüüüüß!"

Kurzes „ü" = [y]
Sagen Sie "üüüüü" – "üüüü" –
„üü" – „ü"– „ü" – „ü" …

Sagen Sie: „süße Stücke" – „süße Stücke" …

> Zum Geburtstag viel Glück,
> Zum Geburtstag viel Glück,
> Viel Glück zum Geburtstag,
> Zum Geburtstag viel Glück!

Hören Sie und sprechen Sie nach.

vier – für   hier – Tür   spielt – spült   lieben – üben   viele – Stühle

Tiefkühltruhe   Spülmaschine   Überschrift   Süßwaren   nützliche Ausdrücke

Üben Sie zu zweit.

Vereinslokal

Sie wünschen?
Fünf Bier, vier Würstchen,
eine Gemüsesuppe
und eine Tüte Erdnüsse, bitte.

Sonderangebot

Wie finden Sie die Spülmaschine?
775 Mark? Die ist günstig.

Tschüs

Wo ist die Tür?
Die Tür ist hier.
Tschüs!

Wählen Sie ein Gedicht und üben Sie. Dann lesen Sie vor.

Geburtstag

Sieben Bücher wünsch' ich mir,

natürlich schenkt er mir nur vier.

Sieben Bücher ich mir wünsch' –

vielleicht schenkt er mir ja auch fünf?

FEIERABEND

Die Küche um sieben:

Sie spielt – er spült

gemütlich

Deutschkurs

Markieren Sie die Überschriften.

Üben und sortieren Sie.

Schließen Sie die Bücher.

Spielen Sie zu fünft.

Buchstabieren Sie „Würstchen".

Fünf nach vier!

Tschüs, auf Wiedersehen!

KURSBUCH
E 1-E 3

E

1

Im Feinkostladen

Was sagt die Kundin? Ergänzen Sie bitte.

~~Guten Tag!~~ ◆ Nein, danke. Das wär's . ◆ Ja, ein Pfund Tomaten, bitte. ◆ Nein, das ist ein bisschen viel. ◆
Ja, gut. Aber bitte nur ein Pfund. ◆ Hier bitte, 50 Mark ◆
~~Ich hätte gern ein Viertel Mailänder Salami.~~ ◆ Ja, bitte. … Danke. … Wiedersehen! ◆
Nein, danke. Was kostet denn das Bauernbrot da? ◆ Haben Sie Jasmintee?

Der Verkäufer sagt:

Guten Tag. ↘ Sie <u>wünschen</u>? ↗

Darf´s ein bisschen mehr sein?   160 Gramm?

Haben Sie noch einen Wunsch?

Darf´s noch etwas sein?

Nein, tut mit Leid.   Den bekommen wir erst morgen

wieder.   Möchten Sie vielleicht einen anderen Tee?

7,60 das Kilo.

Sonst noch etwas?

Das macht dann … 10 Mark 60.

Und 39,40 zurück.   Möchten Sie vielleicht eine Tüte?

Vielen Dank und auf Wiedersehen!

Die Kundin sagt:

Guten Tag! ↘

Ich hätte gern ein Viertel Mailänder Salami.

_____

_____

_____

_____

_____

_____

_____

Hören und vergleichen Sie.

Markieren Sie den Satzakzent (_) und die Satzmelodie (↗ oder ↘).

Dann hören Sie den Dialog noch einmal, vergleichen Sie und sprechen Sie nach.

Mit oder ohne Artikel? Ergänzen Sie die Sätze und die Regel.

Ich suche Orangen.
Haben Sie Orangen?

Was kosten die Orangen?
Zwei Kilo Orangen, bitte.

– ◆ die ◆ der ◆ das ◆ drei ◆ Zehn ◆ Einen Kasten ◆ drei Kilo ◆ ein Viertel ◆ zwei Dosen ◆ Zwei Liter

Haben Sie	_____–_____	Fisch?	Ich möchte	_____	Joghurts.
Haben Sie	_____	Kandiszucker?	Ich suche	_____	Kräutertee.
Ich suche	_____	Curry.	Was kosten	_____	Eier?
	_____	Mineralwasser, bitte.	Ich hätte gern	_____	Tomaten.
Ich hätte gern	_____	Kartoffeln.	Was kostet	_____	Kaffee?
	_____	Eier, bitte.	Ich möchte	_____	Salami.
Was kostet	_____	Brot?		_____	Milch, bitte.

				mit ◆ ohne	
Gibt es ...?	„Haben Sie ... ?" / „Ich suche ..."		Lebensmittel	_____	Artikel.
Preis?	„Was kostet ... ?", „Was kosten ... ?"		Lebensmittel	_____	Artikel.
Ich kaufe ...	„Ich möchte ..." / „Ich hätte gern ..." / „... , bitte"		Lebensmittel	_____	Zahl und Maßeinheit/Verpackung.

Maßeinheit = kg, l, ... / Verpackung = Flasche, Paket, ...

2/13

Jetzt sind Sie Kunde im Lebensmittelgeschäft. Hören und sprechen Sie.

! = *Ich hätte gern ...*
   ..., bitte.

? = *Haben Sie ... ?*

?Preis? = *Was kostet ... ?*
          Was kosten ... ?

!	200g Gouda	➡	am Stück
?Preis?	Orangen?	➡	2 kg
?	Kandiszucker?	➡	1 Paket
!	3 Bananen		
?	Basmati-Reis?	➡	1 Pfund
!	2 Flaschen Cola	➡	4 Dosen
?Preis?	Kaffee?	➡	500g
!	ein Viertel Salami	➡	+
...			

KURSE
E

4

Welches Wort passt *nicht*? Markieren und ergänzen Sie.

kein/ein	Getränk	Gewürz	Lebensmittel	Spielzeug
	Milchprodukt	Obst	Wort mit ...	...
keine/eine	Maßeinheit	Süßware	Verpackung	...

Beispiel: Kilo, ~~Reis~~, Pfund, Gramm   *ein Lebensmittel, keine Maßeinheit*

1   Paket, Packung, Pfund, Schachtel

2   Liter, Gramm, Pfund, Flasche

3   Mineralwasser, Tomaten, Wein, Bier

4   Salami, Milch, Butter, Käse

5   Schokoriegel, Luftballon, Bonbon, Lolli

6   Orangen, Bananen, Kartoffeln, Äpfel

7   Pfeffer, Curry, Salz, Wein

KURSBUCH
F 1-F 2

Machen Sie ähnliche Listen und tauschen Sie.

F

1

Zwischen den Zeilen

Machen Sie aus einem Wort zwei Wörter und ergänzen Sie die Regel.

Beispiele: das Milchprodukt   die Milch + das Produkt
             die Dosenmilch   die Dose(n) + die Milch
             die Haushaltswaren   der Haushalt + die Ware(n)

1   die Fleischwaren

2   das Vanilleeis

3   das Spielzeugauto

4   der Luftballon

5   das Klopapier

6   das Toastbrot

7   der Butterkäse

8   der Apfelkuchen

9   der Orangensaft

10   das Vereinslokal

11   die Pralinenschachtel

12   das Hammelfleisch

> Viele deutsche Wörter sind „Komposita" (2 Wörter → 1 langes Wort).
> Bei Komposita bestimmt das ▢ erste   Wort den Artikel.
>   ▢ letzte

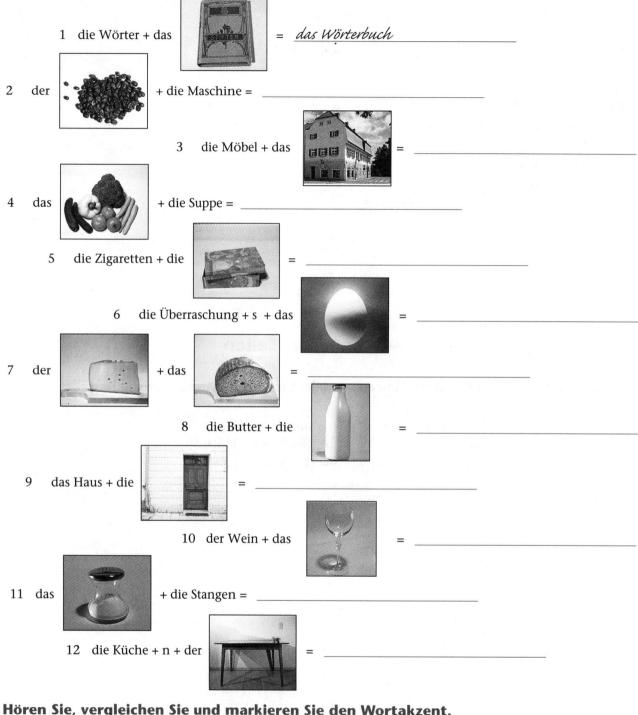

F 2   Wie heißen die Wörter? Ergänzen Sie.

1   die Wörter + das   = *das Wörterbuch*

2   der   + die Maschine = _____

3   die Möbel + das   = _____

4   das   + die Suppe = _____

5   die Zigaretten + die   = _____

6   die Überraschung + s + das   = _____

7   der   + das   = _____

8   die Butter + die   = _____

9   das Haus + die   = _____

10   der Wein + das   = _____

11   das   + die Stangen = _____

12   die Küche + n + der   = _____

 Hören Sie, vergleichen Sie und markieren Sie den Wortakzent.

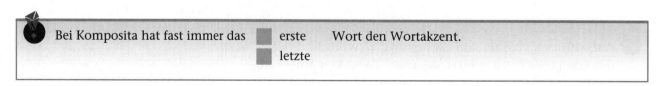

Bei Komposita hat fast immer das   erste   Wort den Wortakzent.
                                      letzte

F 3   Suchen Sie weitere Komposita in den Lektionen 1–3.

das Bauernbrot, die Telefonnummer, die Wortliste, ...

KURS
G 1-

Machen Sie mehr aus Ihrem Geld!

Was passt wo? Markieren Sie.

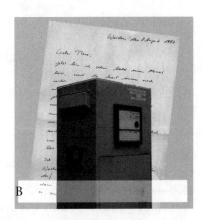

Werbung für	Bild
Geld	
Lebensmittel, ...	C
Kommunikation	

1 *Bezahlen Sie mit Ihrem guten Namen!*

2 **Hallo, Raucher! Denkt doch mal an die Nichtraucher.**

3 *Iss es – schmeck es – spür es!*

4 **Mach mal Pause – trink Coca Cola!**   D

5 **Bestellen Sie doch mal online.**

6 *Schreib mal wieder!*

Welcher Text passt zu welcher Anzeige? Markieren Sie.

SPIEGEL ONLINE – Kultur Extra: Von Abba bis Zappa, von Oper bis Musical – bestellen sie Ihre CD doch mal online! Per Datenbankabfrage aus 150.000 CDs – täglich, ohne Warteschlange.
SPIEGEL ONLINE – die erste Adresse im Netz. http://www.spiegel.de

Probieren Sie das Zigarillo, das bei Rauchern und Nichtrauchern gleichermaßen beliebt ist: Das neue Moods. Verlangen Sie eine Musterpackung und schicken Sie den nebenstehenden Gutschein an: Dannemann GmbH, Moods, 32310 Lübbecke.

Du willst fit sein? Dann iss das Richtige: den Dreiklang aus Eiweiß, Fett und Kohlehydraten. Zusammen mit vielen Vitaminen und Mineralstoffen.
FITMACHER-ACTION-SHOW – Hol dir Infos und mehr bei der Beachvolleyball Masters-Tour in Essen am 14./15. Juni 1997.

Schreiben Sie die Werbetexte zu den Bildern.

Der Imperativsatz

„du":	Schreib ~~st du~~ mir mal ↗!	

per du: Singular: wie „du", aber:
keine „-st-Endung" beim Verb, kein Subjekt

„ihr": Denkt ~~ihr~~ <u>doch mal</u> an die
Nichtraucher↗!

Plural: wie „ihr", aber: kein Subjekt.

„Sie": Machen Sie mehr aus
Ihrem Geld ↗!

alle: kein Fragezeichen (?) → Ausrufezeichen (!)
oder Punkt (.)
manchmal: + „doch", „mal"
oder „bitte"

sein
sei (freundlich)
seid (freundlich)
Seien Sie (freundlich)

„du"
nett sein – „Ja!" sagen
~~nicht lange suchen~~ – ins„inserat" ~~schauen~~
die Chance nutzen – Lotto spielen
nicht nach Amerika gehen – mit uns fliegen

„Sie"
ihr nicht einfach nur Pralinen schenken
ganz bequem von zu Hause bestellen
nicht so viel arbeiten – mal Urlaub machen
mehr aus Ihrem Geld machen – mit den Experten sprechen
nicht irgendwas nehmen – Persil nehmen

„ihr"
zu uns in den Verein kommen
den Tieren eine Chance geben
cool sein – Milch trinken

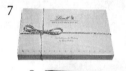

11 *SUPERLOTTO*

1 Such nicht lange – schau ins „inserat"!

2

Imperativ (↘) oder Ja/Nein-Frage (↗)? Hören Sie und ergänzen Sie „?" oder „!".

1 Kommen Sie zur Party ?
2 Nehmen Sie eine Gulaschsuppe
3 Trinken Sie Buttermilch
4 Kaufen Sie „das inserat"

5 Spielen Sie Lotto
6 Machen Sie einen Deutschkurs
7 Bezahlen Sie mit Scheck
8 Fliegen Sie nach Australien

Üben Sie die Sätze als Aufforderungen (↘) und als Fragen (↗).

Die Produktbörse

Lesen Sie den Text und markieren Sie bitte.

1 Die Produktbörse ist
   ▢ eine Information für Verbraucher.
   ▢ ein Bauernhof.

2 Die Produktbörse informiert über
   ▢ Spezialitäten aus Hessen.
   ▢ internationale Spezialitäten.

3 Die Produkte gibt es
   ▢ direkt beim Erzeuger.
   ▢ im Supermarkt oder Feinkostgeschäft.

4 Beim Infotelefon können Sie
   ▢ Lebensmittel bestellen.
   ▢ Adressen und Informationen bekommen.

Produktbörse
für hessische Spezialitäten
direkt vom Bauernhof

Qualität frisch
vom Bauernhof

**Vereinigung der
Hessischen
Direktvermarkter e.V.**

**Infotelefon
für Verbraucher**

0 64 24 / 62 06
Mo–Fr von 9–12 Uhr
und 14–17 Uhr
Telefax: 0 64 24 / 62 09

Die Vereinigung der Hessischen Direktvermarkter e.V. ist ein Zusammenschluss von über 400 landwirtschaftlichen Betrieben aus unterschiedlichen hessischen Regionen.

Unser Ziel ist es, Sie als Verbraucher über gesunde, regional erzeugte Spezialitäten von hessischen Bauernhöfen zu informieren.

Unter dem Motto „Qualität frisch vom Bauernhof" wollen wir Ihnen Möglichkeiten für den direkten Einkauf beim Erzeuger aufzeigen.

Bei unserem Infotelefon können Sie jederzeit nachfragen, wo und wie Sie bequem und in Ihrer Nähe „Qualität frisch vom Bauernhof" einkaufen können.

Ihre Wünsche geben unseren Betrieben Anregungen und Hilfestellung für die weitere Zusammenarbeit und die Gestaltung unserer Produktpalette.

Die Produktbörse enthält Spezialitäten der hessischen Bauernhöfe. Das Angebot ist groß! Wir können Ihnen hier nur eine grobe Übersicht unserer Produkte vorstellen. Nutzen Sie unser Infotelefon für Ihre Fragen, Anregungen und zur weiteren Information.

**Bitte rufen Sie uns an!
Infotelefon: 0 64 24 / 62 06
Mo–Fr von 9–12 Uhr und
14–17 Uhr**

+ Kartoffeln
− Waschmittel

**Was gibt es hier?
Was gibt es nicht? Machen Sie eine Liste.**

Ergänzen Sie die Überschriften.

Fleisch & Wurst ◆ Gemüse & Blumen ◆ Milch & Milchprodukte ◆ Obst & Obstsäfte ◆
Honig & Marmeladen ◆ Brot & Gebäck ◆ Spezialitäten ◆ Wein & Spirituosen

1

_____

Wir bieten Ihnen je nach Saison erntefrische Äpfel, Birnen, Erdbeeren, Kirschen und andere heimische Obstsorten, frischgepressten Most und Obstsäfte.

2

_____

Genießen Sie unsere ofenfrischen Bauernbrote, Vollkornbrote, Brötchen und Kuchen, die wir nach alten Rezepten in verschiedenen Geschmacksrichtungen herstellen.

3

_____

Frisch vom Feld und aus dem Garten liefern Ihnen unsere Landwirte und Gärtner Salate, Kartoffeln, verschiedene Gemüse und Kräuter sowie Blumen für jeden Anlass.

4

_____

Verschiedene Teesorten, heimische Nüsse und hochwertige Speiseöle finden Sie in unserem Spezialitäten-Angebot.

5

_____

Für Ihr tägliches Frühstück bieten wir Ihnen Blütenhonig, aromatischen Waldhonig sowie Marmeladen und Konfitüren nach Bauernart.

6

_____

Probieren Sie mal zartgeräucherten Schinken, hausgemachte Leberwurst oder ein saftiges Steak – unsere Wurst- und Fleischspezialitäten sind wirkliche Leckerbissen.

7

_____

Frische Vorzugsmilch vom Bauernhof, diverse Käsesorten sowie Butter, Quark, Schmand und andere köstliche Milchprodukte für die ganze Familie.

8

_____

Unsere nach alter Tradition erzeugten Apfel-, Obst- und Honigweine sowie Obstler, Liköre und Korn sind ein Genuss für Ihren Gaumen.

Viel Spaß beim Einkauf auf „Ihrem" hessischen Bauernhof!

Was passt zusammen? Markieren Sie.

1 die Saison _____

2 erntefrisch _____

3 die Obstsorte _____

4 heimisch _____

5 ofenfrisch _____

6 hochwertig _____

7 täglich _____

8 Leckerbissen _____

9 die Käsesorte _____

10 nach alter Tradition _____

a Äpfel, Birnen, Orangen …

b Camembert, Butterkäse, Gouda …

c die Jahreszeit

d frisch aus dem Garten und vom Feld

e frisch aus dem Ofen

f gute Qualität

g hier: aus Hessen

h jeden Tag

i schmeckt sehr gut

j wie vor 100 Jahren

Kurz & bündig

Lebensmittel

Welche Lebensmittel kaufen und essen Sie oft?

_____
_____

Welche Lebensmittel essen Sie
morgens?   **mittags?**   **abends?**

_____   _____   _____
_____   _____   _____

Wo gibt es was im Supermarkt?

_Fisch_____   _findet man bei der Tiefkühlkost_
_____   _gibt es_
_____   _ist_
_____

Was passt? Sie sagen: „..., bitte."

Eine Dose _Tomaten, bitte._   Ein Pfund _____
Eine Tüte _____   Ein Kilo _____
Eine Packung_____   100 Gramm _____
Ein Paket_____   Ein Viertel_____
Eine Flasche_____   Einen Liter_____
Eine Schachtel_____   Einen Kasten_____

Einkaufen

Sie suchen im Supermarkt Hefe, ... Was sagen oder fragen Sie?

_____

Hat der Laden/Supermarkt Erdnussöl, Kandiszucker, ... ? Wie fragen Sie?

_____

Sie sind im Feinkostladen und brauchen Käse, ... Was sagen Sie?

_____

Sie sind Verkäufer. Es gibt keinen Käse mehr. Was sagen Sie?

_____

Ergänzen Sie.

ganz da

links

gleich hier vorne

Personalpronomen im Nominativ und Dativ

Ein deutsches Sprichwort: „Wie du mir – so ich dir"

(Wie du mir begegnest – so begegne ich dir.
Du bist freundlich zu mir? – Dann bin ich freundlich zu dir.
Du bist unfreundlich zu mir? – Dann bin ich unfreundlich zu dir.)

Ergänzen Sie.

Wie du mir – so *ich dir* .   Wie ich ihr – so _____ .

Wie ihr uns – so _____ .   Wie wir ihm – so _____ .

Wie er ihr – so _____ .   Wie du ihnen – so _____ .

Wie sie dir – so _____ .   Wie ich Ihnen – so _____ .

Die Dativ-Ergänzung: Sie machen Geschenke. Wer bekommt was?

eine Freundin   *Ich schenke ihr einen Volleyball.*
mein Sohn   *Ich kaufe* _____
meine Eltern   _____
und ich?   _____
und wir?   _____

Welche Verben haben eine Akkusativ-Ergänzung und eine Dativ-Ergänzung?

_____

Der Imperativ: Ratschläge und Bitten

Jemand sagt oder fragt: **Sie antworten:**

Wir haben kein Geld dabei.   *Bezahl doch mit*
Was heißt „Bauernhof"?   _____
Ich möchte eine Kleinigkeit essen.   _____
Ich möchte ihr etwas schenken. Haben Sie eine Idee? _____

Sie haben Besuch.   Sie sagen:

an der Wohnungstür   *Kommt doch herein.* _____
im Wohnzimmer   _____
beim Kaffeetrinken   _____

nach dem Kaffeetrinken _____

...   _____
                       _____

Interessante Ausdrücke

_____
_____
_____
_____

Contrastive Grammar

The dative case

A3+B5

In this lesson you are introduced to the dative case which here represents the indirect object of a sentence. This is not as complicated as it sounds, and this case also exists in English.
Some verbs can have two objects, a direct object (accusative, as you have learnt in lesson 2) and an indirect object (dative). The dative object is usually a person, or can be a thing that the action is done for or to. Have a look at these examples. The dative is printed in bold.

> Der Vater kauft **ihnen** einen Schokoriegel.   The father buys **them** (the children) a chocolate bar.

"The father" is the person who performs the action (nominative). The "chocolate bar" is the thing that is bought (accusative). And "the children" are the persons for whom the chocolate bar is bought (dative).

> Du gibst **ihm** das Feuerzeug.   You give **him** the lighter. /
>   You give the lighter to him.

"You" is the person performing the action (nominative). "The lighter" is the thing that gets moved around, i.e. it is the "victim" of the action (accusative). And "he" (imagine the father) is the person to receive it, the person /object for which the action is done (dative).

> Du gibst ihm das Feuerzeug.   You give the lighter **to** him.
> When you use the verb "geben" in German the "to" is omitted. This is also true for other verbs that require the dative case (for example *"schenken"*).

You will find the complete table for the personal pronouns in the dative in the grammar section of your book, §16.

What would you give these people? Please write sentences.

Buch ◆ Kaugummi ◆ Luftballons ◆ Fotoapparat ◆
Computer ◆ Fahrrad ◆ Schokolade ◆ Stereoanlage

Ich schenke ihr ein Buch und ...

Ich schenke ...

Ich schenke ...

Ich schenke ...

Meet Daniel Deal on a dark street corner and exchange objects. Try to get a good deal. Make suggestions.

you

Gitarre
Fotoapparat Mantel
Staubsauger Computer
Auto Mikrowelle

Bild Radio
Waschmaschine
Nähmaschine Fernseher
Teppich Telefon

Ich gebe dir die Mikrowelle. Du gibst mir die Waschmaschine.

_____

_____

_____

_____

_____

_____

A4

Verbs which require the dative case, accusative case or both

You will find that certain verbs in German require a certain case. It is therefore necessary to learn the verbs with their respective cases.

Ich möchte **einen Kaffee**. (accusative)	I want **a coffee**.
Das Fahrrad gefällt **ihm**. (dative)	The bicycle appeals to **him**.
Die Mutter gibt **dem Kind einen Lutscher**. (dative/accusative)	The mother gives **the child a lollipop**.

> **Learner Tip**
>
> When learning a verb with its respective case you will find it easier to keep in mind if you try to memorise it in a whole sentence.
>
> *jdm etwas bestellen* ⟶ *Ich bestelle ihm einen Kaffee.*

Please organise the verbs in the following table.

helfen ◆ trinken ◆ essen ◆ möchten ◆ schenken ◆ haben ◆ geben ◆ gefallen ◆ kaufen

verbs with dative	verbs with accusative	verbs with dative and accusative
helfen		
_____	_____	_____
_____	_____	_____

Accusative or dative case? Please use all the verbs in the box.

dir ◆ ~~einen~~ ◆ einen ◆ mir ◆ das ◆ dir ◆ dir ◆ eins ◆ eine ◆ mir ◆ mir ◆ ein ◆ eine ◆ ein ◆ einen ◆ einen

- ■ Mama, ich möchte _einen_ Schokoriegel. Kaufst du mir _____ ?
- ● Ja, ich kaufe_____ _____ .
- ■ Papa, ich möchte _____ Eis. Kaufst du _____ _____ ?
- ● Du hast doch schon _____ Schokoriegel! ... Also gut, ich kaufe _____ noch _____ Eis.

- ● Gib _____ bitte mal die Zigaretten. Und _____ Feuerzeug brauche ich auch. Möchtest du auch etwas trinken?
- ■ Ja, ich möchte _____ Dose Cola.
- ● Gut, dann gib _____ mal die Dose. Ich kaufe dir _____ .
- ■ Toll, Papa. Ich schenke _____ auch ein Auto zum Geburtstag!

C

How to read measurements

Learners are often unsure where to put the word *"Euro"*, when reading out prices. As in English you place it after the comma: 1,49 € is: *"ein Euro neunundvierzig"*. If the price is stated in Cents, for example: 0,56 €, you read: *"sechsundfünfzig Cent"*.
The same rules apply to other measurements, such as size: 2,73 m (Meter): *"zwei Meter dreiundsiebzig"*.

Please choose the price for each item and write it underneath. Then read all prices out, keeping this rule in mind.

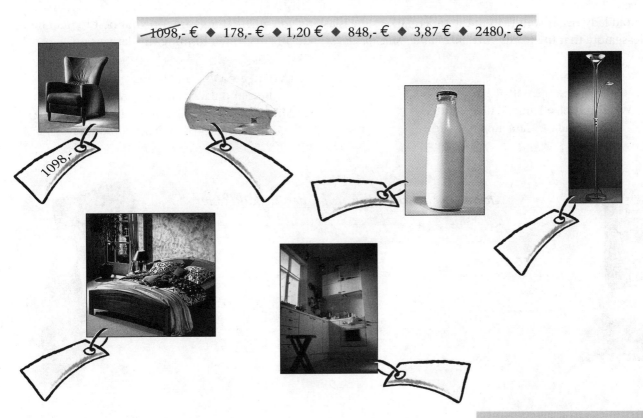

~~1098,- €~~ ◆ 178,- € ◆ 1,20 € ◆ 848,- € ◆ 3,87 € ◆ 2480,- €

1098,-

Dative with the preposition "bei"

As mentioned before, certain verbs can or must be followed by the dative or accusative case. This is also true of certain prepositions. One of these is *"bei"*, which describes a location and is always followed by the dative case. You will learn more about prepositions in the next lesson.

"Bei" is used when the meaning is "among/with, near, at the same place as, or at somebody's house". Here an example from your coursebook:

■ Wo ist das Eis?	● Vielleicht **bei** der Tiefkühlkost.
■ Where is the ice cream?	● Maybe **with / among** the frozen food.
■ Wo sind die Bananen?	● **Beim** Obst.
■ Where are the bananas?	● **With** the fruit.
■ Und der Käse?	● Der Käse ist **bei** den Milchprodukten.
■ And the cheese?	● The cheese is **with** the dairy products.

Please note that the article following *"bei"* is in the dative case. Therefore *"die Tiefkühlkost"* becomes *"der Tiefkühlkost"*.

 Some prepositions such as *"bei"* can be combined with the article that follows. If you look again at the examples in your coursebook, you will see that the form for masculine and neuter is *"beim"*. This word is a combination of *"bei"* + *"dem"*.

Please answer the following requests.

An old lady needs your help in the supermarket. She is asking you where things are. Do your best to help her. Please note that the words *"Getränke"* and *"Milchprodukte"* add an *"-n"*, when forming the dative case.

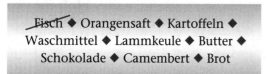

Fisch ◆ Orangensaft ◆ Kartoffeln ◆ Waschmittel ◆ Lammkeule ◆ Butter ◆ Schokolade ◆ Camembert ◆ Brot

Getränke ◆ Obst und Gemüse ◆ Süßwaren ◆ Brot und Backwaren ◆ Tiefkühlkost ◆ Milchprodukte ◆ Fleisch- und Wurstwaren ◆ Haushaltswaren ◆ Milchprodukte

Ich glaube, Fisch finden Sie bei der Tiefkühlkost.

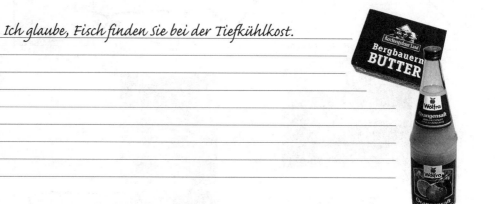

Describing where things are

In exercise C5 in your coursebook you will find useful expressions to describe where things are. You have already seen the preposition *"bei"* which is always followed by the dative case. This is also true of the preposition *"in"* when it describes where things are. *"In"* also combines with the masuline and neuter article and becomes *"im"* in the dative case, for example: *"im dritten Regal"* (on the third shelf), or: *"im nächsten Gang"* (in the next aisle).

KURSBUCH C 5

> Please note that *"rechts"* stands for "on the right" and *"links"* for "on the left".
>
> Der Kaffee ist **rechts**.   The coffee is **on the right**.
> Der Reis ist **links**.   The rice is **on the left**.
>
> No extra words are needed. Please do not make the mistake of saying: *"am rechts"* or anything of the kind.

You are having a friend over for dinner. You are cooking. Ask your friend to hand you a few items from the cupboard. Describe to her where they are.

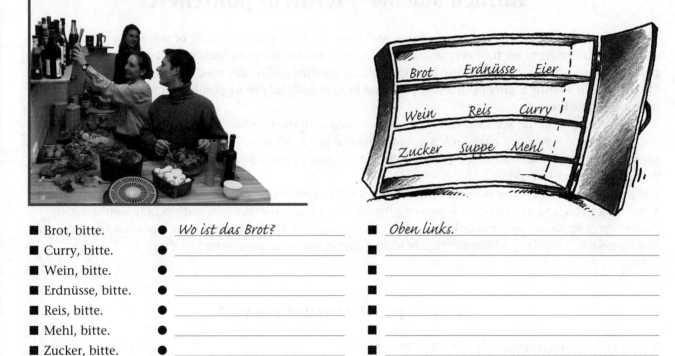

- Brot, bitte. ● *Wo ist das Brot?* ■ *Oben links.*
- Curry, bitte. ● _____ ■ _____
- Wein, bitte. ● _____ ■ _____
- Erdnüsse, bitte. ● _____ ■ _____
- Reis, bitte. ● _____ ■ _____
- Mehl, bitte. ● _____ ■ _____
- Zucker, bitte. ● _____ ■ _____
- Eier, bitte. ● _____ ■ _____
- Suppe, bitte. ● _____ ■ _____

Quantities

Unlike in English you don't need the word "of" when talking about quantities such as: *"eine Dose Bier"* a can of beer, *"zwei Kilo Kartoffeln"* two kilos of potatoes. The words that describe quantities are pure measurement terms (*"Kilo"*, *"Pfund"*, *"Gramm"*, *"Liter"*) and do not have a plural form. Others do: *"Dose – Dosen"*, *"Flasche – Flaschen"*, *"Kasten – Kästen"*, *"Paket – Pakete"*, *"Tüte – Tüten"*. An exception is: *"zwei Glas Wein"* two glasses of wine. The article is determined by the quantifier: *"eine Dose Bier"*, *"die Dose"*. The content – *"das Bier"* – does not have any effect on the article.

KURSBUCH C 1+E 2

Please combine the following items and write sentences. Use every word in the box.

Flasche ◆	Waschmittel: *Ich hätte gern ein Paket Waschmittel.*
150 Gramm ◆	Cola: _____
Dose ◆ Kilo ◆	Mineralwasser: _____
Tüte ◆ Pfund	Gummibärchen: _____
◆ ~~Paket~~ ◆	Tomaten: _____
Kasten ◆ Liter	Milch: _____
	Kartoffeln: _____
	Bier: _____
	Käse: _____

"Höflich-Macher", terms of politeness

The words *"Entschuldigung"*, *"Entschuldigen Sie"* and *"Verzeihung"* are used as terms of politeness when you address people in order to ask for information or to get their attention. *"Entschuldigung"* can be used to address people formally (*"Sie"*) and informally (*"du"*), but *"Entschuldigen Sie"* is only used formally.

"Verzeihung" is slightly higher in language style and therefore slightly more polite. You would use it for addressing people formally.

"Entschuldigung" and *"tut mir Leid"* can both be translated with the English "sorry". *"Tut mir Leid"* you would use, for example, when you have forgotten something or you don't have the information when asked a question, whereas *"Entschuldigung"* you would use in a situation when you bump into someone, or in any other way "harm" somebody.

Unlike in Britain "sorry" the expression *"Entschuldigung"* is used exclusively by the person who has done something wrong. So in a situation where one person bumps into another one, both people would not say "sorry", or *"Entschuldigung"*, but only the person who caused the situation. The other one would probably say *"Nichts passiert"*, *"Nicht so schlimm!"*, *"Macht nichts"* (never mind) or something like that.

Which expressions would you use?

1 You are in a supermarket. You can't find the milk.
   Entschuldigung, wo finde ich Milch?

2 Now you are not looking where you are going and your trolley makes the acquaintance of somebody's heels.

_____

3 A short-sighted lady approaches you and asks you for the price of the fish. You don't know.

_____

4 A heavy man steps back from a shelf onto your foot and apologizes. What do you say?

_____

5 An extremely refined lady asks you whether you are a shop assistant. What does she say?

_____

6 You are looking for chocolate and you have the feeling the little girl in front of you might just know where it is. What do you ask? _____

_____

7 You forgot to bring home the milk. Your partner is not happy. What do you say?

_____

The imperative

The imperative is used to express a request or a piece of advice and not only commands for ordering people about. The form of the imperative depends on the person you are addressing.
If you are addressing somebody as *"du"* the form is derived from the second person singular. Take the *"du"*-form of the verb in the present tense, and remove the *"du"* and the *"-st"* ending.

| **present tense** | du kaufst | kauf! | **imperative** |
| | du nimmst | nimm! | |

Two exceptions that you will come across in this lesson are the verbs *"lesen"* and *"essen"*. The imperative forms for *"du"* are: *"lies"* and *"iss"*.
If you are addressing somebody as *"Sie"*, take the form of the present tense for *"Sie"* and turn the words around.

| **present tense** | Sie kaufen | Kaufen Sie! | **imperative** |
| | Sie nehmen | Nehmen Sie! | |

If you are addressing people as *"ihr"*, take the form of the present tense of *"ihr"* and remove the word *"ihr"*.

| **present tense** | ihr kauft | Kauft! | **imperative** |
| | ihr nehmt | Nehmt! | |

The words *"doch"*, *"mal"*, *"bitte"* are often used in the imperative sentence in order to make requests and pieces of advice more friendly. *"Doch"* and *"mal"* do not translate directly into English. They just give the statement a different tone. The imperative sentence can be followed by a full stop or an exclamation mark. The latter makes the statement more urgent, gives it more emphasis. Therefore it is more often used after shorter sentences.

Structures such as: "Why don't you ...", "Could you please ...", "Would you like ...", are often used in English, where in German you use the more direct imperative form. This combined with the fact that the voice at the end of an imperative sentence goes down adds to the misconception of German sounding impolite. This is not necessarily the intention.

Please say it in German.

Why don't you take a holiday. (du)   *Mach doch mal Urlaub.* _____

Don't take just anything. (ihr)   _____

Could you please give me the cigarettes. (du)   _____

Why don't you give her chocolates. (Sie)   _____

Would you please take a seat. (Sie)   _____

Could you buy the newspaper, please. (ihr)   _____

Please give advice to a friend, using the imperative.

Ich mag keine Cola. (Milch)   *Trink doch Milch.* _____

Ich habe Hunger. (Brot)   _____

Ich kaufe immer Schokolade. (Obst)   _____

Ich lese immer die Zeitung. (Buch)   _____

Im Restaurant nehme ich immer Steak. (Fisch)   _____

Ich schenke Chris immer Zigaretten. (Flasche Wein)   _____

Ich arbeite schon fünf Stunden. (Pause machen)   _____

Ich lerne schon drei Jahre Spanisch. (Deutsch)   _____

Pronunciation Tips

Intonation

The intonation or melody of a German sentence sometimes differs from the English version.
Here a few simple rules to begin with.
The voice goes down at the end of a sentence, when this is a statement (a), a request or command (b), an exclamation (c), a question starting with a "w-word" (d).

a) Ich komme aus Australien. ↘   c) Wunderbar! (wonderful) ↘

b) Gib mir bitte das Feuerzeug. ↘   d) Wo ist Berlin? ↘

The voice goes up at the end of a sentence, when asking a yes-no question.

Haben Sie Fisch? ↗

Please read out the following sentences.

Wo ist das Obst? / Sind Sie Amerikaner? / Manchester ist in England. / Kaufst du uns ein Eis? / Schau mal! /
Wie viel kostet der Camembert? / Ist das Fleisch gut? / Fünf Kilo, bitte.

Cultural Corner

Shops in Germany

As in most countries supermarkets are very popular in Germany. Most of the shopping for food is done in supermarkets which belong to big chains like *"Aldi"*, *"Spar"*, *"Handelshof"*, etc. They probably offer the best value for money. You also find supermarkets in department stores (*"Kaufhäuser"*).

But apart from supermarkets there are other types of shops where you can purchase your food. The *"Tante Emma Laden"* ("Aunt Emma's shop") is a small shop often run by a family and located in a residential area. Since the sixties this kind of shop has been suffering strongly from the competition from the supermarkets. As they are small, their range of products is limited and can't be offered at the same low prices. These shops find it hard to survive, but do have a faithful clientele of people who enjoy the friendly and less anonymous atmosphere.

The *"Feinkostladen"* (delicatessen) is a shop that offers specialities of high quality, for example a good range of cheeses, cold meats, fruit, homemade salads, etc. This is often combined with a delivery service for parties and other events.

The *"Bioladen"* is a little shop specializing in environmentally friendly products, organic food and products from third world countries. Many Germans are environmentally very aware and prefer to buy their 'green' washing powder, their coffee from Nicaragua and their organically grown vegetables in these friendly but also more expensive shops.

The *"Getränkemarkt"* (off-license, bottle shop) is where you can buy your alcoholic and non-alcoholic drinks in small or bigger quantities. Many people go there by car to buy crates of beer, soft drinks, or boxes of wine. These shops have the same opening hours as others.

The *"Wochenmarkt"* (weekly market), despite the name, takes place more than once a week. This is a local event that you usually find on the market place. The food here is always fresh and not necessarily much more expensive than in the supermarket.

A welcome break from one's shopping duties can be found at the hot food stalls (*"Kiosk"*, *"Würstchenbude"*), which typically sell a variety of hot sausages and drinks. These refreshments are bought and consumed in all sorts of weather, and provide opportunities for socializing.

Traumberufe

Welche Berufe kennen Sie? Ergänzen Sie.

1 _____	2 _____	3 _____	4 _____

5 _____	6 _____	7 _____	8 _____

9 _Ingenieur_	10 _____	11 _____	12 _____

Bankkauffrau ◆ Hausmann ◆ Friseur ◆ Kamerafrau ◆ Taxifahrer ◆ Automechaniker ◆
Hotelfachfrau ◆ ~~Ingenieur~~ ◆ Fotografin ◆ Journalistin ◆ Sekretärin ◆ Arzthelferin

Wie heißen die Berufe? Lesen und ergänzen Sie.

		Beruf	Dialog
1	Sie arbeitet beim Fernsehen, beim Rundfunk oder bei der Zeitung. Sie schreibt Artikel und berichtet über aktuelle Themen.	Sie ist _Journalistin_ .	4
2	Er schneidet seinen Kunden die Haare ...	Er ist _____ .	
3	Sie macht Fotos von Menschen, Häusern ...	Sie ist _____ .	
4	Sie arbeitet im Büro. Sie schreibt Briefe, telefoniert ...	Sie ist _____ .	
5	Er repariert Autos und Motorräder.	Er ist _____ .	
6	Sie arbeitet in einer Arztpraxis oder im Krankenhaus. Sie vereinbart Termine mit den Patienten.	Sie ist _____ .	

Welcher Dialog passt zu welchem Beruf?

Hören und markieren Sie.

2/17

Hören Sie, sprechen Sie nach und markieren Sie den Wortakzent.

Friseur Journalistin Hotelfachfrau Automechaniker Kamerafrau Fotograf Taxifahrer
Hausmann Bankkauffrau Ingenieur Sekretärin Arzthelferin Schauspieler Fußballspieler
Ärztin Fotomodell Lokführer Werbekauffrau Flugbegleiterin Kellner

Was „sagen" die Leute? Hören und markieren Sie.

1 ☐ Friseur   3 ☐ Fotograf   5 ☐ Schauspieler
  ☐ Kellner   ☐ Lokführer   ☐ Hausmann

2 ☐ Sekretärin   4 ☐ Ärztin   6 ☐ Ingenieur
  ☐ Fotomodell   ☐ Journalistin   ☐ Bankkauffrau

Hören Sie noch einmal und vergleichen Sie.

„Summen" Sie einen Beruf. Die anderen raten: Welcher Beruf ist das?

Friseur ◆ Kellner ◆ Fotomodell ◆ Lokführer ◆ Journalistin ◆ Fotograf

KURS A2

Was möchte Daniel werden? Hören und markieren Sie.

☐ Kameramann   ☐ Pilot   ☐ Schauspieler   ☐ Fußballspieler   ☐ Automechaniker   ☐ Opa

Ergänzen Sie die passenden Verben.

muss ◆ kann ◆ möchte

Daniel *möchte* Kameramann werden. Da _____ er immer tolle
Krimis drehen. Aber ein Kameramann _____ oft die schwere Kamera
tragen. Das findet Daniel nicht so gut.

Er _____ dann lieber Schauspieler werden. Da _____ ihn sein
Opa im Fernsehen sehen. Aber sein Opa sagt, er _____ erst mal ein
paar Jahre Schauspielunterricht nehmen. Das findet Daniel zu lange.

Dann _____ er lieber Fußballspieler werden. Daniel spielt jetzt schon
jeden Samstag Fußball. Aber das reicht nicht. Ein Profi _____ jeden
Tag trainieren. Dazu hat Daniel keine Lust. Er _____ lieber Opa
werden. Da _____ er überhaupt nicht arbeiten und _____ den
ganzen Tag fernsehen.

♥ Wunsch
Er **möchte** Pilot werden.

+ Vorteile
Er **kann** immer fliegen.
(„Ich fliege gerne.")

− Nachteile
Ein Pilot **muss** auch nachts
arbeiten.
(„Ich arbeite nicht gerne
nachts.")

Wie geht der Text weiter? Schreiben Sie.

Taxifahrer ◆ Journalist ◆ Hausmann ◆ Automechaniker ◆ ...

*Aber Opa ist kein Beruf. Daniel möchte **Taxifahrer** werden. Da **kann** er ...*
*Aber ein Taxifahrer **muss** ...*

KURS A6

6 **Was passt: „bei" oder „in"? Lesen Sie die Texte und ergänzen Sie.**

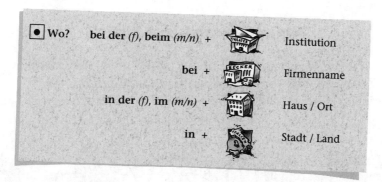

● Wo?	bei der (f), beim (m/n) +		Institution
	bei +		Firmenname
	in der (f), im (m/n) +		Haus / Ort
	in +		Stadt / Land

1 Angela Dos Santos ist Portugiesin und lebt seit 8 Jahren _____ Deutschland. Sie arbeitet als Rampagentin _____ Lufthansa (f). Sie kontrolliert die Flugzeuge vor dem Start. Sie findet ihren Beruf sehr interessant, aber es gibt viel Stress: Sie muss immer schnell und genau arbeiten. In ihrer Freizeit geht sie mit Freunden in die Disko oder ins Kino. Mindestens dreimal in der Woche macht sie Aerobic und Stepptanz _____ Sportstudio (n). Sie reist auch gerne: an den Bodensee, nach München oder Dresden. Dann wohnt sie bei Freunden oder _____ Hotel. Frau Dos Santos kann billig fliegen – sie bezahlt nur 10% des Flugpreises. Deshalb besucht sie jeden Monat für ein paar Tage ihre Familie _____ Lissabon.

2 Herbert Kleinschmidt ist Taxifahrer und arbeitet _____ Taxi-Schneider _____ Halle. Er fährt nur nachts: von sechs Uhr abends bis sechs Uhr morgens. Da ist nicht so viel Verkehr. Manchmal macht er auch Vertretung _____ Taxi-Zentrale. Seine Arbeit macht ihm Spaß. Er lernt viele Menschen kennen. Nur selten sind seine Fahrgäste unfreundlich oder haben kein Geld. Wenn er Pause macht, trifft er sich mit Kollegen _____ Gasthaus „Zur Sonne" (n), das ist seine Stammkneipe.
Es gibt nur einen Nachteil: „Es ist sehr anstrengend, 12 Stunden _____ Taxi (n) zu sitzen, deshalb mache ich in meiner Freizeit viel Sport: Ich spiele am Wochenende immer Fußball und gehe oft schwimmen."

3 Esther Schmidt ist Schauspielerin. Sie hat ein Engagement _____ Schiller-Theater _____ Wuppertal. „Ich liebe meinen Beruf. Jeder Auftritt ist eine neue Herausforderung für mich." Sie verdient nicht viel Geld: „_____ Fernsehen kann man als Schauspielerin mehr verdienen, aber das macht mir nicht so viel Spaß. _____ Theater habe ich mein Publikum direkt vor mir, nicht nur eine Kamera. Das ist viel interessanter."

7 **Beschreiben Sie Ihren Beruf und andere Berufe. Was ist wichtig, interessant, schwierig, ...?**

> *Ich bin Verkäuferin und arbeite im Kaufhaus Schneider. Ich habe lange Arbeitszeiten. Ich muss auch samstags arbeiten. Das finde ich nicht so gut, aber da verdiene ich mehr Geld. Ich bin gern Verkäuferin, aber manchmal sind die Kunden ziemlich unfreundlich. Und ich? Ich muss immer freundlich sein. Das ist nicht so einfach. ...*

Wochenende – und jetzt?

Was passt zu welchem Bild?

Fußball / Karten / Tennis / Klavier spielen ◆ in die Disko / in die Oper / in die Stadt gehen ◆
ins Kino / ins Theater / ins Museum / ins Konzert gehen
fotografieren ◆ joggen ◆ lesen ◆ schwimmen ◆ tanzen ◆ Fahrrad fahren ◆ spazieren gehen ◆
Musik hören ◆ ...

Ergänzen Sie 5 Freizeitaktivitäten. Was passt wo?

interessant

schwimmen

nicht teuer   lesen   in die Oper gehen   teuer

joggen   ins Museum gehen

interessant

langweilig

Lerntipp:

Lernen Sie nicht
nur die Wörter im
Buch. Lernen Sie
auch Wörter, die <u>für</u>
<u>Sie</u> wichtig sind.
Zum Beispiel
Freizeit-Aktivitäten:
Hier im Buch gibt es
zum Fußball gehen,
Musik hören ...
Was machen **Sie**
gerne? Suchen Sie
im Wörterbuch **Ihre**
Lieblings-Aktivi-
täten.

nicht teuer   teuer

langweilig

Vergleichen Sie zu dritt oder schreiben Sie.

Ich schwimme gern. Das macht Spaß. Und es ist nicht teuer.
Ich gehe gern in die Oper. Das finde ich interessant, aber das ist teuer.
Ich finde Joggen langweilig, aber es kostet nichts.

Ergänzen Sie die Uhrzeiten in beiden Formen.

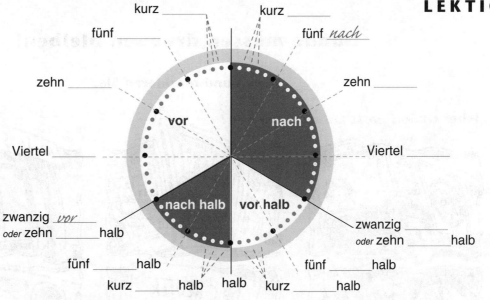

kurz _____   kurz _____
fünf _____   fünf *nach*

zehn _____   zehn _____

vor   **nach**

Viertel _____   Viertel _____

nach halb   **vor halb**

zwanzig *vor* _____   zwanzig _____
oder zehn _____ halb   *oder* zehn _____ halb

fünf _____ halb   fünf _____ halb

kurz _____ halb   halb   kurz _____ halb

man schreibt	man sagt (offiziell)	oder	man sagt (informell)
1 Uhr	Es ist **ein** Uhr.	*oder:*	Es ist **eins**.
13 Uhr	Es ist **dreizehn** Uhr.		
6.30 Uhr	Es ist **sechs** Uhr **dreißig**.	*oder*	Es ist **halb** sieben.
18.30 Uhr	_____		
3.20 Uhr	Es ist **drei** Uhr **zwanzig**.	*oder*	Es ist zwanzig **nach** drei.
15.20 Uhr	_____		Es ist zehn **vor halb** vier.
7.40 Uhr	_____	*oder*	Es ist zwanzig **vor** acht.
19.40 Uhr	_____		Es ist zehn **nach halb** acht.
10.10 Uhr	_____	*oder*	Es ist zehn **nach** zehn.
22.10 Uhr	_____		
2.55 Uhr	_____	*oder*	_____
14.55 Uhr	_____		
5.15 Uhr	_____	*oder*	_____
17.15 Uhr	_____		
9.45 Uhr	_____	*oder*	_____
21.45 Uhr	_____		
11.03 Uhr	_____	*oder*	Es ist **kurz nach** _____
23.03 Uhr	_____		
4.27 Uhr	_____	*oder*	Es ist **kurz vor** _____
16.27 Uhr	_____		

KURSBUCH B 4-B 6

Hören und ergänzen Sie.

20.30 Uhr ◆ 22.45 Uhr ◆ 20.00 Uhr ◆ 19.30 Uhr

Vera, Andrea und Thorsten möchten um _____ ins Kino gehen. Thorsten und Andrea sind um _____ da, aber Vera kommt nicht. Um _____ ruft Thorsten bei Vera an. Sie ist noch zu Hause. Sie glaubt, „halb acht" heißt _____ . Aber das stimmt nicht. „Halb acht" heißt _____ . Zum Glück gibt es eine Spätvorstellung um _____ . Vera, Andrea und Thorsten treffen sich um _____ .

KURSBUCH C 1-C 4

Hunde müssen draußen bleiben!

C1

2/22

Hören und markieren Sie.

Welcher Dialog passt zu welchem Bild?

Dialog	1	2	3	4	5	6
Bild	*E*					

C2

Welche Sätze passen zu welchen Bildern? Markieren Sie.

1 Man darf nicht mit kurzen Hosen in die Kirche gehen. ☐

2 Der Mann möchte einkaufen. ☐

3 Man darf im Bus kein Eis essen. ☐

4 Die Frau möchte Fotos machen. ☐

5 „Kann ich nicht heute noch vorbei- kommen?" *E*

6 Die Touristen möchten in die Kirche gehen. ☐

7 „Kann ich nicht noch schnell einen Liter Milch bekommen?" ☐

8 Man muss normale Kleidung tragen. ☐

9 Die Frau möchte mit dem Bus fahren. ☐

10 Die Frau möchte einkaufen. ☐

11 Im Museum darf man nicht fotografieren. Man muss eine Erlaubnis haben. ☐

12 Man darf mit einem Hund nicht ins Lebensmittelgeschäft gehen. ☐

13 In Deutschland kann man nach 20 Uhr nicht mehr einkaufen. Die Geschäfte sind geschlossen. ☐

14 Der Mann hat Zahnschmerzen. Er möchte einen Termin. *E*

15 Hunde müssen draußen bleiben. ☐

16 Mittwochnachmittag haben die Ärzte keine Sprechstunde. Aber man kann zum Notdienst gehen. *E*

Sortieren Sie die Sätze und beschreiben Sie die Situationen.

Dialog 1, Bild E:
Der Mann hat Zahnschmerzen. Er möchte einen Termin. Er sagt: „Kann ich nicht heute noch vorbeikommen?"
Aber das geht nicht. Mittwochnachmittag kann man nicht zum Arzt gehen. Die Ärzte haben keine Sprechstunde.

Dialog 2, Bild ...

3

Markieren Sie alle Verben in C 2 und ergänzen Sie die Regel.

Verb im Infinitiv ◆ Modalverb ◆ Verben

Sätze mit Modalverben haben fast immer zwei _____ . Das _____ steht auf Position 1 oder 2, das _____ steht am Ende.

4

Verben im Wörterbuch.

Sie kennen ein Verb nicht und möchten im Wörterbuch nachschauen.

Trink- ['trɪŋk-], comb fm. drinking (vessel, glass, song, chocolate, water etc.); T~becher m. drinking cup, beaker; T~gelage n. drinking bout; T~halm m, drinking straw. 't~en, v.tr. &i.irr. (haben) (p. trank, p.p. getrunken) to drink (sth.); sie gab ihm zu t., she gave him something to drink; was t. Sie? what would you like to drink? auf j-n. etwas acc t., to drink to

'darbringen, v.tr.sep.irr.16 Lit: to offer (a sacrifice etc.); j-m seine Huldigung d., to pay homage to s.o. darein [da'rain, emphatic 'daːrain], adv. Lit: in(to) it; sich d. ergeben, to resign oneself. darin [da'rin, emphatic 'daːrin], F: drin, adv. ... ness; (b) coarse remark; crude joke. deren ['deːran], see der, II, III. derer ['deːrar], see der, II. dergleichen [deːr'glaiçan], inv. I. dem. adj. such; of this/that kind; d. Dinge, such things, things like that. II. dem. pron. such things.

Dörf|chen ['dœrfçan], n -s/- small village, hamlet. 'd~lich, adj. village (life etc.); (bäuerlich) rustic. Dorn [dɔrn], m 1. -(e)s/-en Bot: thorn; Fig: j-m

Durchzug, m -(e)s/=e 1. passage through. 2. (Zugluft) through draught/N.Am: draft. dürfen ['dyrfan], modal aux. vb. (pres. darf, darfst, darf; pl dürfen, dürft, dürfen; p. durfte; p.p. gedurft/ + infin. dürfen) (a) etwas tun d., to be allowed/permitted to do sth. darf ich mit-

Im Wörterbuch stehen nur die Infinitive von Verben, also *schreiben, trinken, gehen …*

Sie suchen zum Beispiel das Verb: *(du) darfst.*

Streichen Sie die Endung *darfst*, dann haben Sie den Verb-Stamm „darf". Ergänzen Sie die Infinitiv-Endung *-en: darf + en.*

Sie finden „darfen" nicht im Wörterbuch? Das Wort gibt es nicht. Oft ändert sich der Verb-Stamm.

Probieren Sie andere Vokale aus: ä, e, i, o, ö, u, ü …

„dürfen" steht im Wörterbuch. Der Infinitiv heißt „dürfen".

Suchen Sie in Ihrem Wörterbuch die Infinitive.

spricht ◆ sollt ◆ isst ◆ arbeitet ◆ willst ◆ kann ◆ hilfst ◆ musst ◆ liest ◆ gibt

spricht   sprich + n   →   ~~sprichten~~   →   sprechen ✓

5

2/23

Hören und antworten Sie.

Ihr Kollege möchte mit Ihnen essen gehen. Sie möchten aber nicht.

Beispiele:
Ich möchte gerne mal mit Ihnen essen gehen. ↘ *Sagen Sie,*→ *was machen Sie denn heute Abend?* ↘
   Vielen Dank,→ *aber ich kann heute nicht,*→ *ich muss meine Schwester vom Flughafen abholen.* ↘
Und morgen Abend? ↗

   Tut mir Leid,→ *da kann ich auch nicht.* → *Da muss ich Spanisch lernen.* ↘

Und am Mittwoch? ↗
   …

heute Abend:	meine Schwester vom Flug-hafen abholen	am Freitag:	die Wohnung aufräumen
morgen Abend:	Spanisch lernen	am Samstag:	einer Freundin beim Umzug helfen
am Mittwoch:	einkaufen gehen	am Sonntag:	mal ausruhen
am Donnerstag:	Geschäftskollegen aus Köln die Stadt zeigen	nächste Woche:	meine Mutter im Krankenhaus besuchen

KURSBUCH
C 5

Zwischen den Zeilen

D 1

Was passt zusammen? Hören und markieren Sie.

A

B

C

D

E

Dialog	Bild	Uhrzeit offiziell „neun Uhr dreißig"	Uhrzeit informell „halb zehn"
1	C	X	
2			
3			
4			
5			

 Hören Sie die Dialoge noch einmal. Wie sagen die Leute die Uhrzeiten?

D 2

Was sagt man *nicht*? Markieren Sie.

1 **9.35**
- [ ] a) neun Uhr fünfunddreißig
- [X] b) fünfunddreißig nach neun
- [ ] c) fünf nach halb zehn

2 **10.25**
- [ ] a) fünfundzwanzig nach zehn
- [ ] b) zehn Uhr fünfundzwanzig
- [ ] c) fünf vor halb elf

3 **21.15**
- [ ] a) Viertel nach neun
- [ ] b) einundzwanzig Uhr fünfzehn
- [ ] c) Viertel nach neun Uhr

4 **22.50**
- [ ] a) zehn vor elf
- [ ] b) zweiundzwanzig Uhr fünfzig
- [ ] c) zwanzig nach halb elf

5 **7.40**
- [ ] a) zwanzig vor acht
- [ ] b) zehn nach halb acht
- [ ] c) vierzig nach sieben

6 **19.04**
- [ ] a) kurz nach sieben
- [ ] b) kurz nach neunzehn
- [ ] c) neunzehn Uhr vier

D 3

Ergänzen Sie die Uhrzeit in der richtigen Form.

 1 Bayern 3, Schlagzeilen um _____ .

 2 Sie hat jeden Tag von _____ bis halb vier Deutschunterricht.

 3 Der ICE 997 aus Hannover, planmäßige Ankunft _____ auf Gleis 8, hat voraussichtlich 10 Minuten Verspätung.

 4 Wir treffen uns so um _____ , dann haben wir etwas Zeit und können vor dem Kino noch ein Bier trinken gehen.

 5 Wie viel Uhr ist es bitte? – Genau _____ .

 Jetzt hören und vergleichen Sie.

E

Termine, Termine!

Ergänzen Sie.

| Jahr (n), -e ◆ Monat (m), -e ◆ Woche ◆ Tag (m), -e ◆ Stunde ◆ Minute ◆ Sekunde |

Ein Jahr   hat   12   _Monate_ .   _____ hat   24 _____ .

_____   hat   4   _____ .   _____ hat   60 _____ .

Eine   hat   7   _____ .   _____ hat   60 _____ .

Ergänzen Sie die Tage und schreiben Sie.

Die Ordinalzahlen

1–19: **-te**   0–100: **-ste**

1. der ers**te**   6. der sechs**te**   11. der elf**te**   20. der zwanzig**ste**

2. der zwei**te**   7. der **siebte**   ...   21. der einundzwanzig**ste**

3. der **dritte**   8. der ach**te**   16. der sechzehn**te**   ...

4. der vier**te**   9. der neun**te**   17. der siebzehn**te**   31. der einunddreißig**ste**

5. der fünf**te**   10. der zehn**te**   ...   ...

Mo = _Montag_

Di = _____

Mi = _____

Do = _____

Fr = _____

Sa = _____

So = _____

1.5.   _Der erste Mai ist ein Donnerstag._

2.7.   _____

3.9.   _____

4.4.   _____

7.8.   _____

10.10. _____

11.2.   _____

12.1.   _____

17.3.   _____

23.11. _____

29.6.   _____

16.12. _____

Wann ist welcher Feiertag? Ergänzen Sie die Daten.

> **Das Datum**
>
> **man schreibt**
> 14. 2. *oder* 14. Februar
>
> 14. 2. Valentinstag
>
> **man sagt**
> Heute ist der vierzehnte Zweite. *oder*
> Heute ist der vierzehnte Februar.
> Am vierzehnten Februar ist Valentinstag. *oder*
> Am vierzehnten Zweiten ist Valentinstag.

1. 1.	*Am ersten Januar*	ist Neujahr.
14. 2. ♥	*Am vierzehnten*	ist Valentinstag.
8. 3. ♀	_____	ist Internationaler Frauentag.
1. 5.	_____	ist Tag der Arbeit.
1. 6.	_____	ist Internationaler Kindertag.
1. 8.	_____	ist Bundesfeiertag in der Schweiz.
3. 10.	_____	ist Tag der deutschen Einheit.
26. 10.	_____	ist Nationalfeiertag in Österreich.
25. 12. und 26. 12.	_____	ist Weihnachten.
31. 12	_____	ist Silvester.
_____	_____	habe ich Geburtstag.

Welche Feiertage gibt es bei Ihnen? Schreiben Sie.

E 4

Lesen Sie die Texte und ergänzen Sie die passende Überschrift.

> Heute nicht! ◆ Praktische Grammatik ◆ Unbequeme Nachrichten

1 _____

Ein Mann möchte einen neuen Computer kaufen. „Wir haben hier einen Super-Computer", sagt der Verkäufer, „der weiß alles, der kann sogar sprechen."
Der Mann will den Computer testen und fragt: „Wo ist mein Chef jetzt?" Der Computer rechnet einen Moment, dann sagt er: „Ihr Chef ist jetzt in der Lufthansa-Maschine LH 474 nach Tokio. Morgen muss er nach Hongkong fliegen, und übermorgen …"
Der Mann ist zufrieden, aber er will noch einen Test machen. Er fragt: „Wo ist mein Vater jetzt?" Der Computer rechnet wieder und sagt dann: „Ihr Vater und seine Frau machen Urlaub in Wien. Sie sitzen jetzt beim Frühstück im Hotel Sacher. Heute Abend wollen sie ins Konzert gehen, und …"
„So ein Unsinn", sagt der Mann, „mein Vater ist seit 5 Jahren tot, und meine Mutter ist im Krankenhaus."
„Oh, das tut mir Leid", sagt der Verkäufer. „So etwas darf natürlich nicht passieren. Wir können es ja noch einmal probieren." Er sagt zum Computer: „Du musst noch einmal rechnen. Aber bitte genau, diesmal darfst du keine Fehler machen!"
Der Computer rechnet noch einmal, dann sagt er: „Ich mache keine Fehler. Der Mann seiner Mutter ist tot. Sein Vater macht Urlaub in Wien."

2 _____

Sie: „Kannst du bitte den Kühlschrank reparieren?"
Er: „Ja, das mache ich morgen."
Sie: „Und der Staubsauger funktioniert auch nicht."
Er: „Ja, das mache ich morgen."
Sie: „Morgen, morgen, alles willst du morgen machen."
Er: „Du hast Recht, morgen kann ich nicht. Da soll ich ja schon den Kühlschrank reparieren. Dann muss ich den Staubsauger halt nächste Woche machen!"

3 _____

In der Deutschstunde schreibt der Lehrer den Satz *Lisa geht gern tanzen.* an die Tafel.
Dann fragt er: „Könnt ihr mir sagen, wo hier das Subjekt ist?" Keine Antwort.
„Wo ist hier das Subjekt? Das müsst ihr doch wissen!" Wieder keine Antwort.
Der Lehrer ist verzweifelt. „Wo ist hier das Subjekt? Nur diese eine Antwort, dann machen wir Schluss, dann könnt ihr gehen."
Immer noch keine Antwort.
Der Lehrer wird sauer. „Ich will jetzt eine Antwort haben. Das ist doch ganz einfach! »Lisa geht gern tanzen.« Wo ist hier das Subjekt?"
„Ich weiß es nicht genau", antwortet Jasmin, „aber ich glaube, in der Disko."

Lesen Sie die Texte noch einmal und markieren Sie die Modalverben.
Dann ergänzen Sie die Tabelle und die Regeln.

Modalverben	können	müssen	wollen	sollen	dürfen	möchten
ich					darf	möchte
du				sollst		möchtest
er/sie/es, man				soll		
wir		müssen	wollen	sollen	dürfen	möchten
ihr			wollt	sollt	dürft	möchtet
sie	können	müssen		sollen	dürfen	möchten
Sie	können	müssen	wollen	sollen	dürfen	möchten

> darf ◆ möchten ◆ muss ◆ Verb-Endung ◆ Vokalwechsel ◆ will

1   Die Modalverben *können, müssen, wollen* und *dürfen* haben im Präsens einen

   _____

   können → _____kann_____   müssen → _____

   wollen → _____   dürfen → _____

2   Modalverben sind im Präsens bei „ich" und „er/sie/ es" gleich und haben keine _____

   _____ .

   (Ausnahme: _____)

Lesen Sie den Text und ergänzen Sie die passenden Modalverben in der richtigen Form.

● Wir gehen ins Kino. _____ du nicht auch kommen?

■ Nein, ich _____ leider nicht. Ich _____ ins Bett. Ich habe doch jetzt wieder eine Arbeit.

● Wirklich? Du hast wieder eine Stelle? Das ist ja toll!

■ Na ja, ich finde das nicht so toll. Ich arbeite im Lager. Ich _____ Ersatzteile aus den Regalen holen. Von morgens um sieben bis abends um fünf.

● Aber du _____ doch sicher mal eine Pause machen, oder?

■ Ja, aber erst um halb elf, zehn Minuten. Vorher _____ ich ohne Pause arbeiten. Und ich _____ nicht rauchen und auch kein Bier trinken! Das ist der absolute Stress!

● Na ja, so schlimm _____ es doch nicht sein …

■ Du hast ja keine Ahnung! Immer hinein ins Lager, das Ersatzteil suchen, zurück zum Schalter, Lagerschein unterschreiben … Und da stehen immer zwei oder drei oder vier, und alle _____ ihre Teile sofort haben, keiner _____ warten … Und dabei _____ ich auch keinen Fehler machen. Für jedes falsche Teil _____ ich zwei Mark zahlen.

● Ja, ich sehe schon, deine Arbeit ist wirklich sehr anstrengend. Wie lange machst du das denn schon?

■ Nächste Woche am Montag um sieben Uhr _____ ich anfangen.

Der Ton macht die Musik

F 1

2/26

Hören Sie, sprechen Sie nach und markieren Sie.

[aɪ]   e**in**   E**is**   Z**eit**   M**ai**   m**ein**st   l**eid**   dab**ei**

[ɔy]   n**eu**n   **euch**   h**eu**te   H**äu**ser   Kr**äu**ter   t**eu**er   L**eu**te

[au]   r**au**s   l**au**t   gen**au**   gl**au**be   tr**au**rig   St**au**bsauger   K**au**fhaus

[aɪ]	schreibt man fast immer _____ und manchmal _____ .
[ɔy]	schreibt man _____ oder _____ .
[au]	schreibt man immer _____ .

> Diphthonge sind Doppelvokale. Man spricht sie zusammen.
>
> H**eu**te habe ich **auch** keine Z**ei**t.

F 2

2/27

Üben Sie die Diphthonge.

[aɪ]   Sagen Sie mit Pausen: was – ist, was – ist, was – ist, …
... mit kurzen Pausen: a̱-is, a̱-is, a̱-is, …
... ohne Pausen: a̱is, a̱is, a̱is, Ei̱s, Ei̱s, Ei̱s, …

Lesen Sie laut: Ein Ei̱s im Ma̱i? ↗ Ich bin dabe̱i! ↘
Tut mir Le̱id, → keine Ze̱it! ↘

[ɔy]   Sagen Sie mit Pausen: Kino – in, Kino – in, Kino – in, …
... mit kurzen Pausen: no̱-in, no̱-in, no̱-in, …
... ohne Pausen: no̱in, no̱in, no̱in, ne̱un, ne̱un, ne̱un, …

Lesen Sie laut: Wir treffen euch heute um ne̱un. ↘
Die Kräuter sind heute sehr te̱uer. ↘

[au]   Sagen Sie mit Pausen: Salat – gut, Salat – gut, Salat – gut, …
... mit kurzen Pausen: la̱-ut, la̱-ut, la̱-ut, …
... ohne Pausen: la̱ut, la̱ut, la̱ut, la̱ut, la̱ut, la̱ut, …

Lesen Sie laut: Ich gla̱ube, → der Staubsauger ist zu la̱ut. ↘
Ra̱us aus dem Ha̱us! ↘ Wir gehen mal a̱us! ↘

F 3

2/28

Hören Sie und sprechen Sie nach.

nein – neun   Leid – laut   aus – Eis   raus – Reis   seit – Mai   auch – euch
Haus – Häuser   Raum – Räume   laute – Leute   beide – Gebäude   neu – genau

F 4

2/29

Ergänzen Sie die fehlenden Diphthonge.

Was h____ßt „die d____tschsprachigen Länder"?

Das w____ß ich ____ch nicht gen____ .

Ich glaube, das sind D____tschland, Österr____ch und die Schw____z.

Sch____ mal, die ____nb____küche! Was m____nst du?

Sch____ mal, der Pr____s! Die ist ____nfach zu t____er.

Hören Sie, vergleichen Sie und üben Sie zu zweit.

Pünktlichkeit

Wo darf man etwas später kommen? Wo muss man pünktlich sein?
Sortieren Sie und diskutieren Sie dann zu viert.

zum Theater ◆ zur Arbeit ◆ zum Kino ◆ in die Disko ◆ zum Arzt ◆ zum Unterricht ◆ zur Party ◆
~~zum Essen~~ ◆ zum Rendezvous ◆ zum Zug ◆ zum Fußballspiel ◆ in die Oper ◆ ...

Man muss pünktlich zum Essen kommen

*Wieso? Bei uns kann man auch
später kommen. Das ist ganz normal.*

etwas später	pünktlich	egal
	zum Essen	

2

Lesen Sie den Text. Wo finden Sie Informationen zu den Stichworten?

Ergänzen Sie.

	Zeile(n)		Zeile(n)		Zeile(n)
Radio und Fernsehen		Oper und Theater		Unterricht	
eine Einladung zum Essen		eine Einladung zur Party		Kino	

DER RICHTIGE AUGENBLICK
(frei nach Elke Heidenreich)

ALSO... Christa ist immer zu spät, Inge immer zu früh. Beides ist grässlich, wenn man für sie ein tolles Essen kocht. Bis Christa kommt, ist alles verkocht, wenn Inge kommt, hat man wirklich noch keine Zeit
5 für sie.

Der richtige Augenblick! Wann ist der, wenn man um neun Uhr zu einer Party eingeladen ist? Um neun Uhr ist er nicht. Um zehn? Warum sagt man dann nicht gleich: Kommt um zehn? Ganz einfach, weil dann alle um elf kommen. Es ist sehr kompliziert.

10 Das Kino beginnt um acht. Es ist völlig falsch, um acht dort zu sein: man muss sich dreißig Minuten und mehr Werbung ansehen. Dann muss man Eiscreme kaufen, dann kommt noch eine Vorschau, dann um zwanzig vor neun kommt der Hauptfilm, vielleicht. Wehe aber,
15 man kommt dazu auch nur drei Minuten zu spät – den Film kann man vergessen. Nichts ist schlimmer, als in ein dunkles Kino zu kommen, und der Film läuft schon! Du hast mit Sicherheit die wichtigste Szene verpasst.

Oper und Theater sind rigoros: Wer zu spät kommt, der
20 kommt nicht mehr hinein. Privat kann man das nicht

machen. Das Essen ist schon kalt, da kommt Christa, eine Dreiviertelstunde zu spät. Macht man die Tür nicht auf? Ist man beleidigt? Ist eine Dreiviertelstunde so wichtig?

Ich gebe zu, ich bin furchtbar pünktlich – geübt durch 25
Jahrzehnte beim Fernsehen und Radio, die Nachrichten sind immer um Punkt, da kann man nicht zu spät kommen. Kann man nicht?
Verschieben wir doch die Nachrichten! Nein, das ist unmöglich! 30

Die meisten Menschen, glaube ich, machen sich über Zeit keine Gedanken. Aber sie sind mir lieber als Thomas Mann*, der sein Leben lang um Punkt halb acht aufgestanden ist, oder als die, die um Punkt zwölf Uhr mittags alles liegen lassen, „Mahlzeit" sagen und 35 in die Kantine gehen. Dann schon lieber Walter, der um drei Uhr nachmittags anruft und „Guten Morgen" sagt. ...

*) Thomas Mann: dt. Schriftsteller; 6.6.1875 Lübeck – 12.8.1955 Kilchberg bei Zürich)

Elke Heidenreich: geb. 1943, lebt in Köln; bekannte Journalistin und Autorin; schreibt regelmäßig ALSO...- Texte für die Zeitschrift BRIGITTE.

G 3

Schreiben oder diskutieren Sie.

* Welche Tipps gibt Frau Heidenreich?
* Wann kommt man in Ihrem Land zur Party, zum Essen, ...?
* Finden Sie pünktliche Menschen wie „Thomas Mann" gut oder unpünktliche wie „Walter"?

Kurz & bündig

Verabredungen

Sie möchten mit einem Freund / einer Freundin _____ gehen. Was sagen Sie?

_____

Jemand fragt Sie: „Möchten Sie morgen Abend mit mir essen gehen?" Was sagen Sie?

_____

„bei" oder „in"

Jemand fragt Sie: „Wo wohnen Sie? Wo arbeiten Sie?" Antworten Sie bitte.

_____

Wortschatzarbeit

Was passt zu „lernen", zu „Beruf", zu „Freizeit"?
Finden Sie ein Wort zu jedem Buchstaben.

```
_____ L esen _____        _____ B _____        _____ F _____
_____ e _____              _____ e _____         _____ r _____
_____ r _____              _____ r _____         _____ e _____
_____ n _____              Jo u rnalisten             _____ i _____
_____ e _____              _____ f _____          tan z en
_____ U n terricht _____                              _____ e _____
                                                           _____ i _____
                                                           _____ t _____
```

Modalverben

müssen, _____

Ergänzen Sie die Sätze.

Ich will _ins Kino gehen_____ . Aber du kannst nicht, du musst _____ .

Du willst _____ . Aber ich _____ , _____ .

Er _____ . Aber sie _____ , _____ .

Wir _____ . Aber ihr _____ , _____ .

Ihr _____ . Aber wir _____ , _____ .

Hat denn niemand Zeit?

Zeitangaben

Wann haben Sie Geburtstag? _____

Wann feiert man bei Ihnen Neujahr? _____

Wann sind bei Ihnen Sommerferien? _____

Wann machen Sie Urlaub? _____

Wann ist Ihr Deutschkurs? _____

Interessante Ausdrücke

_____

_____

Contrastive Grammar

Expressions of place

"Where"

The prepositions *"bei"* and *"in"* can both describe where someone or something is or performs an action.

bei In lesson 4 you were introduced to *"bei"* + dative (*"Der Fisch ist bei der Tiefkühlkost"*). Apart from the usage explained there, it is also used to denote

– being at someone's home or part of the world

Sie wohnt **bei** mir.	She lives **at** my place.
Bei uns geht man am Wochenende zum Fußball.	**In** our country/part of the country, people go to football at the weekend.

– at someone's shop or workplace

Er ist heute **beim** Friseur.	He's **at** the barber's today.
Silke ist **beim** Arzt.	Silke is **at** the doctor's.

– working at named companies

Sie ist Sekretärin **bei** Goodwill & Co.	She's a secretary **at** Goodwill & Co.

– working in institutions

Patrick möchte Schauspieler **beim** Theater werden.	Patrick would like to become an actor working **in** the theatre.

in The preposition *"in"* + dative is used to denote being in a building, room or other space perceived as three-dimensional.

Patrick ist oft **im** Theater.	Patrick is often **in** the theatre.
Herbert ist **im** Bett.	Herbert is **in** bed.

"in" is used on its own without articles to denote being in cities and most countries.
  Karin wohnt **in** Hamburg.   Wien ist **in** Österreich.

With masculine and neuter nouns, *"in"* and *"bei"* combine with the definite article.

	feminine	masculine	neuter
"bei" + dative:	Tim arbeitet **bei der** Post	/ **bei** dem = **beim** Rundfunk	/ **bei** dem = **beim** Theater.
	Tim works at the post office	/ in radio	/ in the theatre.
"in" + dative:	Ich bin **in der** Disko	/ in dem = **im** Park	/ in dem = **im** Bett.
	I am in the disco	/ in the park	/ in bed.

"where to"   ⊐→

The preposition *"in"* does not always take the dative case. Where it expresses movement into a new space, it takes the accusative case. Here it combines only with the neuter definite article.

		feminine	masculine	neuter
in	+ accusative:	Ich gehe ...	**in** die Disko	**in** den Park	**in** das = **ins** Bett
		I go ...	**(in)to** the disco	**(in)to** the park	**(in)to** bed

The preposition *"in"* is one of nine "changeable prepositions" (*"Wechselpräpositionen"*), the rest of which you will meet in the next lesson. All function the same way:

"wo"	+	dative	=	"where"
"wohin"	+	accusative	=	"where to"

zu + dative: The preposition *"zu"* + dative is generally used when going "to", but not "into", a new position.

> Horst geht **zum** Fußballspiel.   Horst is going **to** the football match.

It is also used for going to a person.

> Ich gehe **zum** Arzt.   I'm going **to** the doctor.
> Gehst du **zu** Susanne?   Are you going **to** Susanne's house?

The table in B1 of your coursebook shows how *"zu"* combines with the definite articles of all three genders.

nach   The preposition *"nach"* is used for going to cities and most countries.

> Martina fliegt nach Frankfurt.   Martina is flying to Frankfurt.
> Vera fliegt nach England.   Vera is flying to England.

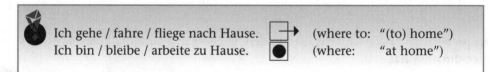

> Ich gehe / fahre / fliege nach Hause.   ⊐→ (where to: "(to) home")
> Ich bin / bleibe / arbeite zu Hause.   ● (where: "at home")

Please complete.

Uta lebt __*in*__ Süddeutschland, _____ München. Sie arbeitet _____ Deutschen Bahn und muss manchmal auch nachts _____ Büro sein. In ihrer Freizeit geht sie oft _____ Disko. Dann kommt sie erst sehr spät _____ Hause. Sie tanzt nämlich sehr gern _____ Disko. Am Wochenende geht sie auch _____ Flohmarkt, oder _____ Birgit. Birgit wohnt noch _____ ihrer Mutter _____ Augsburg. Sie ist Flugbegleiterin _____ Lufthansa. Sie spricht gut Englisch und fliegt am liebsten _____ London. Da geht sie oft _____ Kino und _____ Hotel kann sie englische Zeitungen lesen.

Telling the time

In German there are two time-telling systems.

The 24-hour clock is used where exact time is important: in timetables, tv and radio programmes, in all official announcements of performances, events, business meetings, hours of business etc. and on printed invitations.

The word *"Uhr"* is voiced between the hours and the minutes, but written after the two sets of figures.

You write	You say
19.35 Uhr	neunzehn Uhr fünfunddreißig
0.50 Uhr	null Uhr fünfzig

Private conversations and arrangements normally use the more informal 12-hour clock. The diagram in B3 of the German section of this workbook shows how this works. The 12-hour clock generally gives time to the nearest five minutes and, unlike the 24-hour clock, can be written in words or figures.

 Please remember: In German one says half **to** the next hour, NOT half **past** the existing hour.

Es ist halb vier.   It's half past three.

Unlike in the 24-hour clock where it is always used, in the 12-hour clock the word *"Uhr"* should only be used on the full hour, but can be left out even here.

24-hour clock	12-hour clock
14.55 Uhr	Es ist fünf vor drei.
15.00 Uhr	Es ist drei Uhr. / Es ist drei.

For twenty-five past and twenty-five to the hour, you must centre around the half-hour and say it is "five before" or "five after" the half-hour.

5.25	Es ist **fünf vor halb** sechs.
5.35	Es ist **fünf nach halb** sechs.

"fünfundzwanzig vor / nach ..." is English, NOT German!

Take care with the number "one" and the German word *"Uhr"*.

eine Uhr	a / one clock or watch
but: eine Stunde	an / one hour!
ein Uhr	one o'clock
fünf nach eins	five past one

Save in connection with the times of a journey, most Germans normally convert official information received in the 24-hour clock into the equivalent 12-hour time when passing it on to friends and acquaintances in a more informal context.

Please match the equivalent times.

1	19.30 Uhr	a) Es ist kurz vor halb acht.	
2	22.15 Uhr	b) Es ist halb sieben.	
3	9.45 Uhr	c) Es ist halb acht.	
4	3.35 Uhr	d) Es ist Viertel vor elf.	
5	7.28 Uhr	e) Es ist Viertel nach zehn.	
6	22.45 Uhr	f) Es ist Viertel vor zehn.	
7	18.30 Uhr	g) Es ist fünf vor eins.	
8	15.32 Uhr	h) Es ist elf Uhr.	
9	23.00 Uhr	i) Es ist fünf vor halb vier.	
10	15.25 Uhr	j) Es ist fünf nach halb vier.	
11	12.55 Uhr	k) Es ist kurz nach halb vier.	

1	c
2	
3	
4	
5	
6	
7	
8	
9	
10	
11	

Modal verbs

C

E4–6 Six verbs are known in German as "modal verbs" because they are mainly used in conjunction with a second verb whose significance they modify.

Ich lerne Deutsch.	I learn German.	(I do it)
Ich **will** Deutsch lernen.	I **want to** learn German.	(It's my wish to do so)
Ich **muss** Deutsch lernen.	I **have to** learn German.	(I need German for my work etc.)

"müssen" is used to express an obligation or necessity.

Ich **muss** meine Schwester vom Flughafen abholen.	I **have to** collect my sister from the airport.
Ein Chirurg **muss** eine ruhige Hand und gute Augen haben.	A surgeon **has to** have a steady hand and good eyesight.

 A very common mistake is to think of *"müssen"* as "must" and therefore to assume that the negative means "must not". This is NOT the case. Think of *"müssen"* as "to have to". The negative simply means there is no obligation or necessity.

Du **musst nicht** einkaufen gehen.   You **don't have to** go shopping (but you can if you want).

"dürfen" is used to express that something is allowed or, when used in the negative, that something is forbidden.

Darf man hier fotografieren?	Is one **allowed to** take photos here?
Im Museum **darf** man **nicht** fotografieren.	One **must not** (i.e. is **not allowed to**) take photos in the museum.

"können" is used to express possibility and corresponds to the English "can".

Wann **können** Sie denn kommen?	When **can** you come?
Am Mittwochnachmittag **kann** man **nicht** zum Arzt gehen.	One **can't** see the doctor on a Wednesday afternoon.
Sie **kann** Englisch nur lesen, nicht sprechen.	She **can** only read English, not speak it.

As in English with "can" and "may", there is sometimes a blurring in German of the distinction between *"können"* (possibility) and *"dürfen"* (permission).

Kann ich hier rauchen?	**Can** I (is it **permitted** and therefore possible to) smoke here?

In formal situations where one is seeking permission from those in authority, *"dürfen"* would be more polite and less casual.

"sollen" is used to express an offer or suggestion to another person.

Soll ich dir eine Karte besorgen?	**Shall** I get you a ticket?
Soll ich dich abholen?	**Shall** I come and collect you?

or to report or ask for the advice or wish of another person.

Der Arzt sagt, ich **soll** mehr essen.	The doctor says I **should** eat more.
Was **soll** ich machen?	What **should** I do?

"wollen" / *"möchten"* are both used to express a wish. *"Wollen"* is more decisive and implies a firm intention ("to want"),

Klaus **will** Kameramann werden.	Klaus **wants to** become a cameraman.

whereas *"möchten"* expresses a hope or desire, or a polite request ("would like").

Was **möchten** Sie trinken?	What **would** you **like to** drink?

"Wollen" can also express a suggestion:

Wollen wir zusammen essen gehen?	**Shall** we (do we want to) go for a meal together?

As you can see from the above examples, the conjugated modal verb occupies the normal verb position: position 2 for statements and questions with question words, position 1 for yes/no-questions. The secondary verb whose significance it modifies, appears in its infinitive form (the unconjugated form you find in the dictionary) and right at the end of the clause. The two verbs form a bracket around other parts of the clause. This is a typical feature of German sentence construction.

Ich **muss** am Wochenende zu Hause **bleiben**.	I **have to stay** at home at the weekend.
Was **müssen** wir heute **machen**?	What do we **have to do** today?
Musst du auch nachts **arbeiten**?	Do you **have to work** at nights, too?

Please study the full conjugation of the six modal verbs in the back of your coursebook (G10b). You can see that in all six, the *"ich"* and *"sie/er/es/man"* forms are identical and, with the exception of *"möchten"*, have no verb endings. In four, *"müssen"*, *"können"*, *"wollen"*, *"dürfen"*, there is a vowel change in the singular persons.

"Möchten" is often found without another verb.

Was **möchten** Sie? – Ich **möchte** ein Bier.	What would you like – I'd like a beer.

The other modal verbs can also sometimes be found without an accompanying second verb, if this is strongly implied by the context.

Kommst du am Samstag? – Am Samstag **kann** ich nicht. ("... kommen" understood)	Are you coming on Saturday. – I **can'**t on Saturday.
Ich bin krank. Ich **muss** zum Arzt. ("... gehen" understood)	I'm ill. I **must go** to the doctor.
Ich **will** im Sommer nach Deutschland. ("... fahren" understood)	I **want to go** to Germany in the summer.

 Please note: You won't find *"möchten"* in a dictionary. *"Möchten"* means "would like" and is in fact a special form of the verb *"mögen"* (to like).

Please write in German.

Sally wants to become a flight attendant.	*Sally will Flugbegleiterin werden.*
I'd like to go to the cinema with Sally.	
But she says she has to learn German.	
Shall I buy her a present?	
She doesn't have to learn alone.	
We can learn together.	
I want to become a pilot.	
A pilot can earn a lot of money.	
But he must not drink a lot of beer.	
Journalists are allowed to drink a lot of beer.	
Perhaps I would like to become a journalist.	

E2-3

Ordinal numbers and the date

Ordinal numbers from 1–19 are formed by adding *"-te"* to the cardinal numbers you learnt in lesson 1.

zwei = two   zwei**te** = second   neun = nine   neun**te** = ninth

There are four exceptions to learn:

1. erste   3. dritte   7. siebte   8. achte (one 't')

From 20–100 you add *"-ste"*.

fünfundzwanzig = 25   fünfundzwanzig**ste** = 25th
einunddreißig   = 31   einunddreißig**ste**   = 31st

When saying what the date is, ordinal numbers are used with the masculine article *"der"*, as the masculine word *"Tag"* (day) is implied.

Heute ist **der zweite** April.   Today is **the second** (day) of April.
Heute ist **der zweite Vierte**.   Today is **the second** (day) of **the fourth** (month).

In writing, ordinal numbers are denoted by a full stop.   zwei = 2 / zweite = 2. / Heute ist der 2. April / 2. 4.

> Liebe Karla,   2. 4. 2000
> heute ist schon der 2. April und noch immer ....

When saying on what date something happens, the word *"am"* prefaces the date and an extra *"-n"* is added to the ordinal numbers.

Ich habe **am zweite_n_** April /   My birthday is **on the second** of April /
am zweite_n_ Vierte_n_ Geburtstag.   **on the second of the fourth**.

Please complete the dates, using "der" or "am" plus ordinal numbers.

Ist _der dritte März_ (3.3.) ein Montag?

Goethe ist _____ (28.8.) 1749 in Frankfurt am Main geboren.

■ Heute ist _____ (1.6.). Wann kannst du kommen? ● Erst _____ (6.7.).

■ _____ (6.7.) ist ein Freitag. Da muss ich arbeiten.

■ Komm doch _____ (7.7.)! ● Das geht nicht. Und _____ (8.7.)?

■ Wann hast du Geburtstag? ● _____ (27.10.), und du?

■ Ich komme nach dir. Ich habe erst _____ (11.12.) Geburtstag.

■ Das neue Jahr beginnt _____. Morgen ist Neujahr. Heute ist _____.

Expressions of time with prepositions

A variety of prepositional structures are used in expressions of time. In this lesson you are introduced to:

preposition	use	examples
ab	from a future point in time onwards	(Heute ist der 1. Mai.) Ich bin ab 12. Mai in Berlin.
am	days, times of day, dates	am Montag; am Abend; am 14. Februar; am Wochenende
um	clock time	um 17.00 Uhr; um halb drei
in + dative	months, seasons, weeks	im April; im Sommer; zweimal in der Woche
	Where only the year is to be given, German has two possibilities:	Goethe ist 1749 in Frankfurt am Main geboren. (no preposition!) Goethe ist im Jahr(e) 1749 in Frankfurt am Main geboren.
von ... bis	from one day/month/year/ clock time to another	von Montag bis Mittwoch; von Januar bis März; von 1945 bis 1989; von 9 bis 11 Uhr
vom ... bis (zum)	from one date to another	vom 11. Februar bis zum 9. März

KURSBUCH E 4–6

Please complete the missing prepositions.

■ Wollen wir _am_ Freitagabend zusammen essen gehen?

● Tut mir Leid, _____ Freitag kann ich nicht. Da bin ich in New York. Geht es denn _____ 2. Februar?

■ Nein, _____ Februar bin ich ja in London. Hast du _____ März Zeit?

● Nur _____ 1. März. _____ 2. März bin ich fünf Wochen in Tokio und bin erst _____ 6. April wieder da.

■ Schade, _____ 28. Februar _____ 3. März bin ich in Frankfurt. _____ 1. März geht es also nicht.

● _____ April bin ich in Hongkong. Hier bin ich erst wieder _____ Dezember. Geht es bei dir _____ 25. Dezember so _____ 19.30 Uhr?

■ Ja, das passt gut. _____ 9 Uhr _____ 18 Uhr muss ich arbeiten, aber _____ Abend habe ich Zeit.

● Super! Da habe ich auch eine Stunde Zeit. Tschüs!

Pronunciation Tips

The letter combinations "eu", "äu" and "au"

To know how to pronounce the letter combination *"eu"*, think of the father of psychoanalysis, Sigmund Fr**eu**d. You can hear that this diphthong, which has the phonetic symbol [ɔy], is pronounced like the English "oi" in the words "noise" or "coin". The letter combination *"äu"* produces exactly the same sound. The letter combination "au" is pronounced like the English "ou" in the words "house" and "mouth". The phonetic symbol for this dipthong is [au].

Please read the following aloud.

Leute – Freunde – neun – heute – Häuser – Flugzeug – unfreundlich – Verkäuferin – teuer – Deutschland – aufräumen – Neujahr – Kräuter – euch – Räume – Gebäude – Europa

Hausfrau – einkaufen – Autos – genau – Urlaub – auch – Schauspieler – Ausbildung – glauben – Augen – Traumberuf – Pause – laut – Kaufhaus – Staubsauger

Heute muss Klaus das Haus aufräumen.
Ich glaube, wir treffen die Leute am neunten August in Deutschland.
Die freundliche Verkäuferin im Kaufhaus Europa möchte Schauspielerin werden.

Cultural Corner

Tag der Deutschen Einheit

The "Day of German Unity" is now the Federal Republic of Germany's national holiday. It is celebrated on October 3rd, the day on which the two parts of Germany were reunified in 1990. On this day East Germany acceded to the Federal Republic, with Berlin being designated as the new capital. The tone of the day is political – serious speeches are made at official commemorative events – although people try to make it a day of rejoicing. Until reunification with the German Democratic Republic, the Federal Republic's national holiday had been June 17th , a day when the victims of the division of Germany were commemorated. On that day in 1953 mass unrest amongst the industrial workers had engulfed the GDR, an abortive uprising which Soviet troops had been deployed to quell.

Hours, days, months ...

Expressions of time vary considerably in Germany. Especially in South and Central Germany, alternate ways of expressing the quarter hours in the 12-hour clock exist. For example, 3.45 (*"Viertel vor vier"*) will often be rendered as *"drei Viertel vier"* ("three quarters of the way to four"), 3.15 (*"Viertel nach drei"*) likewise as *"Viertel vier"* ("a quarter of the way to four").
Originally, *"Samstag"* was a southern word for Saturday and *"Sonnabend"* ("the evening before Sunday") the northern expression. Since 1945 though, *"Samstag"* has come to be used more widely in the North.
The months *"Juni"* and *"Juli"* are sometimes voiced as *"Juno"* and *"Julei"* to avoid confusion, especially on the telephone. In Austria, *"Jänner"* and *"Feber"* are commonly used in place of *"Januar"* and *"Februar"*.

A

Test

Test

**A 1 Was ist richtig: a, b oder c ?
Markieren Sie bitte.**

Beispiel: ● Wie heißen Sie?
■ Mein Name _____ Schneider.

      a) hat
  ✗ b) ist
      c) heißt

1 ● Guten Tag, Frau Schneider. Wie geht es Ihnen?
■ Danke, gut. Und _____ ?

   a) Sie
   b) dir
   c) Ihnen

2 ● Ich heiße Mario. Und wie heißt _____ ?
■ Vera.

   a) du
   b) Sie
   c) Ihnen

3 ● Woher kommen Sie?
■ _____ Spanien.

   a) Nach
   b) Aus der
   c) Aus

4 ● Wohin möchten Sie?
■ _____ Paris.

   a) Nach
   b) Aus
   c) Von

5 ● Was ist Frau Graf von Beruf?
■ Ich glaube, _____

   a) er ist Kellner.
   b) sie ist Kellner.
   c) sie ist Kellnerin.

6 ● _____
■ Ja, aus Osaka.

   a) Woher kommen Sie?
   b) Kommen Sie aus Japan?
   c) Wie heißen Sie?

7 ● _____ wohnen Sie?
■ In Hamburg.

   a) Was
   b) Wo
   c) Wohin

8 ● Wo arbeitet Frau Baumann?
■ _____ Mercedes.

   a) Nach
   b) Bei
   c) In

9 ● Ich bin nicht verheiratet.
■ _____

   a) Ich auch.
   b) Ich auch nicht.
   c) Ich nicht.

10 ● Was darf's sein?
■ Ich möchte _____ Salat.

   a) einen
   b) ein
   c) eine

11 ● Ist das ein Test?
■ Ja, das ist _____ Test zu den Lektionen 1–5.

   a) einen
   b) ein
   c) der

12 ● Ich heiße Waclawczyk.
■ _____ bitte ? Buchstabieren Sie bitte.

   a) Wie
   b) Wer
   c) Wo

13 ● Entschuldigung! Wo finde ich denn _____ ?
■ Im vierten Stock.

   a) Waschmaschine
   b) Betten
   c) Fahrrad

14 ● Schau mal, der Tisch da! Ist der nicht schön?
■ Ja, _____ finde ich auch ganz schön.

   a) das
   b) der
   c) den

15 ● Was kostet denn die Lampe hier?
   ■ 1750 Mark.
   ● 1750 Mark! Das ist _____ .
      a) zu teuer
      b) zu günstig
      c) zu groß

16 ● Hast du eigentlich ein Fax-Gerät?
   ■ Nein. ich habe _____ .
      a) keins
      b) keinen
      c) nicht

17 ● Kann ich Ihnen helfen?
   ■ Ja, bitte. Ich _____ einen Küchentisch.
   ● Kommen Sie bitte mit. Küchentische sind ganz da hinten.
      a) finde
      b) kaufe
      c) suche

18 ● Wie findest du die Stehlampe?
   ■ Die ist _____ .
      a) bequem
      b) ganz hübsch
      c) sehr

19 ● Entschuldigung. Wo ist denn die Berliner Straße?
   ■ _____
      a) Tut mir Leid. Das weiß ich auch nicht.
      b) Entschuldigung.
      c) Nein, leider nicht.

20 ● Papa, kaufst du _____ ein Eis?
   ■ Nein, Chris. Heute nicht.
      a) mir
      b) Ihnen
      c) euch

21 ● _____ Ich suche Kaffee.
   ■ Kaffee? Gleich hier vorne links.
   ● Danke.
      a) Kann ich Ihnen helfen?
      b) Tut mir Leid.
      c) Können Sie mir helfen?

22 ● Sonst noch etwas?
   ■ _____
   ● Das macht dann 24,80 DM.
      a) Auf Wiedersehen!
      b) Entschuldigung.
      c) Nein, danke. Das wär's.

23 ● Meine Kinder wollen unbedingt einen Computer.
   ■ Dann _____ ihnen doch einen!
      a) kaufst
      b) kauf
      c) kaufen

24 ● Vera hat bald Geburtstag. Was schenkst du _____ denn?
   ■ Die neue CD von Tina Turner.
      a) dir
      b) ihr
      c) ihm

25 ● Was machst du denn heute Abend?
   ■ Ich weiß noch nicht.
   ● Gehst du mit mir _____ Kino?
      a) beim
      b) ins
      c) nach

26 ● Willst du mit mir ins Konzert gehen? Die „Toten Hosen" spielen in der Festhalle.
   ■ Wann denn?
   ● _____ nächsten Samstag _____ acht.
      a) Im ... am
      b) Am ... um
      c) Um ... im

27 ● Kommst du mit mir in die Disko?
   ■ Nein, ich _____ heute _____ .
      a) muss ... lernen
      b) lernen ... muss
      c) lernen ... müssen

28 Hier _____ man nicht rauchen.
      a) darf
      b) dürfen
      c) darfst

29 ● Praxis Dr. Reuter. Guten Tag.
   ■ Guten Tag. Ich _____ einen Termin für nächste Woche.
      a) muss
      b) möchte
      c) darf

30 ● Können Sie _____ April um 9 Uhr kommen?
   ■ Ja, das geht. Vielen Dank.
      a) drei
      b) dritte
      c) am dritten

A 2

Wie viele richtige Antworten haben Sie?

Schauen Sie in den Lösungsschlüssel im Anhang. Für jede richtige Antwort gibt es einen Punkt. Wie viele Punkte haben Sie?

_____ Punkte

Jetzt lesen Sie die Auswertung für Ihre Punktzahl.

(**24–30 Punkte:**) Sehr gut. Weiter so!

(**13–23 Punkte:**) Schauen Sie noch einmal in den Lösungsschlüssel. Wo sind Ihre Fehler? In welcher Lektion finden Sie Übungen dazu? Machen Sie eine Liste.

Nummer	Lektion	(G) = Grammatik	(W) = Wortschatz
4	1, H-Teil		X
5	1, C-Teil	X	
	2,		

- **Ihre Fehler sind fast alle in einer Lektion?** Zum Beispiel: Fragen 20, 21, 22, und 24 sind falsch. Dann wiederholen Sie noch einmal die ganze Lektion 4.

- **Ihre Fehler sind Grammatikfehler (G)?** Dann schauen Sie sich in allen Lektionen noch einmal den Abschnitt „Kurz & bündig" an. Fragen Sie auch Ihre Lehrerin oder Ihren Lehrer, welche Übungen für Sie wichtig sind.

- **Ihre Fehler sind Wortschatzfehler (W)?** Dann schauen Sie sich in allen Lektionen „Kurz & bündig" noch einmal an. Lernen Sie mit dem Vokabelheft und üben Sie auch mit anderen Kursteilnehmern. Dann geht es bestimmt leichter.
  (Tipps zum Vokabel-Lernen finden Sie auf den nächsten Seiten.)

(**5–12 Punkte:**) Wiederholen Sie noch einmal gründlich alle Lektionen. Machen Sie ein Programm für jeden Tag. Üben Sie mit anderen Kursteilnehmern. Und sprechen Sie mit Ihrer Lehrerin oder Ihrem Lehrer.

(**0–4 Punkte:**) Machen Sie einen Volleyballkurs!

Wörter lernen

Tipps zum Vokabel-Lernen

Wie lernen Sie neue Wörter?

Fragen Sie Ihre Nachbarn und notieren Sie.

_____

_____

_____

_____

_____

_____

Lerntipp:

Lernen Sie nicht mehr als 5 bis 7 Vokabeln auf einmal. Das ist genug. Aber wiederholen Sie die Wörter möglichst oft!

Hier ein paar Methoden zum Vokabel-Lernen. Probieren Sie doch alle mal aus!

1. Die „Zettel-Methode"

Machen Sie Zettel an die Sachen, die Sie lernen möchten. Sagen Sie das deutsche Wort immer laut.
Welche Möbel finden Sie schwierig?
Schreiben Sie 5 Zettel und kleben Sie die Zettel an die Möbel!

2. Die „Bilder-Methode"

Schreiben Sie das neue Wort mit Artikel und Plural auf eine Karteikarte und markieren Sie den Wortakzent.

Suchen Sie (z. B. in Zeitschriften) passende Bilder für die Rückseite der Wortkarten. Sie können auch selbst ein passendes Bild malen.

Wie heißt das auf Deutsch?

Machen Sie 10 Wortkarten und spielen Sie. Schauen Sie sich das Foto auf der Rückseite an. Wie heißt das auf Deutsch?

Sagen Sie das Wort laut mit Artikel und Plural. Vergleichen Sie dann mit der Vorderseite.

Oder:

Spielen Sie mit anderen. Ein Spieler zeigt das Foto, die anderen sagen das deutsche Wort mit Artikel und Plural.

3. Die „Pantomime-Methode"

„Spielen" Sie das neue Wort und sagen Sie laut, was Sie gerade machen.

Spielen Sie: lachen, lesen, essen, schreiben,
                 Auto fahren …

Oder:

Spielen Sie zu zweit oder im Kurs „Pantomime-Raten".

Lachen. Ich lache.

Du trinkst.

4. Die „Wortgruppen-Methode"

Lernen Sie neue Wörter in „Wortgruppen". Sie lernen zum Beispiel die Nomen:

der Stuhl, ̈e ◆ die Banane, -n ◆ das Bett, -en ◆ der Fernseher, – ◆ die Orange, -n ◆
der Kühlschrank, ̈e ◆ der Apfel, ̈

Schreiben Sie Listen:

Möbel   *Obst*   *Geräte*

Ergänzen Sie weitere Wörter.

Lernen Sie dann **nur** die Möbel. Machen Sie eine Pause oder machen Sie am nächsten Tag weiter. Lernen Sie dann die Obstsorten, machen Sie wieder eine Pause, wiederholen Sie dann alle Geräte, usw.

Oder:

Sie haben eine Vokabelkartei?
Suchen Sie alle Karten zu einem „Thema",
zum Beispiel: Lebensmittel.
Üben Sie die Wörter. Dann wählen
Sie ein neues Thema:
Getränke, Sportarten, Berufe, …

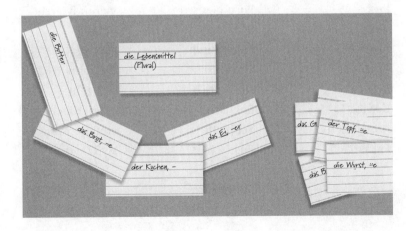

5. Die „Geschichten-Methode"

Machen Sie mit den neuen Vokabeln kurze Geschichten.
Probieren Sie es gleich aus! Notieren Sie 7 Wörter und schreiben Sie eine kleine Geschichte.

_____

_____

_____

Wiederholen Sie diese Geschichten immer wieder: beim Spülen, beim Kochen, im Auto …

**Der Wortakzent. Lesen Sie die Regeln und die Wörter.
Welche Regeln passen zu welcher Gruppe?**

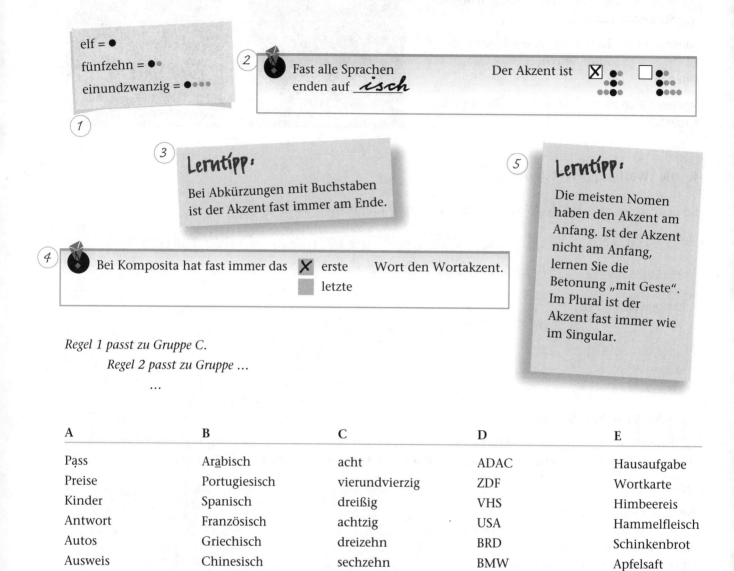

Regel 1 passt zu Gruppe C.

    Regel 2 passt zu Gruppe …

      …

A	B	C	D	E
Pass	Arabisch	acht	ADAC	Hausaufgabe
Preise	Portugiesisch	vierundvierzig	ZDF	Wortkarte
Kinder	Spanisch	dreißig	VHS	Himbeereis
Antwort	Französisch	achtzig	USA	Hammelfleisch
Autos	Griechisch	dreizehn	BRD	Schinkenbrot
Ausweis	Chinesisch	sechzehn	BMW	Apfelsaft
Konto	Englisch	Wörterbuch	ICE	Butterkäse
~~Koreanisch~~	Teppiche	einundzwanzig	achtzehn	ARD
Frankreich	Russisch	zwölf	RTL	Gemüsesuppe
_____	_Koreanisch_	_____	_____	_____

Welches Wort passt nicht? Diskutieren Sie und korrigieren Sie die Listen.

    Koreanisch passt nicht zu Gruppe A.

      Koreanisch ist eine Sprache. Das Wort passt zu Gruppe B.

       …

Markieren Sie den Wortakzent in den Gruppen A bis E.

 Vergleichen Sie dann mit der Cassette.

Der Ton macht die Musik

C 1

Bindung und Neueinsatz: Hören Sie und sprechen Sie nach.

Bindung(‿): zusammen sprechen   Neueinsatz (|): getrennt sprechen

s‿ammen – zus‿ammen	→ | Amt – Ordnungs|amt
b‿en – Verb‿en	→ | Ende – Verb|ende
d‿in – Freund‿in	→ | in – Freund|in
f‿ort – sof‿ort	→ | Ort – Geburts|ort
Pf‿und – ein Pf‿und	→ | und – na|und
n‿au – gen‿au	→ | auch – du|auch
r‿ein – her‿ein	→ | ein – Ver|ein
D‿eutsch – auf D‿eutsch	→ | euch- mit|euch

C 2

„Gähnen" Sie und üben Sie den Neueinsatz.

Ordnungs  |amt   Geburts  |ort

genauso mit:
na|und, in|einer Woche, mit|euch, du|auch, mein Freund|in Rom, am|Ende

C 3

Neueinsatz (|) oder Bindung (‿)? Hören und markieren Sie.

die K amera	in Süd amerika	am S amstag	am Anfang
das pass ende	Wochen ende	immer interess ant	im Erdgeschoss
bitte s ortieren	bitte ordnen	hier oben	da unten
heute n ur	neun Uhr	Sie k önnen	ge öffnet
ich übe	ich bin m üde	ein Url aub	im August
ein Erdbeer eis	Basmatir eis	auf D eutsch	in Europa

 Vokale oder Diphthonge am Wortanfang (z. B. „August") oder am Silbenanfang (z.B. „Ord-nungs-amt") spricht man mit Neueinsatz (= man beginnt neu).

C 4

Neueinsatz (|) oder Bindung (‿)? Sprechen und markieren Sie.

in | Österr eich	mein Freund in Sofia	meine Freund in Sofia	einen Termin ver einbaren
um acht Uhr	oder erst um elf	im ersten Stock	jetzt ist es eins	ein Einbaur egal
das ist mir egal	nicht verg essen	etwas essen	ich spr eche Ar abisch

 Jetzt hören und vergleichen Sie.

Schreiben Sie die Sätze richtig.

AmWochenendeistdasOrdnungsamtnichtgeöffnet.

EinUrlaubinÖsterreichistimmerinteressant.

ErwohntobenimerstenStockundsiewohntuntenimErdgeschoss.

IchhättegerneinErdbeereisundeinenEiskaffee.

Am Wochenende ist das _____

_____

_____

_____

Lesen Sie die Sätze und markieren Sie die Neueinsätze (|).

Dann hören und vergleichen Sie.

2/35

Hören Sie und sprechen Sie nach.

2/36

Termine

Ich möchte mit Ihnen einen Termin vereinbaren.

Jetzt im August um acht Uhr? Oder erst im Oktober um elf?

Aber ich!

Ich spreche Arabisch, Englisch und etwas Deutsch.

Na und? Ich auch.

Nur Italienisch kann ich nicht.

Aber ich!

Freunde

Mein Freund in Sofia heißt Tom.

Sofia? So heißt meine Freundin in Rom.

Regal egal

Bei Möbel-Fun gibt es ein Einbauregal für 80 Mark 80!

Das ist mir egal.

Tipp

Ich übe und übe, jetzt bin ich müde.

Nicht vergessen: etwas essen!

Jetzt üben Sie zu zweit.

Familie und Haushalt

A

A 1

Familienverhältnisse

Wer gehört zu wem? Raten Sie und diskutieren Sie zu viert.

Dschawaharlal

Sigrun

Veronika

Hans

Kurt

Christian

Angelika

Indira

> *sich ähnlich sehen*
> Sie sieht ihm sehr ähnlich.
> Er sieht ihr ein bisschen ähnlich.
> Beide sehen sich überhaupt nicht ähnlich.
>
> *Ähnlichkeit haben*
> Sie haben große Ähnlichkeit.
> Beide haben eine gewisse Ähnlichkeit.
> Sie haben überhaupt keine Ähnlichkeit.

Ich glaube, → Sigrun ist die Schwester von Christian. ↘
  Das glaube ich nicht. ↘ Der sieht ihr doch überhaupt nicht ähnlich. ↘
    Doch, → ein bisschen Ähnlichkeit haben die beiden. ↘ Aber schaut doch mal hier. ↘
      ...

A 2 **Suchen Sie die Wörter und ergänzen Sie die fehlenden Buchstaben und die Plurale.**

```
E R O N K E L G E T L Z W
N I C H T E T E R E G S F
K H T S S A L N C R R C B
E J O C C N E F F E O H R
L E C H H E S D Ü W ß W U
S C H W E S T E R O V Ä D
O Y T A N T E ß M A A G E
H C E G R O ß M U T T E R
N N R E E M U C H K E R N
F E R R R H W Ö L M R I F
L R E G T E R V B C H N E
```

	die ♀	der ♂
Großeltern	Gr *o* ßm *u* tt *e* r, ⁀	Gr *o* ßv *a* t *e* r,
Eltern	M *u* tt *e* r, ⁀	V t r
Geschwister	Schw st r	Br d r
Kinder	T cht r	S hn
Enkelkinder	nk lt cht r	nk ls hn
andere	T nt	nk l
	Schw g r n	Schw g r
	N cht	N ff

Wer ist das? Ergänzen Sie.

1 Mein Bruder ist mit ihr verheiratet.   Sie ist *meine* _____
2 Mein Vater hat eine Schwester.   Sie ist _____
3 Meine Geschwister: _____
4 Meine Nichte hat einen Bruder.   Das ist _____
5 Meine Kinder: _____
6 Mein Sohn hat eine Tochter.   Das ist _____
7 Meine Tochter ist mit ihm verheiratet.   Er ist *mein schwiegersohn.*
8 Die Eltern von meiner Frau oder von meinem Mann: _____
9 Meine Tochter hat einen Sohn.   Er ist _____
10 Meine Mutter hat einen Bruder.   Er ist _____

Lösen Sie die Rätsel.

Familien-Rätsel

1 Ein Mädchen sagt: Ich habe doppelt so viele Brüder wie Schwestern. Und ihr Bruder ergänzt: Ich habe genau so viele Brüder wie Schwestern.
   Wie viele Jungen und Mädchen gibt es in der Familie?

2 Ein Junge sagt: Ich bin doppelt so alt wie mein kleiner Bruder und halb so alt wie meine große Schwester. Meine Mutter wird bald vierzig. Dann ist sie genau doppelt so alt wie meine große Schwester.
   Wie alt sind die Kinder?

3 Ein Kind sagt: Ich habe drei Tanten und fünf Onkel. Meine Mutter hat genau so viele Brüder wie Schwestern. Mein Vater hat halb so viele Schwestern wie meine Mutter.
   Wie viele Schwestern und wie viele Brüder hat meine Mutter?

Jetzt machen Sie ein Familien-Rätsel zu Ihrer Familie.

=	genau so ... wie
2 x	doppelt so ... wie
$^{1}/_{2}$ x	halb so ... wie

Brieffreunde – weltweit

Lesen Sie die Anzeigen und beantworten Sie die Fragen.

1 Was sind Brieffreundschaften?
2 Was bedeutet weltweit?
3 Haben Sie Brieffreunde? Berichten Sie.
4 Sie suchen Brieffreunde. Was können Sie machen?

Interesse an netten Brieffreundschaften weltweit? Info: Max Dirnhofer, Blumenstraße 44, 70182 Stuttgart

Weltweite Briefkontakte! Infos: International Penfriends, postlagernd, 89073 Ulm

Lesen Sie den Brief und markieren Sie.

richtig falsch

1 Carla sucht Brieffreunde.
2 Sie schreibt an Max Dirnhofer.
3 Carla ist Schülerin.
4 Sie kann nur auf Deutsch schreiben.
5 Sie hat viele Hobbys.
6 Die „International Penfriends" sind in Ulm.
7 Carla wohnt in der Schweiz.

---

1   7. Juli 1998
2
Carla Martin
Ricarda-Huch-Str. 7
79114 Freiburg
Tel. (07 61) 58 03 96

3
An die
International Penfriends
Postlagernd

89073 Ulm

mögen

ich mag
du magst
sie/er mag
wir mögen
…

4
Informationen über Briefkontakte

5
Sehr geehrte Damen und Herren,

ich habe Ihre Anzeige in der „Brigitte" gelesen und bin sehr interessiert an internationalen Brieffreundschaften. Wie funktioniert Ihr System eigentlich? Ist die Vermittlung kostenlos? Wann bekomme ich die ersten Adressen? Sie sehen, ich habe viele Fragen. Vielleicht brauchen Sie gleich ein paar Daten von mir? Ich bin 18 Jahre alt, gehe aufs Gymnasium und mache nächstes Jahr mein Abitur. Ich habe einen Bruder (15) und eine Schwester (12). Am Wochenende fahre ich mit meiner Familie oft in die Schweiz oder nach Frankreich - das ist ja von Freiburg nicht weit. Meine Hobbys sind Reiten, Lesen und Kino. Ich sehe am liebsten lustige Filme, und ich mag Robert de Niro - ich habe fast alle seine Filme gesehen. Ich lese auch gern Bücher auf Englisch oder Französisch, meistens Krimis. Meine Lieblingsfächer in der Schule sind alle Sprachen, außerdem Sport und Geschichte.
Bitte schicken Sie mir weitere Informationen oder am besten gleich Adressen - ich kann auch auf Englisch oder Französisch schreiben. Vielen Dank für Ihre Bemühungen.

7
Mit freundlichen Grüßen

8
Carla Martin

Was steht wo? Schauen Sie sich den Brief noch einmal an und ergänzen Sie.

2 Absender   Anrede   Datum   Unterschrift   Empfänger   Gruß   Text   Betreff

Lesen Sie den Brief und machen Sie Notizen.

Name _____   Familie _____

Alter _____   Hobbys _____

Wohnort _____   Lieblingsfächer _____

Zukunftspläne _____   andere Informationen _____

1998 – 08 – 01

Hallo Carla,

ich habe <u>deine Adresse</u> von „International Penfriends" bekommen. Ich heiße Virginie Dubost und bin 17 Jahre alt. Im Dezember werde ich 18. Ich interessiere mich sehr für andere Länder und Sprachen. Ich wohne in Montpellier und gehe noch zur Schule. <u>Meine Lieblingsfächer</u> sind Englisch, Deutsch und Musik. Später will ich vielleicht mal Sprachen studieren und dann Dolmetscherin werden! Vielleicht kann ich ja auch ein paar Semester im Ausland studieren. Was ist <u>dein Traumberuf</u>?

Mein Deutsch ist noch nicht so gut, aber meine Lehrerin ist sehr nett und hilft mir. Sie hat diesen Brief gelesen und korrigiert! Überhaupt haben wir (fast) nur nette Lehrer in unserer Schule. Wie findest du deine Lehrer? Und wie sind deine Mitschülerinnen (und Mitschüler!)?

Im Sommer fahren wir alle ans Meer. In unserem Ferienhaus ist Platz für viele Leute. Wir haben oft Besuch von unseren Verwandten und Freunden. Meistens sind wir alle zusammen am Strand, aber manchmal nehme ich auch mein Fahrrad und fahre allein los – irgendwohin, einfach so. Wo verbringt ihr eure Ferien? Vielleicht kannst du uns ja mal besuchen, dann zeige ich dir alles.

Mein Bruder heißt Philippe und ist 25. Er ist Lehrer von Beruf. Er wohnt noch bei uns, aber er will bald heiraten. Seine Freundin heißt Simone, ich mag sie sehr. Manchmal machen wir sonntags zusammen einen Ausflug. Dann fahren wir mit ihrem Auto (einem Porsche!) – das macht immer viel Spaß! Übrigens – bald mache ich meinen Führerschein, vielleicht gibt sie mir dann ja mal ihr Auto.

Mit meinen Eltern verstehe ich mich ganz gut, aber sie sind ein bisschen streng. Sie wollen nicht, dass ich ins Ausland gehe, aber ich möchte unbedingt in Deutschland studieren. Na ja, wir werden sehen.

Ich lese auch sehr gern – vor allem Krimis, genau wie du. Kannst du mir ein paar deutsche Krimis empfehlen, die nicht so schwer sind? Ich spiele regelmäßig Tennis und reite auch ganz gern – aber am liebsten tanze ich: Tanzen ist mein Leben! Bei unserem Verein habe ich mit meinem Tanzpartner sogar schon Turniere gemacht. Manchmal denke ich: Vielleicht werde ich ja doch nicht Dolmetscherin, sondern mache eine eigene Tanzschule auf. Na ja, ich habe ja noch etwas Zeit.

Ich schicke dir ein Foto. Da siehst du Philippe, seine Freundin, unseren Hund Jacques – und mich natürlich. Schick mir doch auch ein Foto von deiner Familie ...

So jetzt weißt du schon eine Menge von mir. Bitte schreib mir bald!

Viele Grüße

deine Virginie

Meine Adresse:
Virginie Dubost
42 Grand'rue Jean Moulin
34000 Montpellier
Frankreich

Ergänzen Sie die Tabelle.

Possessiv-Artikel	mein-	dein-	ihr-	sein-	sein-	unser-	euer-	ihr-	Ihr-
Personalpronomen	_____	_____	_____	_____	*es/man*	_____	*ihr*	_____	_____

> **Präpositionen mit Dativ**
> ein Foto   **von**   deiner Familie
> er wohnt   **bei**   uns
> wir fahren   **mit**   ihrem Auto
> ich gehe noch **zur** (= zu der) Schule

5   **Unterstreichen Sie alle Nomen mit Possessiv-Artikeln und ergänzen Sie die Tabelle.**

	f	m	n	Pl
Nom heißen, sein, ...	_____ *Lehrerin* _____ *Freundin*	*dein* *Traumberuf* _____ *Bruder*	_____ *Deutsch* _____ *Leben*	*meine* *Lieblingsfächer* _____ *Mitschülerinnen*
Endung	*- e*	*- —*	*-*	*- e*
Akk bekommen finden, ...	*deine* *Adresse* _____ *Freundin*	_____ *Führerschein* _____ *Hund*	_____ *Fahrrad* _____ *Auto*	_____ *Lehrer* _____ *Ferien*
Endung	*-*	*-*	*-*	*- e*
Dat	*in* _____ *Schule* *von* _____ *Familie*	*bei* _____ *Verein* *mit* _____ *Tanzpartner*	*in* _____ *Ferienhaus* *mit* _____ *Auto*	*mit* _____ *Eltern* *von* _____ *Verwandten*
Endung	*-*	*-*	*-*	*-*

> ⬥ **Possessiv-Artikel**
> 1   Possessiv-Artikel haben die gleichen Endungen wie negative Artikel (kein-).
> 2   Die Endungen im Nominativ und Akkusativ sind gleich bei _____ .
> 3   Die Endungen im Dativ sind gleich bei _____ .

6   ✎

Schreiben Sie einen Brief.

Sie sind Carla und schreiben einen Antwortbrief an Virginie Dubost.

So kann man anfangen

Liebe ♀ , Lieber ♂ ,

Hallo ... ,

vielen Dank für deinen Brief ...

(gestern) ist dein Brief gekommen ...

ich habe mich sehr (über deinen Brief) gefreut

...

So kann man aufhören

So, jetzt muss ich aber Schluss machen, ...

Bitte schreib mir bald.

Ich freue mich schon auf deine Antwort.

Ich hoffe, wir können uns bald einmal sehen.

Viele Grüße / Liebe Grüße / Herzliche Grüße

deine ♀ / dein ♂ ,

...

C

C 1

Heinzelmännchen-Service

Arbeiten Sie in Gruppen.

Gruppe 1 Sie möchten eine Geburtstagsparty machen.

Gruppe 2 Sie müssen heute die ganze Haushaltsarbeit allein machen.

Gruppe 3 Sie müssen einen Kranken in der Familie versorgen.

Gruppe 4 Sie möchten alle Kollegen (25!) zum Kaffeetrinken einladen.

Diskutieren Sie.

Was brauchen wir? Was müssen wir alles machen?

Machen Sie eine Liste mit Aufgaben.

Verteilen Sie die Aufgaben. Wer kann was machen? Wer macht was?

Tee machen / Kaffee kochen ◆ einen Geburtstagskuchen backen ◆ einkaufen ◆ das Essen kochen ◆
Medikamente besorgen ◆ Torte(n) kaufen ◆ Freunde und Bekannte einladen ◆ Geschirr abwaschen ◆
Wäsche waschen ◆ das Bett machen ◆ Getränke besorgen ◆ die Wohnung aufräumen ◆
Kinder abholen ◆ staubsaugen ◆ Sekt kalt stellen ◆ Tisch decken ◆ Einladungen schreiben ◆
Nachbarn Bescheid sagen ◆ Nachbarn einladen ◆ Kinder anziehen ◆ ...

Gruppe 1
Getränke
besorgen

Sekt kalt
stellen

Gruppe 2
staubsaugen

Gruppe 3
Tee machen

Gruppe 4
die Wohnung
aufräumen

Spielen Sie Ihre „Aufgaben" pantomimisch vor. Die anderen raten.

Lesen Sie den Text: Was kann „Heinzelmännchen-Service" für Ihre Gruppe tun?

:2

Wir waschen und bügeln für Sie.

Wäscherei

Stehen Sie am Wochenende manchmal vor einem Wäscheberg und haben keine Zeit und keine Lust, stundenlang zu waschen und zu bügeln? Dann <u>rufen</u> Sie uns <u>an</u>. Wir <u>holen</u> Ihre Wäsche freitags <u>ab</u> und <u>bringen</u> sie Ihnen montags fix und fertig <u>zurück</u> – das Wochenende <u>ge-hört</u> Ihnen. Natürlich können wir Ihre Wäsche auch an jedem anderen Tag unter der Woche abholen.

Diesen Service bieten wir
Firmen
und Restaurants
im preiswerten
Abo an.

Neu in Berlin

Wir kochen für Sie.
Party-Service

Ob Paella, Pakora, Calamares oder Sashimi – bei uns finden Sie (fast) alles: Unsere Köche und Köchinnen bereiten täglich köstliche Mittagessen zu – nach Rezepten aus aller Welt (inkl. Lieferung ins Haus). Möchten Sie Ihre Gäste mit einem schönen Buffet verwöhnen? Mit unserem Party-Service gelingt jede Feier. Wir stellen Ihnen ein komplettes Buffet zusammen (inkl. Tischdecken und Geschirr bis 50 Personen) – ganz nach Ihren Wünschen! Rufen Sie uns an, wir beraten Sie gern auch telefonisch.

Heinzelmännchen-Sevice
Himbeersteig 22
14129 Berlin
Telefon 030 / 39 04 88 39
Fax 030 / 39 04 88 38

Wir putzen für Sie.
Familiendienst

Manchmal geht alles drunter und drüber: Vater ist krank, Oma hat keine Zeit, Mutter hat viele Termine, die Tochter muss sich auf eine wichtige Prüfung vorbereiten, und alles bleibt liegen: Die Wohnung sieht furchtbar aus. Wer wünscht sich da nicht ein paar Heinzelmännchen, die schnell mal Ordnung machen? Wir sind für Sie da und erledigen alle Arbeiten im Haushalt:

Wir kochen und waschen für Sie, wir kaufen für Sie ein und räumen die Wohnung auf. Und natürlich betreuen wir auch Ihre Kleinen.

Gruppe 1: Die Wäscherei kann unsere Tischdecken waschen und bügeln.
Gruppe 2: Der Familiendienst kann für uns staubsaugen und putzen. …

Lesen Sie den Text noch einmal und markieren Sie alle Verben mit Vorsilben.

:3

Ergänzen Sie passende Sätze aus C 2.

Verb 1		Verb 2 Vorsilbe
1 Dann rufen	Sie uns	an.
2		
3		
4		
5		
6		
7		
8		
9		

Ergänzen Sie die Regel.

> ◆ **Trennbare Verben**
>
> 1 Im Deutschen gibt es viele _____ mit Vorsilben. Die meisten Vorsilben sind trennbar,
>   z.B. *anrufen, abholen,* _____
>   Im Satz steht das _____ auf Position 2 (bei Ja/Nein-Fragen und Imperativ auf
>   Position 1) und die trennbare _____ am Satz-Ende.
>
> 2 **Vergleichen Sie:**
>   Wir **holen** Ihre Wäsche gleich am Freitag **ab**.
>   Natürlich **können** wir Ihre Wäsche auch an jedem anderen Tag unter der Woche **abholen**.
>
>   In Sätzen mit Modalverben steht das Modalverb auf Position _____ und das Verb im Infinitiv
>   am _____ .
>
> 3 Einige Vorsilben (er-, be-, ge-, ver- …) kann man nicht vom Verb trennen, z.B. *gehören,* _____
>   _____

C 4

Sortieren Sie die Verben.

> ~~kochen~~ ◆ ~~abholen~~ ◆ waschen ◆ erzählen ◆ zubereiten ◆ geben ◆ ergänzen ◆ bügeln ◆
> einkaufen ◆ gelingen ◆ anbieten ◆ verbrauchen ◆ aufhängen ◆ verstehen ◆ raten ◆
> besuchen ◆ aufstehen ◆ aufräumen ◆ besorgen ◆ kaufen

normale Verben	*trennbare Verben*	*nicht-trennbare Verben*
kochen	*abholen*	

KURS
C

Hören und vergleichen Sie. 3/1

C 5 3/2

Trennbar oder nicht? Hören und markieren Sie.

> ◆ **Wortakzent**
> **trennbare Verben**   ●●●   Wortakzent auf der Vorsilbe: „einkaufen"
> **nicht-trennbare Verben**   ●●●   Wortakzent auf dem Verb-Stamm: „verkaufen"

		trennbar	nicht-trennbar			trennbar	nicht-trennbar
1	zuschneiden			9	bekommen		
2	aufstehen			10	einkaufen		
3	verstehen			11	aufbleiben		
4	betrachten			12	verstecken		
5	gefallen			13	beginnen		
6	bezahlen			14	verschwinden		
7	vorbereiten			15	bedanken		
8	verkaufen			16	anziehen		

6

Ergänzen Sie die Verben aus C 5.

DIE HEINZELMÄNNCHEN

nach den Gebrüdern Grimm

Ein Schuster ist ohne Schuld so arm geworden, dass er nur noch Leder für ein einziges Paar Schuhe hat.

Am Abend ___*schneidet*___ er das letzte Leder ____*zu*____ und geht zu Bett.

Am nächsten Morgen _____ er _____ und geht in seine Werkstatt. Da steht das Paar Schuhe ganz fertig auf seinem Tisch. Er _____ gar nichts. Er nimmt die Schuhe in die Hand und _____ sie: Sie sind wunderbar – ein Meisterwerk! Kurz danach kommt auch schon ein Kunde und möchte die Schuhe kaufen. Und weil ihm die Schuhe so gut _____ , _____ er den doppelten Preis. Der Schuster nimmt das Geld und kauft sofort Leder für zwei Paar Schuhe.

Am Abend _____ er wieder die Arbeit für den nächsten Tag _____ .

Als er am nächsten Morgen in seine Werkstatt kommt, sind die Schuhe schon fertig. Und wieder _____ er die Schuhe schnell und _____ so viel Geld, dass er jetzt Leder für vier Paar Schuhe _____ kann. Am nächsten Morgen sind auch diese vier Paar fertig. So geht das Tag für Tag und er wird bald ein wohlhabender Mann. Eines Abends sagt der Mann zu seiner Frau: „Was meinst du? Wollen wir heute Nacht einmal _____ ? Ich möchte zu gern wissen, wer die Schuhe für uns näht." Also _____ sich beide in der Werkstatt und warten. Um Mitternacht kommen zwei kleine niedliche nackte Männlein. Sie setzen sich an den Tisch des Schusters, nehmen die zugeschnittenen Teile und _____ mit der Arbeit. Sie arbeiten so schnell, dass der Schuster nicht glauben kann, was er da sieht. Und im Nu sind sie fertig und _____ so schnell wie sie gekommen waren.

Am anderen Morgen sagt die Frau: „Die Heinzelmännchen haben uns reich gemacht. Doch sie selbst sind so arm, sie haben nicht einmal etwas zum Anziehen. Ich möchte für sie Kleidung nähen. Mach du jedem ein Paar Schühlein dazu. So können wir uns doch bei Ihnen _____ ." Der Mann findet ihre Idee gut, und beide machen sich an die Arbeit. Am Abend legen sie die Geschenke auf den Tisch, wo sonst das Leder liegt. Um Mitternacht sind die Heinzelmännchen wieder da. Zuerst suchen sie nach dem zugeschnittenen Leder, dann sehen sie die Kleider und Schuhe. Sie _____ alles schnell _____ , tanzen durch die Werkstatt und singen vor Freude:

„Sind wir nicht Männlein glatt und fein?

Wir wollen nicht länger Schuster sein!"

Von nun an kamen die Heinzelmännchen nie wieder, der Schuster und seine Frau aber lebten glücklich und zufrieden bis an ihr Lebensende.

3/3 **Jetzt hören und vergleichen Sie.**

7

3/4 **Hören und sprechen Sie.**

Ihr Bekannter ist seit kurzer Zeit Hausmann. Er beklagt sich über seine Arbeit, aber Sie verstehen das nicht: Für Sie sind Hausarbeiten kein Problem. Sie sagen: „Na und? ..."

Beispiel: *Also Hausmann sein – das ist wirklich anstrengend. Ich muss jeden Tag früh aufstehen.*
        Na und? ↗ *Ich stehe gern früh auf.* ↘
    Dann muss ich die Wohnung aufräumen.
        ...

8

Schreiben Sie über Ihren Tag.

Der Ton macht die Musik

Hören und vergleichen Sie.

Diese Konsonanten klingen ähnlich.	hart (stimmlos)	weich (stimmhaft)
	[p] packen	[b] backen
	Oper	Ober
	[t] Tick	[d] dick
	Winter	Kinder
	[k] Karten	[g] Garten
	Vokal	Regal

Üben Sie.

stimmhaftes „b" = [b] Sagen Sie „aaaaaaaaa" dann schließen und öffnen Sie dabei die Lippen: „aaaaaaaaa" wird zu „aabaabaabaa".	stimmloses „p" = [p] Halten Sie eine Kerze vor den Mund, atmen Sie ein und schließen Sie die Lippen. Sie wollen ausatmen, aber es geht nicht: Die Lippen sind geschlossen.	Öffnen Sie plötzlich die Lippen: Sie hören „p" – die Kerze ist aus.	Nehmen Sie ein Blatt Papier und üben Sie. Sagen Sie: ein Blatt Papier, ein Paket Butter, ein paar Bier, Bei den Wörtern mit „p" muss sich das Blatt bewegen!

Üben Sie auch [d]–[t] und [g]–[k] mit einem Blatt Papier. Halten Sie das Blatt ganz nah an den Mund: Bei „t" und „k" muss sich das Blatt ein bisschen bewegen (nicht so stark wie bei „p").

Sagen Sie: ein toller Tipp, deine Tante, drei Tassen Tee, den Tisch decken, gute Kunden, ganz klar, kein Geld, Kaugummi, Kilogramm, Gäste zum Kaffeetrinken, ein paar Gläser Bier, Pack die Koffer!

Hart oder weich? Hören Sie, sprechen Sie nach und markieren Sie.

	[p]	[b]		[t]	[d]		[k]	[g]
Bier		X	Dose		X	Kästen	X	
Rap	X		Tasse	X		Gäste		X
halb	X		abends	X		be-ginnt		X
paar			mo-dern			Tag		
liebt			Lied			fragt		
Novem-ber			Lie-der			Fra-ge		
Schreib-tisch			Li-ter			schick		
Urlaub			Süd-amerika			Stü-cke		

Ergänzen Sie die Regeln und Beispielwörter.

Am Wort- und Silbenende spricht man

„b" immer als [p] *halb, schreibtisch*

„d" immer als [ ] _____

„g" immer als [ ] _____

„ck" spricht man als [ ] _____

Die Silbenmarkierungen finden Sie im Wörterbuch.

Schreib·tisch *der*; -e-e Art Tisch (oft mit Schubla-
den), an dem man sitzt, wenn man schreibt, rechnet
usw ‖ K-: **Schreibtisch**-, -*lampe*, -*sessel*, -*stuhl*

No·vem·ber [-v-] *der*; -s, -; *mst Sg*; der elfte Monat
des Jahres; *Abk* Nov. ⟨im N.; Anfang, Mitte, Ende
N.; am 1., 2., 3. N.; ein nebliger, kalter, stürmischer

richtig, wenig, günstig, traurig, dreißig ...
Am Wortende spricht man „-ig" oft wie „-ich".

Lerntipp:

Erinnern Sie sich noch?
Nomen lernt man am
besten mit Artikel und
Plural, also z.B. **das
Verb, Verben.** Achten
Sie bei Nomen mit „b",
„d" und „g" am Ende
auch immer auf die
unterschiedliche Aus-
sprache von Singular
und Plural:

[p]	[b]
das Ver**b**	Ver**b**en
[t]	[d]
das Lie**d**	Lie**d**er
[k]	[g]
der Ta**g**	Ta**g**e

4 **Wo spricht man „b", „d" und „g" als [p], [t] und [k]? Markieren Sie.**

Guten Tag ◆ habt ihr Zeit? ◆ ab und zu ◆ mor-gen A-bend ◆ tut mir Leid ◆ lei-der nicht ◆
Sonntag zum Mittag-essen ◆ es gibt ◆ Obst und Gemüse ◆ besorgst du die Getränke? ◆
sie-ben Ta-ge Urlaub ◆ bald geht's los ◆ wohin fliegt ihr? ◆ am lieb-sten ◆ nach Deutschland ◆
das Flug-ticket ◆ nicht billig ◆ wirklich günstig ◆ ein Son-der-an-ge-bot

3/8 **Hören Sie, sprechen Sie nach und vergleichen Sie. Machen Sie kleine Dialoge.**

5 **Wählen Sie ein Gedicht und üben Sie. Dann lesen Sie vor.**

3/ 9-12

Arbeitsteilung

Wer räumt auf?
Wer wäscht ab?
Wer kauft ein?
Wer putzt und saugt?
Wer macht die Betten?
Wer deckt den Tisch?
Wer wäscht und bügelt?
Wer backt und kocht?
Wer besorgt die Getränke?
Wer leert den Müll aus?
Wer räumt den Tisch ab?
Natürlich ich.
Wer sagt nie „danke"?
Wer fragt nie „Wie geht's?"
Wer hört nur halb zu?
Natürlich du!

Durst

Morgens drei Tassen
Kaffee oder Tee
mittags ein Cola
nachmittags Saft
unterwegs ein Likör
abends dann Rotwein
oder ein paar Gläser Bier

Problem

Die Tante liebt den Onkel,
der Onkel liebt die Tanten.
Ab und zu gibt's deshalb Streit –
so sind halt die Verwandten.

Einkauf im Supermarkt

3 Kilo Kartoffeln
Obst & Gemüse
1 Bauernbrot
2 Klopapier
1 Paket Butter
3 Dosen Tomaten
100 g Schinken
6 Kästen Bier
3 Tiefkühl-Pizzen
Käse (geschnitten)
1 kg Zucker
Schokolade
Pralinen & Bonbons
Kaugummis

Keine Gummibärchen?
Schade!

KURSBUCH
E1-E3

A

B

E 1   ### Lesen Sie den Text. Welches Bild passt zum Text? Warum?

Die Klavierlehrerin

Ich sehe alles noch ganz deutlich <u>vor meinen Augen</u>.
Ich bin zehn Jahre alt und steige ängstlich die Treppen
in den fünften Stock hinauf. Es ist dunkel im Flur und
es riecht nach Essen. Die Tür ist offen, ich gehe in die
5 Wohnung. Es stinkt nach Zigaretten. Das Klavierzimmer
ist das letzte Zimmer hinten im Gang rechts. Peter sitzt
noch am Flügel und spielt – er ist immer vor mir an der
Reihe. Er hat es gut. Seine Stunde ist gleich zu Ende.
Meine beginnt erst. Ich sage leise: „Guten Tag!", setze
10 mich in den Sessel und stelle meine Tasche auf den
Boden neben den Sessel. Der Sessel steht in einer
dunklen Ecke, direkt neben dem Regal mit den Büchern
und Noten. Über dem Sessel hängen Fotos von ihren
Konzerten. Dazu Zeitungsausschnitte. Meine Klavier-
15 lehrerin ist eine begnadete Pianistin. Ihr Platz ist in
einem Orchester, aber ihre Bewerbungen hatten alle
keinen Erfolg. So muss sie weiter kleinen unmusika-
lischen Kindern wie mir Unterricht geben. Sie steht
neben dem Klavier. Ihr Hund liegt – wie immer – auf
20 seinem Teppich hinter dem Klavier. Ich mag ihn nicht,
er stinkt.

Es ist soweit. Ich bin dran. Ich setze mich an den
Flügel. Ich packe die Noten aus und stelle sie auf den
Notenständer, dann stelle ich meine Tasche unter den
25 Stuhl. Der Hund bellt. Auf dem Klavier zwischen der
Vase und der Lampe steht die weiße Beethoven-Büste.
Beethoven schaut ernst wie immer. Aber heute steht
noch ein Teller neben der Vase. Es ist Dezember, Weih-
nachtszeit. Auf dem Teller sind Lebkuchenherzen. Frau
Schabowsky bietet mir eins an. Ich mag keine Lebku- 30
chenherzen, aber ich nehme eins. So gewinne ich Zeit.
Sie stellt den Teller wieder neben die Vase. Ich beginne
eine Etüde. Sie unterbricht mich: „Nein, so geht das
nicht, noch einmal von vorn. Der Rhythmus stimmt
nicht." Sie stellt sich hinter meinen Stuhl und schlägt 35
den Takt auf meinen Rücken. Der Hund bellt, meine
Hände werden nass. Ich spiele wie in Trance. Ihre
Kommentare höre ich kaum noch. Der Hund steht auf,
läuft dicht an mir vorbei und legt sich vor das Regal.
Meine Finger wollen nicht mehr über die Tasten laufen. 40
Ich bleibe hängen, rutsche ab, Katastrophe. Ich spüre
den Boden unter meinen Füßen nicht mehr ...

Endlich: Es klingelt. Der nächste Schüler kommt. Frau
Schabowsky macht keine Pausen zwischen den
Schülern. Sie schreibt mir noch schnell ins Heft, dass ich 45
nicht geübt habe, dass meine Mutter mitkommen soll,
und dass es so nicht weitergeht. Ich lege das Heft in
meine Tasche zwischen die Noten, stehe auf und
verabschiede mich. Als ich vor die Tür gehe, laufen mir
schon die ersten Tränen über das Gesicht. Die Sonne 50
scheint, über mir lacht ein blauer Himmel. Es ist ein
schöner Tag – eigentlich. Ich habe Angst, nach Hause zu
gehen, Angst vor meiner Mutter.

Nach 18 Monaten geht es wirklich nicht mehr so
weiter. Wir haben großes Glück: Meine Klavierlehrerin 55
geht ans Konservatorium nach Wien. Unsere Qual hat
ein Ende.

Lesen Sie den Text noch einmal und markieren Sie alle Ausdrücke mit Präpositionen.

E 2

Sortieren Sie die Ausdrücke mit Präpositionen aus E 1 und unterstreichen Sie die Artikel.

◉ Wo? (Präposition mit Dativ)	➡ Wohin? (Präposition mit Akkusativ)
an	
auf	
hinter in	
neben	
über	
unter vor *vor meinen Augen*	
zwischen	

Ergänzen Sie die Regeln.

1. Die Präpositionen „auf, über, unter, vor, hinten, zwischen, neben, an, in" sind Wechselpräpositionen: Sie stehen mit _____ (Frage: Wo?) oder _____ (Frage: Wohin?).
2. Die Artikel im Dativ sind feminin: *der, einer,* _____ , maskulin und neutrum: _____ , Plural: *den, –, meinen* _____ .
3. Nomen _____ haben immer die Endung *-n* (Ausnahme: Plural mit „-s").

**KURSBUCH
E 4-E 5**

E 3

Sortieren Sie die Verben.

~~gehen~~ ◆ ~~hinaufsteigen~~ ◆ sehen ◆ laufen ◆ (sich) legen ◆ ~~liegen~~ ◆ kommen ◆
sein ◆ (sich) setzen ◆ sitzen ◆ stehen ◆ stellen ◆ ...

keine Bewegung

liegen, _____

_____

Bewegung von A nach B

gehen, hinaufsteigen, _____

_____

Finden Sie zehn Unterschiede in E. Schreiben Sie Sätze mit diesen Verben.

**KURSBUCH
F 1-F 2**

Zwischen den Zeilen

Lesen Sie die Texte und unterstreichen Sie die Verben und Präpositionen.

1   Carla Martin sucht internationale Briefkontakte. Sie schreibt einen Brief an „International Penfriends". Sie erzählt von ihrer Familie und berichtet über ihre Hobbys. (Sie bittet „International Penfriends" um weitere Informationen und um Adressen.)

2   Virginie Dubost schreibt an Carla. Sie schreibt über ihre Hobbys, erzählt über ihre Zukunftspläne und berichtet von Ihrer Familie und von den Ferien am Meer. Sie lädt Carla zu einem Besuch ein (und bittet Carla um ein Foto von ihrer Familie).

3   Ein ganz normaler Tag im Leben von Helga Jansen:
    13.15 Das Mittagessen ist fertig. Die Kinder erzählen von der Schule, Helga hört nur halb zu: Sie denkt schon an den Nachmittag.
    20.00 Helga Jansen spricht mit den Kindern über den Tag und über die Farbe Blau.
    22.00 Frau Jansen trinkt ein Glas Wein und spricht mit ihrem Mann über den Tag.

4   Heute ist ein besonderer Tag. Unsere Lehrerin wird 30. Wir gratulieren ihr zum Geburtstag, schreiben ihr eine Geburtstagskarte und singen „Zum Geburtstag viel Glück!". In der Pause lädt sie uns alle zum Kaffeetrinken ein. Wir sprechen über Geburtstage und diskutieren mit ihr über Familienfeste in Deutschland und in anderen Ländern.

Ergänzen Sie die passenden Verben und Beispielsätze.

Lerntipp:

Viele Verben können weitere Ergänzungen mit Präpositionen (Präpositionalergänzungen) haben. Nicht alle Verben und alle Präpositionen passen zusammen – es gibt feste Kombinationen. Lernen Sie Verben immer zusammen mit den passenden Präpositionen und schreiben Sie Beispielsätze mit Präpositionalergänzungen auf die Wortkarten.

Beispiel:
sprechen + mit DAT + über AKK
Abends spreche ich mit den Kindern über den Tag.

Präposition	Verb + Ergänzung
+ an AKK	*schreiben an International Penfriends*
+ mit DAT	
+ über AKK	*berichten über die Hobbys*
+ von DAT	*erzählen von der Familie*
+ zu DAT	
+ um AKK	

Ergänzen Sie die Sätze. Schreiben oder sprechen Sie.

Manchmal schreibe ich ...
Ich denke oft ...
... spricht gerne ...
Ich möchte gerne einmal ... diskutieren.
... erzählt gerne ...

Wir müssen immer ... berichten.
Soll ich ... einladen?
Wollen wir ... gratulieren?
Du kannst doch ... bitten.

Herzlichen Glückwunsch zum Geburtstag

G

1

Diskutieren Sie zu dritt oder viert.

Eine deutsche Freundin, ein deutscher Arbeitskollege, ein ... hat Geburtstag:

a) Was kann man schenken oder mitbringen?

b) Wie lange bleibt man? Muss man pünktlich sein?

c) Dürfen Sie noch eine Person mitbringen?

d) Was sagen Sie zum „Geburtstagskind"?

2

Wo finden Sie Informationen zu den Fragen? Lesen und markieren Sie.

1. Frau/Herr ... hat Geburtstag: Feiert er oder sie? Wünschen Sie dem Geburtstagskind auf jeden Fall „Alles Gute zum Geburtstag!" oder sagen Sie: „Herzlichen Glückwunsch zum Geburtstag!" – notfalls telefonisch. ___d___

2. Eine Arbeitskollegin hat Geburtstag: In vielen deutschen Firmen sammeln die Kollegen Geld für ein gemeinsames Geschenk. Am besten fragen Sie Ihre deutschen Kollegen! _____

3. Sie sind „zum Kaffeetrinken" eingeladen: Das dauert meistens nicht so lange, vielleicht ein oder zwei Stunden. Sie können aber auch nur „kurz vorbeischauen", eine Tasse Kaffee trinken und nach einer halben Stunde wieder gehen. Bringen Sie auf alle Fälle ein kleines Geschenk mit! _____

4. Sie sind „zum Abendessen" eingeladen: Zum Abendessen kommen selten mehr als acht Personen – Sie gehören also zum „engeren Freundeskreis". Bringen Sie keine weiteren Gäste mit! Ist Ihnen diese Freundschaft wichtig? Dann machen Sie sich rechtzeitig Gedanken über ein passendes Geschenk! Kommen Sie nicht zu früh und nicht zu spät: In Deutschland kommt man zum Abendessen pünktlich bis höchstens zehn Minuten zu spät. _____

Sieben GEBURTSTAGS REGELN

5. Sie sind zu einer Geburtstagsparty eingeladen: Zu einer Geburtstagsparty muss man nicht pünktlich kommen – da ist sowieso noch keiner da. Normalerweise können Sie auch Ihre Partnerin oder einen Freund mitbringen. Aber fragen Sie lieber vorher! Manchmal soll man zu solchen „Feten" auch etwas zum Essen (z.B. einen Salat oder ein Dessert) mitbringen: Eine Spezialität aus Ihrem Land freut sicher nicht nur Ihre Gastgeber, sondern auch die anderen Gäste. Dann haben Sie auch gleich ein erstes Gesprächsthema zum Kennenlernen. _____

6. Sie suchen ein Geschenk: Die besten Geschenke sind „persönlich". Aber Vorsicht: Das Geburtstagskind packt seine Geschenke in Deutschland oft sofort aus, und alle schauen zu – ein zu persönliches Geschenk kann peinlich sein! Denken Sie sich etwas Originelles aus! Etwas Typisches aus Ihrem Land ist immer gut. _____

7. Sie müssen eine Rede halten: Der alte Brauch, eine Rede auf das Geburtstagskind zu halten oder ihm ein Lied zu singen, wird heute nur noch bei besonderen Geburtstagen (z.B. beim 50. oder 60. Geburtstag) praktiziert. Sie müssen doch eine Rede halten? Singen Sie ein Geburtstagslied aus Ihrem Land oder halten Sie einfach eine kurze Rede in Ihrer Muttersprache! Das ist ein voller Erfolg, auch wenn Sie niemand versteht. _____

3

Welche „Regeln" gibt es in Ihrem Land für eine Geburtstagsfeier? Berichten oder schreiben Sie.

Kurz & bündig

Wortschatzarbeit

Was passt zu „Verwandtschaft", zu „Brieffreunde", zu „Haushaltsarbeit"?
Finden Sie ein Wort zu jedem Buchstaben.

_____ H _____	_____ F _____
_____ a _____	_____ a _____
_____ u _____	_____ m _____
_____ s _____	_____ i _____
_____ h _____	_____ l _____
_____ a _____	_____ i _____
_____ büge l n ____	_____ e _____
_____ t _____	

Sie sind den ersten Tag im Deutschkurs. Sie treffen viele nette Leute zum ersten Mal. Was fragen Sie?

_____

_____

Wie antworten **Sie** auf diese Fragen?

Verben

trennbare Verben

aufstehen, _____

nicht-trennbare Verben

besprechen, _____

Was machen Sie wann? Beschreiben Sie einen typischen Tagesablauf.

Um____ Uhr stehe ich _____

_____

_____

_____

Wechselpräpositionen

Sie räumen Ihre Wohnung nach einer Party auf. Was stellen Sie wohin?

_____

_____

_____

_____

_____

Interessante Ausdrücke

_____

_____

_____

Contrastive Grammar

Brothers and sisters

In this lesson you will learn the vocabulary for describing the family. Please pay attention to the word *"Geschwister"* which is always used in the plural and means "siblings", i.e. brothers and/or sisters. The question *"Hast du Geschwister?"* corresponds to "Do you have any brothers and sisters?"

The statement: *"Ich habe Geschwister"* only gives you the information that this person has more than one sibling, not if they are brothers, sisters or both.

„Ich habe vier Geschwister: zwei Brüder und zwei Schwestern."

"mögen", "möchten"

The verbs *"möchten"* and *"mögen"* look and sound a little similar because they are grammatically related, but they are used differently. Whereas *"möchten"* means "would like", the verb *"mögen"* means "to like".

Ich möchte Kaffee.
Ich mag Kaffee.

I would like some coffee. (I desire coffee now.)
I like coffee. (I enjoy coffee generally.)

What do these sentences express: likes/dislikes or desires?

	likes/dislikes	desires
Carla möchte einen Brieffreund.	☐	x
Sie mag Reiten, Lesen und ins Kino gehen.	☐	☐
Am liebsten mag sie lustige Filme.	☐	☐
Sie möchte besser Französisch lernen.	☐	☐
Sie möchte mehr Bücher auf Englisch lesen.	☐	☐
In der Schule mag sie Sport und Geschichte.	☐	☐
Sie möchte weitere Adressen.	☐	☐
Wir mögen lieber Volleyball als Tennis.	☐	☐
Punk mag ich nicht.	☐	☐
Die Studenten möchten jetzt Pause machen.	☐	☐
Möchtest du ihr einen Brief schreiben?	☐	☐

Possessive articles

Possessive articles are used to identify possession or ownership. There are corresponding articles in English such as "my", "your", "his", "her", "its" etc., but in German they take different endings according to the gender of the thing that is owned and the case they stand in.

Nominative

You select the possessive article by determining who the person or the thing that possesses something is. In short: who is the owner?

You add an *"-e"* ending, if the thing or person that belongs is feminine or plural. If it is masculine or neuter singular there is no *"-e"* ending in the nominative case.

When choosing the article, please make sure you distinguish between "his" *"sein"* and "her" *"ihr"*. This appears to be a common problem among English native speakers and can lead to misunderstandings.

Peter gibt mir **sein** Wörterbuch.　　　　Peter gibt mir **ihr**　(Helgas) Wörterbuch.
Peter gives me **his**　dictionary.　　　　　Peter gives me **her** (Helga's) dictionary.

owner	Familie (die)	Beruf (der)	Auto (das)	Kinder (Plural)
ich	meine	mein	mein	meine
du	deine	dein	dein	deine
sie	ihre	ihr	ihr	ihre
er	seine	sein	sein	seine
es/man	seine	sein	sein	seine
wir	unsere	unser	unser	unsere
ihr	eure	euer	euer	eure
sie	ihre	ihr	ihr	ihre
Sie	Ihre	Ihr	Ihr	Ihre

Please note that there is an irregularity in the second person plural,

　　　　your　　　　　　**euer**,

where the third letter, the *"-e-"*, is dropped whenever an ending is added to it.

　　　　eurer Haus　　**eur**e Tür

Please write sentences.

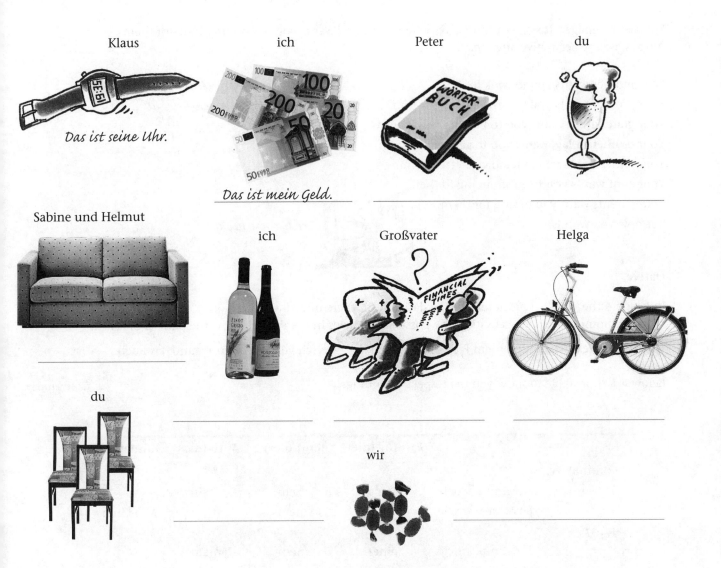

Klaus

Das ist seine Uhr.

ich

Das ist mein Geld.

Peter

_____

du

_____

Sabine und Helmut

_____

ich

Großvater

_____

Helga

_____

du

_____

wir

_____

Accusative

As mentioned above, the endings of the possessive articles also depend on the case they stand in.
They take the same endings as the indefinite article: *"ein"*. Here are some examples of the masculine article in the accusative case as this is the only one that changes from the form of the nominative.

nominative		**accusative**
Das ist mein Hund.	Ich habe ein**en** Hund.	– Ich mag mein**en** Hund.
Das ist sein Beruf.	Er hat ein**en** Beruf.	– Er mag sein**en** Beruf.
Das ist ihr Freund.	Sie hat ein**en** Freund.	– Sie mag ih**ren** Freund.
Das ist seine Schwester.	Er hat eine Schwester.	– Er mag seine Schwester.
Das ist ihr Garten.	Sie haben ein**en** Garten.	– Sie mögen ih**ren** Garten.
Das ist euer Mercedes.	Ihr habt ein**en** Mercedes.	– Ihr mögt eu**ren** Mercedes.

Please say who you are doing things for.

You are a teenager. It's one of those days when everybody wants you to do something for them. Always use the accusative after *"für"*.

Your mother wants you to cook for her.   *Ich koche für meine Mutter.*

Your brother wants you to write a letter for him.   *Ich schreibe einen Brief für ...*

Your grandfather wants you to buy the newspaper.

Your brother-in-law wants you to get a ticket for him.

Your father wants you to fetch cigarettes for him.

Your aunt wants you to go shopping for her.

Your parents want you to sing for them,

but now you won't.   *Ich singe nicht ...*

Dative

In lesson 4 the personal pronouns for the dative case where introduced:
As in the nominative and accusative, the possessive articles in the dative follow the pattern of *"ein"*.

> Ich gebe **ihm** (ein**em** Freund) das Buch.   Ich gebe mein**em** Freund das Buch.

Below is a short table to show you the respective endings.

Grammatik §1

		Familie (die)	Beruf (der)	Auto (das)	Kinder (die)
nominative					
	indefinite article	eine	ein	ein	
	possessive article	meine	mein	mein	meine
dative					
	indefinite article	einer	einem	einem	
	possessive article	meiner	meinem	meinem	meinen
accusative					
	indefinite article	eine	einen	ein	
	possessive article	meine	meinen	mein	meine

Please say to whom these things belong.

"gehören" means "to belong to" and is followed by the dative case.

Mutter   *Das Handy gehört meiner Mutter.*

Vater

Eltern _____

Bruder _____

Schwester _____

Tante _____

Onkel _____

Please complete the possessive article "sein" in the correct case. Please note that the prepositions "bei", "mit" and "zu" require the dative case.

Deniz ist mit _seiner_ Frau bei _____ Onkel zu Besuch.

Sie haben Geschenke für _____ Verwandten.

Deniz schenkt _____ Tante ein Buch.

Für _____ Onkel hat er eine Flasche Wein.

Es kommen auch _____ zwei Neffen und _____ Nichte.

Auch _____ Schwager ist da, nur _____ Schwester kann nicht kommen. Sie arbeitet heute.

Nach dem Essen wollen Deniz und _____ Frau noch zu _____ Eltern gehen.

Verbs with a vowel change

In lesson 2 you saw verbs that undergo a vowel change "e" to "i" in the stem of the verb. In this lesson you will learn verbs that change the vowel "a" to "ä" and "e" to "ie" in the second and third person singular.

schlafen	(to sleep):	du schläfst – sie schläft
tragen	(to wear, to carry):	du trägst – er trägt
verlassen	(to leave, to abandon):	du verlässt – sie verlässt
aussehen	(to look like, appear as):	Du siehst gut aus, sie sieht noch besser aus.
laufen	(to run, walk)	du läufst – er läuft
fahren	(to go, drive)	du fährst – sie fährt
lesen	(to read)	du liest – er liest
sehen	(to see)	du siehst – sie sieht

Separable and inseparable verbs

Separable verbs

Some German verbs consist of two parts, the basic verb and a prefix.
In the following examples the prefixes are printed bold.

einkaufen	(to shop)	**ein**laden	(to invite)
abwaschen	(to do the dishes)	**ab**holen	(to collect)
aufräumen	(to tidy up)	**an**ziehen	(to put on)

When a separable verb is the only one in a sentence, it separates into two parts. The prefix is positioned at the very end of the clause and the basic verb follows the rules that you know already. You conjugate it according to the subject and place it in position 2 in statements and w-questions, so that the verb and prefix form a bracket around the other parts of the clause. This is a typical feature of German sentence construction, as you saw with the modal verbs in lesson 5.

Ich **kaufe** im Supermarkt **ein**.   Wir **laden** die Kollegen **ein**.
Dann **wäschst** du das Geschirr **ab**.   Und ich **räume** die Küche **auf**.

In yes/no questions and imperative sentences, the same rule for word order applies to separable verbs as for the other verbs you have seen so far: the conjugated verb is placed in position 1.

yes/no questions: **Räumst** du die Wohnung **auf**?   **Wäschst** du das Geschirr **ab**?
imperative sentences: **Zieh** bitte die Kinder **an**.   **Hol** die Kinder von der Schule **ab**!

When the separable verb is used in conjunction with a modal verb, it does not separate. The modal verb is treated like the main verb and therefore conjugated and placed in position 1 or 2. The separable verb finds its place at the end of the sentence in the infinitive form and is not separated.

Du **kannst** die Kinder auch später **abholen**.   Du **musst** aber die Wohnung **aufräumen**.
Will er die Kollegen **einladen**?   **Soll** ich das Geschirr **abwaschen**?

Please write sentences.

Herr Jansen – um halb sieben – aufstehen .   *Herr Jansen steht um halb sieben auf.*

Zuerst – das Radio – er – anstellen – und – Musik – hören . _____

er – Dann – die Wohnung – aufräumen . _____

die Kinder – er – Um Viertel nach sieben – anziehen . _____

Sie – um acht Uhr – weggehen . _____

im Supermarkt – Er – später – einkaufen – müssen . _____

Zu Hause – er – die Lebensmittel – auspacken . _____

Danach – er – das Mittagessen – vorbereiten . _____

Dann – er – die Kinder – wieder – abholen . _____

die Kinder – den Fernseher – einschalten – Dürfen ? _____

zuerst – sie – Nein, – müssen – das Geschirr – abwaschen . _____

Inseparable verbs

There are also verbs with prefixes that are not separable. The prefixes you have seen so far and that are never separable, are: *"be-", "er-", "ge-"* and *"ver-"*.

bekommen	(to get)	**er**zählen	(to tell)
gefallen	(to please)	**ver**stehen	(to understand)

Ich **bekomme** eine Einladung. Ihr Beruf **gefällt** ihr.

Please use the inseparable verbs to construct sentences.

die Sprache ◆ die Schuhe ◆ die Geschichte ◆ die Information ◆ die Tante ◆ das Buch ◆ der Satz ◆ das Bild ◆ bekommen ◆ erzählen ◆ gefallen ◆ verstehen ◆ beginnen ◆ betrachten ◆ ergänzen ◆ besuchen

Der Student versteht die Sprache gut.

_____

_____

_____

_____

_____

_____

_____

_____

Word stress

Separable and inseparable verbs are also voiced differently. Separable verbs have the word stress always on the prefix and the inseparable verbs on the basic verb.

Please read these verbs.

separable verbs: **an**bieten, **ein**kaufen, **auf**stehen, **zu**bereiten, **ab**holen

inseparable verbs: ge**fallen**, ver**brauchen**, be**suchen**, er**zählen**, ver**stehen**

Are these separable?   separable / inseparable

	separable	inseparable
aufräumen	▢	▢
anrufen	▢	▢
gehören	▢	▢
abwaschen	▢	▢
besorgen	▢	▢

Please combine.

bezahlen   Tee

aufräumen   Sekt

einladen   Freunde

besorgen   Deutsch

kalt stellen   Wohnung

verstehen   Essen

anbieten   Rechnung

Please write sentences: Sigrun and Christian are having a party – who is doing what?

kochen
aufräumen
besorgen
machen
schreiben
kalt stellen
zubereiten
bezahlen
anbieten
einkaufen
vorbereiten
bestellen

Sigrun schreibt die Einladungen.

Christian räumt die Wohnung auf.

E

Prepositions with the accusative or dative case

In lesson 5 you saw the preposition *"in"* + article. This article stands in the accusative case if movement into a new space is expressed: Ich gehe **in** den Park.   I go **to** the park.

The article stands in the dative case if there is no such movement: Ich bin **im** Park.   I'm **in** the park.

Other prepositions of this kind are *"auf"*, *"über"*, *"unter"*, *"vor"*, *"hinter"*, *"zwischen"*, *"neben"* and *"an"*. These prepositions are called *"Wechselpräpositionen"*, prepositions that change. Please always consider if there is motion from place to place or not.

in: in/into/to   **an**: at/on/up to/by   **auf**: on/on top of   **vor**: in front of/outside/before

hinter: behind   **über**: over/across/above   **unter**: under/among   **neben**: next to/beside   **zwischen**: between

The German prepositions *"an"* and *"auf"* can sometimes cause confusion, so please find a few examples for the correct use below.

Das Bild ist **an** der Wand.	The picture is **on** the wall.
Ich bin **am** Telefon.	I'm **on** the phone.
Wir wohnen **am** Bodensee.	We live **by** Lake Constance.
An der Grenze braucht man seinen Pass.	**At** the border you need your passport.
Er wartet **an** der Bushaltestelle.	He is waiting **at/by** the bus-stop.

In these examples the idea is to be "at the edge of", "the border of", "in the vicinity of" something. In contrast see the following examples:

Das Telefon ist **auf** dem Tisch.	The phone is **on** (**top of**) the table.
Das Boot ist **auf** dem See.	The boat is **on** (**top of**) the lake.

liegen / legen – stehen / stellen – sitzen / setzen

These pairs of verbs already express a sense of motion or location. The ones on the left expressing the idea of existing position require the dative, whereas the others express movement to a new position and require the accusative case.

legen: "lay" something down
    Ich **lege** das Buch auf den Tisch.
    I **put** the book on the table.

liegen: "lie", shows position
    Das Buch **liegt** auf dem Tisch.
    The book **is lying** on the table.

stellen: "stand" something up
    Ich **stelle** das Glas auf den Tisch.
    I **put** the glass on the table.

stehen: "stand" (position)
    Das Glas **steht** auf dem Tisch.
    The glass **is** (**standing**) on the table.

setzen: "sit" down
    Ich **setze** mich auf den Stuhl.

sitzen: "sit" (position)
    Ich **sitze** auf dem Stuhl.

Please tidy up this room.

Ich stelle den Teller mit Kuchen auf das
Klavier. Ich ...

Zigaretten ◆ Bücher ◆ Bild ◆ Blumen ◆
Tasche ◆ ~~Kuchen~~ ◆ Noten ◆ Hund

Pronunciation Tips

The consonants "b", "p", "d'", "t", "g", "k"

As a student it can be confusing that the same letters are pronounced differently depending on their position in the word. When the consonants *"b"*, *"d"*, or *"g"* are located at the end of a word or syllable, the sound becomes harder, so that *"b"* converts into [p], *"d"* into [t], and *"g"* into [k]. Keeping this rule in mind, pronunciation, but also writing down something that is dictated to you should become easier.

written			spoken
	ab	– a((p))	
	Lied	– Lie((t))	
	Tag	– Ta((k))	

written			spoken
	Schreibtisch	– Schrei((p))tisch,	
	Südamerika	– Sü((t))amerika,	
	Mittagessen	– Mitta((k))essen	

Please decide on the sound of the consonant.

ab ◆ abends ◆ und ◆ mittags ◆ halb ◆ rund ◆ Sonntag ◆ aber ◆ Abfahrt ◆ Geld◆
Portugiese ◆ mindestens ◆ Fußball ◆ Fahrgäste ◆ Stunde ◆ mag ◆ Freunde ◆ Bank

[b]	[p]	[d]	[t]	[g]	[k]
abends					

Cultural Corner

Writing letters

A Formal letters

As in most countries there are certain conventions regarding the layout of letters. These are concerned with the positioning of the date, address of the sender and addressee, the subject, the greeting and the ending. The letter in your workbook (B2) is a good example of a standard model. The salutation: *"Sehr geehrte Damen und Herren"* corresponds to: "Dear Sirs" or "Dear Sir/Madam". You use this title when you don't know whom exactly you are addressing. If you do know that the addressees are ladies only, use: *"Damen"*, the same applies for gentlemen: *"Herren"*. If you want to address somebody in particular, use the title and the last name, for example: *"Sehr geehrter Herr Schmidt"*, "Dear Mr. Smith", or *"Sehr geehrte Frau Schmidt"*, "Dear Mrs. Smith". Please note the ending *"-er"* for masculine and *"-e"* for feminine. You can end a formal letter with: *"Mit freundlichen Grüßen"* which is one way of saying "yours faithfully" or "yours sincerely", but there are different expressions according to the degree of formality.

B Informal letters

Here the rules are less strict. The date and, unlike in English, the place are on the top right hand corner, the salutation usually on the left. You do not write your address in the letter but on the envelope. One way of addressing people informally is: "Hallo", but there is another very common one: *"Lieber Klaus"*, or *"Liebe Carla"*. Please note the different endings for masculine and feminine. As there is a comma after the greeting, the letter then carries on wirh the first word in lower case. *"Lieber Klaus, wie geht es dir?"* Ways of signing off can be: *"Viele Grüße"* or *"Liebe Grüße"* (many kind regards), followed by "dein" for masculine names and "dein*e*" for feminine names. This corresponds to "yours".

Junge Leute von heute

A

A 1

Wie junge Leute wohnen.

Lesen Sie die Statistik und ergänzen Sie.

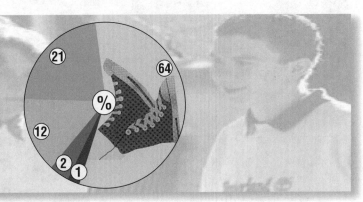

Umfrage bei 18–25-Jährigen:
Wo wohnen Sie zur Zeit?

64% – bei meinen Eltern
21% – mit meinem Lebenspartner zusammen
12% – allein
2% – in einer Wohngemeinschaft
1% – im Wohnheim

1 Fast zwei Drittel der jungen Leute in Deutschland wohnen _bei den Eltern_ .
2 Fast jeder fünfte junge Erwachsene wohnt _____ .
3 Über zehn Prozent aller jungen Erwachsenen wohnen _____ .
4 _____ wohnen zwei Prozent aller jungen Leute.
5 Einer von 100 jungen Erwachsenen wohnt _____ _____ .

> Ein Drittel wohnt
> Jeder fünfte wohnt
> Die Hälfte wohnt
>
> Zwei Drittel wohnen
> 20% wohnen

Sprechen Sie über die Statistik.

Mehr als die Hälfte der jungen Leute in Deutschland wohnt bei den Eltern.

> *Bei uns ist das ganz anders …*

>> *Das finde ich …*

A 2

Was passt zusammen? Markieren Sie.

1	das Studentenwohnheim		sie oder er macht eine Lehre
2	die Wohngemeinschaft		die Zeit an der Universität
3	die Lehre		„Ja!" – „Nein!" – „Ja!" – „Nein!" – **„Ja!"** – **„Nein!"** – **„Doch!"** …
4	die Unabhängigkeit	2	Leute wohnen zusammen, sie sind aber keine Familie.
5	die Miete		morgen, nächstes Jahr, in fünf Jahren …
6	der Streit		allein leben können, niemand fragen müssen, frei sein
7	das Chaos		was man im Monat für eine Wohnung bezahlen muss
8	die Zukunft		die Unordnung, das Durcheinander
9	arbeitslos	1	hier wohnen Studenten
10	die Alternative		man lernt einen Beruf (meistens 3 Jahre)
11	das Studium		ohne Arbeit
12	der Lehrling		eine andere Möglichkeit

Wortakzent: Welche Wörter passen?

●● _Lehre,_ _____

Hören und vergleichen Sie.
3/13

Wer sagt was? Markieren Sie.

Ich wohne in einem Studenten-
wohnheim …
Gründe: 1, _____

Das Leben in der Wohngemeinschaft
macht mir Spaß …
Gründe: 1, _____

Ich wohne mit meiner Freundin
zusammen …
Gründe: _____

Ich wohne noch bei meinen Eltern …
Gründe: _____

Ich kenne Dörte schon lange.   *Ich kenne Tina schon lange.*

sich kennen	**Wir** kennen **uns** schon lange.
sich sehen	**Wir** sehen **uns** fast jeden Tag.
sich verstehen	**Wir** verstehen **uns** gut.

Seit einem Jahr habe ich eine eigene
Wohnung …
Gründe: _____

„weil" (= Grund)

1 …, weil ich gerne mit vielen Leuten zusammen bin.
2 …, weil ich nicht gerne allein bin.
3 …, weil ich keine eigene Wohnung bezahlen kann.
4 …, weil ich studiere und noch kein Geld verdiene.
5 …, weil ich da nicht ständig aufräumen muss.
6 …, weil wir uns gut verstehen.
7 …, weil ich hier in Köln studiere.
8 …, weil ich hier viele andere Studenten kennen lernen kann.

9 …, weil ich meine Ruhe haben will.
10 …, weil da immer was los ist.
11 …, weil wir uns dann jeden Tag sehen können.
12 …, weil ich nicht gerne Hausarbeiten mache.
13 …, weil ich gerne unabhängig bin.
14 …, weil ich ganz anders als meine Eltern leben will.
15 …, weil ich da keine Rücksicht auf andere nehmen muss.

Diese Leute sind unzufrieden mit ihrer Wohnsituation. Was sagen sie? Ergänzen Sie Sätze mit „obwohl".

↔ „obwohl" (= Gegengrund)

Volker Bode:
„Ich habe eine eigene Wohnung …"

obwohl ich nicht viel Geld verdiene. _____

Antje Bittner:
„Ich wohne mit meinem Freund zusammen …"

obwohl ich gerne unabhängig bin. _____

Rita Fries:
„Ich wohne noch bei meinen Eltern …"

_____
_____

Und wie wohnen Sie? Sind Sie zufrieden? Warum (nicht)?

_____
_____

A 4 **Unterstreichen Sie die Verben in A 3 und ergänzen Sie die Regel.**

Komma ◆ Verb ◆ „weil" oder „obwohl" ◆ Verb im Infinitiv ◆ Nebensätze ◆
„Weil"-Sätze ◆ „obwohl"-Sätze ◆ Modalverb

1 Sätze mit „weil" oder „obwohl" sind _____. _____ nennen einen Grund, _____ nennen einen Gegengrund für die Aussage im Hauptsatz. Zwischen Hauptsatz und Nebensatz steht ein _____.

2 In Sätzen mit „weil" oder „obwohl" steht das _____ immer am Satzende. Gibt es zwei Verben (Modalverb und Verb im Infinitiv), dann steht zuerst das _____, dann das _____.

3 Das Subjekt steht immer direkt nach _____ .

A 5 **„Weil" oder „obwohl"? Schreiben Sie Sätze.**

1 *Kim hat wenig Zeit, → weil sie viel arbeiten muss. ↘* _____
   Kim   wenig Zeit haben   viel arbeiten müssen

2 _____
   Dean   ein neues Auto kaufen wollen   wenig Geld haben

3 _____
   Vera   schnell Deutsch lernen   in Deutschland leben und arbeiten

4 _____
   Thorsten und ich   oft Streit haben   gute Freunde sein

5 _____
   Herr Kleinschmidt   Taxifahrer sein   nicht gut Auto fahren können

6 _____
   Angela   oft ihre Familie besuchen   in Lissabon   billig fliegen können

7 _____
   Esther Schmidt   ihren Beruf lieben   beim Theater nicht viel Geld verdienen

8 _____
   Ich   viele Fehler machen   erst vier Monate Deutsch lernen

9 _____
   Du   auch viele Fehler machen   schon lange Deutsch lernen

10 _____
   Thomas   einen gebrauchten Computer kaufen   kein Geld haben

11 _____
   Julia   perfekt ... sprechen   in ... geboren sein.

12 _____
   Susanne   abends (nie) oft ... trinken   dann (nicht) gut schlafen können

3/14 **Hören Sie, vergleichen Sie und ergänzen Sie → oder ↘.**

Satzmelodie bei Hauptsatz + Nebensatz: Hauptsatz ____ und Nebensatz ____ .

Fragen und antworten Sie. Üben Sie zu zweit.

lachen	sauer sein
nervös sein	weinen
rennen	Zeitungsanzeigen lesen
	...

Zwiebeln schneiden
das Zimmer aufräumen
ein Geschenk kaufen

In der Umgangssprache sind „weil"-Sätze oft Antworten auf Fragen mit „warum". Sie stehen dann meistens allein (ohne einen Hauptsatz).

Warum weint der Mann?
  Weil er ...
Warum lacht ...
  Weil ...

Sagen oder schreiben Sie Sätze mit „weil" und „obwohl".

Mein(e) Lehrer(in)/Kind(er)/...
Unser Kurs
Ich
Herr/Frau ...

fragen/antworten/wissen/kennen/...
brauchen/...
lachen/weinen/...
telefonieren/schreiben/fernsehen/...
arbeiten/einkaufen/...
... essen/... trinken/... lieben/...

nicht
kein...
(fast) alles
(fast) nichts
(sehr) viel
(sehr) wenig
(sehr) oft
(sehr) selten
(fast) nie
(fast) immer

dürfen
können
müssen
wollen
sollen
möchte

Hunger/Geld/Geburtstag/Zeit/... haben
traurig/fröhlich/kaputt/... sein
nach Deutschland/... fahren
aus Italien/... kommen
in Deutschland/... leben/arbeiten/...
Deutsch/... lernen
... verkaufen

Ich esse viel, weil ich immer Hunger habe.
    Unsere Lehrerin fragt viel, obwohl sie schon alles weiß.

B

Wir wollten doch nur euer Bestes!

B 1

Welche Probleme gibt es hier? Markieren Sie.

☐ Unordnung   ☐ rauchen   ☐ abends weggehen   ☐ Hausaufgaben

Welche Aussage passt zu welcher Situation?

☐ 1 „Das sollst du doch nicht. Warum musstest du überhaupt damit anfangen?"

☐ 2 „Was ist denn hier los? Wolltest du nicht deine Hausaufgaben machen?"

☐ 3 „Da seid ihr ja endlich! Ihr solltet doch schon um zehn zu Hause sein."

☐ 4 „Wie sieht es denn hier aus? Konntest du nicht wenigstens das Geschirr wegräumen?"

B 2

Lesen Sie die Texte und ergänzen Sie die passenden Verben.

durfte ◆ hatte ◆ hatten ◆ konnte ◆ musste ◆ sollte ◆ war ◆ waren ◆ wollte ◆ wurde ◆ wurden

A „Ich _konnte_ nur heimlich rauchen – auf der Straße, in der Kneipe, bei Freunden. Und ich _____ dauernd aufpassen, damit meine Mutter nichts merkte. Dabei _____ mein Vater auch Raucher!"

B „Meine Eltern _____ bei mir einen richtigen Ordnungsfimmel. Dabei _____ sie selbst gar nicht so besonders ordentlich. Jeden Tag _____ ich den Müll ausleeren. Jede Kaffeetasse _____ man gleich spülen, nichts _____ rumstehen. Und dauernd _____ ich mein Zimmer aufräumen. Wenn ich mal keine Zeit dafür _____ , _____ sie immer gleich wütend. Das _____ ziemlich nervig."

C „Mit 15 _____ ich mit der Schule aufhören und nur noch Musik machen. Ich _____ ganz gut Gitarre spielen und singen. Aber meine Eltern _____ dagegen: Ich _____ Abitur machen und einen „anständigen Beruf" lernen. Also _____ ich weiter zur Schule gehen und _____ dann Techniker in einem Musikstudio. Na ja, das _____ vielleicht auch gut so, das hatte ja auch was mit Musik zu tun."

D „Mein Vater _____ ziemlich streng. Ich _____ immer spätestens um zehn Uhr abends zu Hause sein, und am Samstag um elf – auch noch mit 16. Und abends alleine weggehen, das _____ ich überhaupt nicht. Immer _____ mein älterer Bruder mitgehen. Der _____ natürlich auch keine Lust, dauernd mit mir loszuziehen. Der _____ lieber mit seinen Freunden ausgehen."

Hören Sie jetzt die Eltern. Was passt zusammen?

3/
15-20

A

B

C

D

Dialog	Bild
1	
2	
3	
4	

Hören Sie noch einmal und ergänzen Sie die Sätze.

3/
16-19

1   Markus wollte rauchen, weil das in seiner Clique _____ .
    Er durfte nicht rauchen, obwohl sein Vater _____ .
2   Vanessa sollte täglich _____ .
    Vorher durfte sie nicht _____ .
3   Stefanie und ihr Bruder durften abends nur _____ .
    Sie mussten spätestens um elf Uhr _____ .
4   Sven wollte nicht mehr zur Schule gehen und _____ .
    Aber er musste weiter zur Schule gehen, weil er _____ .

Ergänzen Sie die Endungen in den Tabellen und die Regeln.

Präteritum

Modalverben

Singular	*können*	*wollen*	*dürfen*	*sollen*	*müssen*
ich	konn___	woll___	durf___	soll___	muss*te*
du	konn___	woll___	durf___	soll*test*	muss___
sie/er/es	konn___	woll___	durf___	soll___	muss___

Plural					
wir	konn___	woll___	durf___	soll*ten*	muss___
ihr	konn___	woll___	durf*tet*	soll___	muss___
sie	konn___	woll*ten*	durf___	soll___	muss___

Höflichkeitsform: Singular und Plural

Sie	konn___	woll___	durf___	soll*ten*	muss___

„haben", „sein" und „werden"

Singular	*haben*	*sein*	*werden*
ich	hat___	war___	wurd___
du	hat*test*	war*st*	wurd*est*
sie/er/es	hat___	war___	wurd___

Plural			
wir	hat*ten*	war___	wurd___
ihr	hat___	war___	wurd*et*
sie	hat___	war___	wurd___

Höflichkeitsform: Singular und Plural

Sie	hat___	war___	wurd*en*

1   Das Präteritum der Modalverben erkennt man am
    Präteritum-Signal, dem Buchstaben   .
2   Im Präteritum sind die Endungen gleich bei
    „ich" und _____ .
    „wir" und _____ .
3   Bei „können", „müssen" und „dürfen" fallen die Umlaute
    weg: ö und ü werden zu   und   .

Für „haben", „sein" und „werden"
gilt Regel Nummer _____ .

Welche Wörter passen zum Präteritum? Unterstreichen Sie.

letztes Jahr ◆ nächste Woche ◆ früher ◆ seit zwei Wochen ◆ jetzt ◆ vor zwei Jahren ◆
morgen ◆ damals ◆ in den 70er-Jahren ◆ gestern

KURS
B

Schreiben Sie über Ihre Kindheit und Jugend.

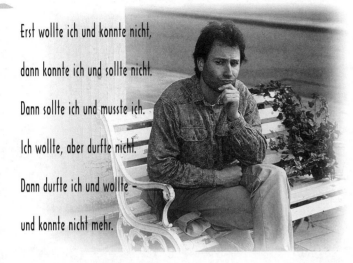

Erst wollte ich und konnte nicht,

dann konnte ich und sollte nicht.

Dann sollte ich und musste ich.

Ich wollte, aber durfte nicht.

Dann durfte ich und wollte –

und konnte nicht mehr.

Als Kind	(in die Disko) gehen
Ich	fernsehen
Wir	rauchen
Meine Schwester	(Schauspielerin) werden
Mein Bruder	aufräumen
Er/Sie	im Haushalt helfen
Meine Eltern	in Urlaub fahren
Mit 15	(nie) alleine
…	…

Bei uns war immer was los: …
Als Kind wollte ich …, weil …
Mein Bruder durfte immer …, obwohl …

Wolltest du oder musstest du?

KURSBUCH
C 1-C 4

Schreiben Sie die Sätze richtig.

1 _____

schon um sechs Uhr   zu Hause sein   du solltest doch

2 _____

zu Hause bleiben, weil   nicht kommen konnte   unser Babysitter   wir mussten

3 _____

du   nicht anrufen   konntest

4 _____

es ist noch   tut mir Leid, aber   nicht fertig

5 _____

bei den Hausaufgaben   ich musste Peter noch   helfen

6 _____

bekommen   keine Tickets mehr   wir konnten   eigentlich schon, aber

7 _____

Woche krank   eigentlich schon, aber   war die ganze   der Meister

8 _____

mein Auto   ich möchte   abholen

9 _____

wo wart   gestern Abend   ihr denn

10 _____

fertig sein   doch heute   aber es sollte

11 _____

heute nach   wolltet ihr nicht   Berlin fliegen

12 _____

schade   war wirklich gut   die Party

C 2   **Welche Sätze aus C 1 passen zusammen? Schreiben Sie vier Dialoge.**

1 ● _____
  ■ _____
  ● _____

2 ● _____
  ■ _____
  ● _____
  ■ _____

3 ● _____
  ■ _____

4 ● _____
  ■ _____
  ● _____

 3/21-24 **Hören und vergleichen Sie. Markieren Sie den Satzakzent (＿) und die Satzmelodie (↗→↘).**

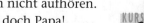 **KURS C**

C 3   **Fragen und antworten Sie oder schreiben Sie Dialoge.**

1 *Warum warst du nicht auf Veras Geburtstagsfeier?*

  früh ins Bett gehen wollen
  müde sein
  die Nacht davor nicht schlafen können
  meine Nachbarn / laut sein
  sie / Gäste haben
  meine Nachbarin / Geburtstag haben

2 *Warum warst du gestern nicht im Schwimmbad?*

  keine Zeit haben
  lange arbeiten müssen
  viele Briefe schreiben müssen
  meine Kollegin / nicht da sein
  sie / eine Erkältung haben
  sie / am Wochenende im Schwimmbad sein

  Warum warst du nicht auf Veras Geburtstagsfeier?
  Weil ich früh ins Bett gehen wollte.
  Warum wolltest du früh ins Bett gehen?

 3/25-26 **Hören und vergleichen Sie.**

C 4   **Hören und sprechen Sie.**

3/27 Kinder fragen gerne „Warum...?", und die Antworten sind oft schwierig.

● *Ich gehe nur mal kurz Zigaretten holen.*

■ *Muss das sein? Du wolltest doch nicht so viel rauchen.*

● *Ja, ja ...*

▲ *Mama, warum geht Papa jetzt weg?*

■ *Weil er Zigaretten kaufen will.*

Sie sind die Mutter. Antworten Sie bitte.

1 Er will Zigaretten kaufen.	4 Er hat viel Stress.	7 Er braucht viel Geld.
2 Er raucht so viel.	5 Er muss so viel arbeiten.	8 Die Zigaretten sind teuer.
3 Er ist nervös.	6 Er muss viel Geld verdienen.	9 Er kann nicht aufhören.
		10 ... Frag doch Papa!

 KURS C

Zwischen den Zeilen

Was passt zusammen? Hören und markieren Sie.

1 Wolltet ihr nicht nach München fahren? ___
2 Sie wollten doch einen Englischkurs machen. ___
3 Musst du nicht für die Mathearbeit lernen? ___
4 Musst du nicht am Wochenende arbeiten? ___
5 Du wolltest doch ausziehen. ___
6 Das Auto sollte doch schon gestern fertig sein. ___

a) Eigentlich schon, aber wir mussten noch ein paar Ersatzteile besorgen.
b) Doch, aber ich muss unbedingt erst die neue CD von den Backstreet Boys hören.
c) Doch, aber nur bis sechs. Am Abend habe ich Zeit.
d) Ja, aber eine eigene Wohnung ist einfach zu teuer.
e) Eigentlich schon, aber Eva musste arbeiten, und ich wollte nicht allein fahren.
f) Eigentlich schon, aber ich konnte keinen passenden Kurs finden.

3/28-33 **Hören und vergleichen Sie.**

2 **Lesen Sie die Dialoge von D 1 und ergänzen Sie die Regeln.**

> **Zwischen „Ja" und „Nein"**
> *So zeigt man Überraschung:*
>
> | Negative Fragen mit Modalverben | Zustimmung | + Erklärung |
> |---|---|---|
> | **Musst du nicht** für die Mathearbeit lernen? | _____ | , aber … |
> | **Wolltet ihr nicht** nach München fahren? | _____ | , aber … |
> | | | |
> | Aussagen mit „doch" | | |
> | **Du wolltest doch** ausziehen. | _____ | , aber … |
> | **Das Auto sollte doch** schon gestern fertig sein. | _____ | , aber … |

3 **Spielen oder schreiben Sie Dialoge.**

> den neuen Film von … anschauen ◆ mit dem Bus fahren ◆ zur Party kommen ◆ nach Hause fahren ◆
> ins Konzert gehen ◆ Deutsch lernen ◆ … besuchen ◆ aufräumen ◆ anrufen ◆
> arbeiten ◆ einkaufen gehen ◆ pünktlich sein ◆ früh ins Bett gehen ◆ fernsehen ◆ …

Wolltest du nicht den neuen Film mit Til Schweiger anschauen?
  Eigentlich schon, aber ich hatte bis jetzt noch keine Zeit.
Musst du nicht … / Müssen Sie nicht …
  Du wolltest doch … / Sie wollten doch …
    Du solltest doch … / Sie sollten doch …

KURSBUCH E 1-E 3

Der Ton macht die Musik

E 1
3/34

Hören und vergleichen Sie.

„N" spricht man im Deutschen [n] oder [ŋ].	[n]	[ŋ]
	üben	Übung
	wohnen	Wohnung
	dann	Dank
	ins	links

E 2
3/35

Hören Sie, sprechen Sie nach und markieren Sie [ŋ].

Anfang	Bank	bin	denn	denken	England
Enkel	entlang	finden	Franken	Frühling	Gang
ganz	Geschenk	Hunger	Inge	jung	Juni
klingeln	Kind	krank	langsam	links	ohne
Onkel	Pfund	Punkt	schenken	schwanger	sind
singen	trinken	und	wann	Werbung	Zeitung

Ergänzen Sie.

schreiben	sprechen
_____	[ŋk]
_____	[ŋ]

> Aber: kein [ŋ] an der Silbengrenze
> Wein|glas   An|gebot   Wohn|gemeinschaft
> Fein|kostladen   Termin|kalender

E 3
3/36

Üben Sie.

„n" = [n]
Sagen Sie „annnnnnnnn".

„ng" = [ŋ]
Sagen Sie weiter „nnnnnnnnnn" und drücken Sie mit dem Zeigefinger fest gegen den Unterkiefer:
[n] wird zu [ŋ].
Üben Sie das [ŋ] mit und dann ohne Zeigefinger.

Sagen Sie: Gang, entlang, links

Sagen Sie: den Gang entlang, dann links

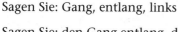

E 4
3/37-39

Hören Sie und sprechen Sie nach.

Ein Krankenbesuch
Wir klingeln bei Frank,
wollen trinken und singen,
wollen tanzen und lachen –
doch Frank ist krank.
Wir sitzen an seinem Bett und denken:
Was kann man dem kranken Frank denn nur schenken?

Globalisierung
In Frankfurt nehmen die Banken alles:
Mark, Schillinge und Franken.

Schöne Geschenke
Frühling in England.
Inge ist schwanger.
Schöne Geschenke:
Kinder und Enkel.

Jetzt reicht's: Nur noch ohne unsere Eltern!

1

Lesen Sie die Texte und markieren Sie.

Die meisten Jugendlichen wollen …

- ☐ a) nicht mehr zu Hause wohnen.
- ☐ b) ohne Eltern in Urlaub fahren.
- ☐ c) im Urlaub mit Freunden wegfahren.
- ☐ d) im Ausland leben.

Irgendwann laufen die Urlaubswünsche von Eltern und Teenagern auseinander. Wir fragten 15- bis 17-Jährige nach ihrer Meinung.

Sina Bartfeld, 15

Wir waren so oft in Griechenland und Italien. Meine Eltern wollten immer wieder alle Sehenswürdigkeiten anschauen. Wie langweilig, immer dasselbe! (Ich konnte den Text des Reiseführers fast schon auswendig.) Jetzt reicht's, ich möchte mal was anderes machen. Und zwar mit meinen Freundinnen und Freunden – ohne Erwachsene! Aber ich darf halt noch nicht …

Falko Schüssler, 17

Allein verreisen, das ist der erste Schritt in die Unabhängigkeit. Letztes Jahr durfte ich zum ersten Mal mit Freunden wegfahren. Wir waren am Gardasee. Das war toll, den ganzen Tag schwimmen und surfen. Und nicht mehr immer nur diese langweiligen Kirchen und Museen! Manchmal fehlten mir die Eltern ja schon, aber es war ein gutes Gefühl, alle Probleme allein zu lösen.

Sandra Bauer, 16

Ich würde gerne allein wegfahren, am liebsten mit meiner Freundin Monika. Aber meine Eltern sagen bei diesem Thema immer nur: „Warte, bis du achtzehn bist!" Ich bin ganz schön sauer. Das sagen sie nur, weil ich ein Mädchen bin. Mein Bruder durfte schon mit sechzehn mit Freunden wegfahren.

Kirsten Koch, 16

Sieben Jahre musste ich mit meinen Eltern in den Ferien nach Bayern fahren. Und immer nur wandern, vier bis fünf Stunden täglich! Jetzt reicht's! Ich muss mich endlich mal erholen.

Tobias Ziegler, 17
Auch wenn viele meinen, dass das in meinem Alter nicht normal ist: Ich fahre gern mit meinen Eltern weg und verstehe mich mit ihnen echt gut. Und noch ein Grund: die tollen Reiseziele. Wir waren sogar schon in Indien, Mexiko und in den USA. Aber ich würde auch in die Alpen mitfahren.

Yasmin Gouhari, 17

Auf den letzten gemeinsamen Reisen gab es ständig Streit. Ich wollte in die Disko und morgens lange schlafen. Aber ich sollte jeden Morgen früh aufstehen und gut gelaunt am Frühstückstisch sitzen. Dazu habe ich keine Lust mehr. Jetzt bin ich allein oder mit Freunden unterwegs und erhole mich so richtig, zum Beispiel in San Francisco.

Was machen die Jugendlichen gerne/nicht gerne?
Lesen Sie die Texte noch einmal und unterstreichen Sie.

2

Was stimmt für wen? Lesen Sie die Texte noch einmal und markieren Sie.

		Sina	Kirsten	Falko	Tobias	Sandra	Yasmin
1	will ohne Eltern verreisen	X					
2	darf nicht allein in Urlaub fahren	X					
3	will spät ins Bett gehen und morgens lange schlafen						
4	möchte im Urlaub nicht so viele Sehenswürdigkeiten besichtigen	X					
5	möchte im Urlaub nicht so viel laufen						
6	macht im Urlaub gern Sport						
7	fährt gern weit weg						

3

Warum wollen die Jugendlichen (nicht) mit ihren Eltern in Urlaub fahren? Diskutieren oder schreiben Sie.

Sina möchte ohne ihre Eltern verreisen, weil sie mit ihren Freunden und Freundinnen Urlaub machen will.
Und weil Sina nicht so viele Sehenswürdigkeiten besichtigen will.
Kirsten möchte ohne ihre Eltern verreisen, weil sie … und …

4

Fahren Sie gern mit Ihren Eltern/Ihren Kindern in Urlaub? Warum (nicht)?

KURSBUCH
G

Kurz & bündig

Wohnung

Wie wohnen Sie? Warum?

_____ ,

weil _____

und obwohl _____

Meine Regel für die „weil"- und „obwohl"-Sätze:

_____

_____

Präteritum von „müssen, können, wollen, dürfen, sollen"

Als Kind wollte ich _____

Mit 14 _____

Als _____

Mit _____

Meine Regel für das Präteritum der Modalverben:

_____

_____

Sie haben eine Verabredung und kommen zu spät. Was sagen Sie?

_____

Sie glauben, Ihr Kollege ist in Urlaub. Sie treffen ihn in der Kneipe. Was fragen Sie?

_____

Sie kommen zur Werkstatt. Das Auto ist nicht fertig. Was sagen Sie?

_____ ?

Präteritum von „haben" und „sein"

Ich **hatte** keine Zeit.   Ich **war** krank.

Hattest du _____ ?   **Warst** du _____ ?

Er, sie, es _____ .   Er, Sie, es _____ .

Wir _____ .   Wir _____ .

_____ ihr _____ ?   _____ ihr _____ ?

Sie _____ .   Sie _____ .

Hatten Sie _____ ?   **Waren** Sie _____ ?

Interessante Ausdrücke

_____

_____

Contrastive Grammar

The prepositions "bei", "mit"

Ich lebe **bei** meinen Eltern.	I live with my parents. (at my parents' house.)
Er wohnt **bei** einem Freund.	He lives with a friend. (He is staying at a friend's place.)
Er wohnt **mit** einem Freund **zusammen**.	He lives with a friend. (He is sharing accommodation.)
Wohnst du allein? Nein, **mit** einem Freund.	Do you live on your own? No, with a friend. (sharing)
Ich lebe **mit** meiner Schwester **zusammen**.	I live with my sister. (I share a place with my sister.)

By using different prepositions, in German you differenciate between staying at somebody's place, even if it is your parents' home (*"bei"*) and sharing a place on equal terms (*"mit"*).

What do you say?

Paul lives with his friend Steven.   *Paul wohnt mit Steven zusammen.*

You live with your aunt.   _____

Many students in Germany live with friends.   _____

Ruth still lives with her parents.   _____

Thomas wants to live with his grandparents.   _____

The adverb "gerade"

The adverb "gerade" is used to express an action that is taking place at this very moment.

Sie essen **gerade**.	They are eating (**right now**).
Ich sehe **gerade** fern.	I'm watching TV.
Er duscht **gerade**.	He is having a shower.

In German you do not have the present continous "-ing" form. Instead you use the verb in the present tense and add *"gerade"*. In a sentence that has the subject in position 1, the adverb *"gerade"* is positioned right after the conjugated verb.

What are these people doing right now?

Sie ... _____

Und er? Er ... _____

Sie ... _____

Er ... _____

What can you answer in these situations?

A friend is knocking on the door. (You are on the phone.) _Ich telefoniere gerade._

Your brother asks you for help. (You are eating.) _____

Your teacher wants an answer. (You are explaining something to a friend.) _____

The cashier wants the money. (You are looking for the money.) _____

Your flatmate wants to watch TV with you. (You are writing a letter.) _____

A neighbour wants to borrow something. (The phone is ringing.) _____

Your son wants a clean shirt. (You are turning on the washing machine.) _____

The postman rings. (You are taking a shower.) _____

Your best friend wants a chat. (You are cooking.) _____

Your partner complains about the mess. (You are in the process of tidying up.) _____

"weil" / "obwohl" sentences

Ich wohne bei meinen Eltern,	I live with my parents,
weil ich nicht gern allein bin.	**because** I don't like being alone.

In this example we combine two clauses separated by a comma. *"Ich wohne bei meinen Eltern"* is the main part of the sentence, the main clause (*"Hauptsatz"*) that could stand on its own. The clause *"weil ich nicht gern allein bin"* provides additional information, but is not a sentence on its own and therefore called the "subordinate clause" (*"Nebensatz"*). The same applies to clauses combined with *"obwohl"*.

Ich wohne bei meinen Eltern,	I live with my parents,
obwohl ich gern unabhängig bin.	**although** I like to be independent.

"Weil" (because) and *"obwohl"* (although) are conjunctions or linking words that introduce subordinate clauses. The word order in these clauses changes. The conjunction is followed by the subject and the verb is positioned at the end.

	conjunction	subject		verb
Ich wohne bei meinen Eltern,	**obwohl**	ich	gern unabhängig	bin.
	weil	ich	nicht gern allein	bin.

It is possible to position the subordinate clause at the beginning of the sentences for emphasis.

> **Weil** ich nicht gern allein bin, wohne ich bei meinen Eltern.
> **Obwohl** ich gern unabhängig bin, wohne ich bei meinen Eltern.

Please complete the sentences, using "weil" or "obwohl" and arranging the word order.

Ich kann die Wohnung nicht bezahlen, ... (Ich verdiene Geld.)
Ich kann die Wohnung nicht bezahlen, obwohl ich Geld verdiene.

Volker möchte in Köln wohnen, ... (Er studiert da.)

_____

Susanne lernt viel Deutsch, ... (Sie hat wenig Zeit.)

_____

Jochen räumt auf, ... (Er mag Hausarbeit nicht.)

_____

Studenten wohnen zusammen, ... (Es kostet nicht so viel.)

_____

Verena kauft keinen Computer, ... (Sie braucht ihn für die Arbeit.)

_____

Juan macht viele Fehler, ... (Er lernt schon zwei Jahre Deutsch.)

_____

"weil" / "obwohl" sentences with two verbs

When there are two verbs in the subordinate clause, the conjugated verb (here: the modal verb) is in the final position and the second verb stands in the infinitive form just in front of it.

> Kim hat wenig Zeit, weil sie viel **arbeiten muss**.
> Claudia sucht eine Wohnung, weil sie allein **leben will**.

The same rule applies, when the subordinate clause contains a modal verb and a separable verb.

> Ich bleibe zu Hause, weil du nicht **mitkommen willst**.
> Angela sieht nicht fern, weil sie **aufräumen muss**.
> Sebastian liest die Zeitung, obwohl er die Kinder **anziehen muss**.

Be aware of subordinate clauses that contain only one verb which is separable. In this case, separable verbs do not separate.

> Ich gehe allein, weil du nicht **mitkommst**.
> Angela sieht nicht fern, weil sie **aufräumt**.
> Sebastian liest die Zeitung nicht, weil er die Kinder **anzieht**.

Please make sentences with "weil" or "obwohl".

(ich: allein gehen) Du kommst nicht mit. _Ich gehe allein, weil du nicht mitkommst._
(noch schlafen) Peter muss mit der Arbeit anfangen.
Peter schläft noch, obwohl er mit der Arbeit anfangen muss.
(ich: traurig sein) Klaus zieht aus. _____
(Sie: aufstehen müssen) Es ist spät. _____
(Ich: den Fernseher einschalten) Ich möchte einen Film sehen.

_____

(Ich: abends viel fernsehen) Ich lese auch gerne. _____
(wir: mit dem Auto fahren) Es regnet. _____
(ich: alleine joggen) Britta möchte mitgehen. _____
(Anna: heute alleine zu Hause bleiben) Sie hat Angst. _____
(Vater: eine Geschichte vorlesen) Die Kinder wollen nicht einschlafen.

_____

(Die Kinder: auf den Spielplatz gehen) Sie sind unruhig.

_____

"Präteritum" or "Imperfekt" (the simple past tense)

This tense is called "simple" past tense because the verb consists only of one word. The use of past tenses in German is very different from the English and as a matter of fact a lot simpler. The *"Präteritum"* corresponds to a variety of English past tenses. For example: *"Ich hatte"*, which is the past form of the verb *"haben"* can be: "I had", "I used to have", "I did have". "I have had" or "I was having".

For the form of the modal verbs in this tense please check with the grammar section of your book, § 10c. For the verbs *"sein"*, *"haben"* and *"werden"* (to become) please see § 9. For practice you will find tables in your workbook (B5).

One useful rule to remember is that the 1. person and 3. person singular have the same form: *"ich hatte"*, *"er hatte"* and so do the 1. person and 3. person plural: *"wir hatten"*, *"sie hatten"*.

Modal verbs that have an *"Umlaut"* in the present tense lose it in the "Präteritum" ("können – wir konnten").

Please match the correct subjects.

Ich	konnten am Montag nicht kommen.
Der Vater	waren bei unserer Großmutter.
Die Studenten	wollte Ärztin werden.
Du	durften nicht jeden Tag Süßigkeiten essen.
Wir	solltet doch die Hausaufgaben machen.
Die Kinder	war noch sehr klein.
Antje und Volker	musste die Kinder in den Kindergarten bringen.
Ihr	konnten in den Semesterferien arbeiten.
Das Baby	solltest doch um zehn Uhr zu Hause sein.

Time references

In this lesson you will find useful expressions which are used here to refer back in time, but which can partly also be used in other tenses.

Als Kind wollte ich ...	When I was a child / as a child I wanted ...
Als Studentin konnte sie ...	When she was a student she could ...
Mit 15 durfte er ...	When he was 15 he was allowed ...
Mit 10 hattest du ...	At the age of 10 you had ...

What about you? Please complete the sentences.

2 years old, could: *Mit 2 konnte ich sprechen.* _____

5 years old, had to: _____

10 years old, was allowed to: _____

12 years old, wanted to: _____

15 years old, could: _____

18 years old, had to: _____

22 years old, didn't have to: _____

As a child, was not allowed to: _____

As a teenager, wanted to: _____

And what about your parents?

_____

_____

D

The particle "doch"

Particles are "flavouring words" which often have no translatable meaning. English tends to use more voice inflection to convey similar meaning.

You have seen one use of "doch" in lesson 3, D6.

Here *"doch"* is used in a positive answer to a negative question or statement.

> Hast du keinen Hunger? **Doch**, ich habe Hunger.

"Doch" can also show surprise. The speaker expected that the person had moved out already, but in fact the person is still living there.

> Du wolltest **doch** ausziehen!

"Doch" is also used to express emphasis. Here the particle stresses the statement.

> Das Auto sollte **doch** schon gestern fertig sein.

How is "doch" used? Please identify the intention of the following sentences.

a) positive answer to a negative question or statement.
b) surprise
c) emphasis

1 Das ist doch kein Computer. Das ist ein Monster.
2 Die Sofas dort sind doch toll!
3 Du wolltest doch nach Mallorca fliegen!
4 Das Essen sollte doch schon fertig sein.
5 Du hast kein Auto, oder? Doch, ich habe jetzt eins.
6 Ich habe doch kein Geld.
7 Hier ist kein Telefon. Doch, schau mal, dort ist eins.
8 Die Party ist doch super!

1	2	3	4	5	6	7	8
c							

The particle "eigentlich"

The particle *"eigentlich"* can stand for "in actual fact", ... (contrary to appearances).

Eigentlich wollten wir nach München fahren, aber wir brauchten noch Ersatzteile.

In actual fact, we wanted to go to Munich, but we still needed spare parts.

Please answer.

Du wolltest doch mitkommen. (arbeiten) *Eigentlich schon, aber ich muss arbeiten.*

Du solltest doch Hausaufgaben machen. (aufräumen) _____

Dein Bruder muss doch ins Bett. (heute ist Samstag) _____

Frau Ahlf wollte doch ins Theater gehen. (müde) _____

Sven muss doch Mittag essen. (keinen Hunger) _____

Christel und Peter sollten doch umziehen. (keine Möbel) _____

Du wolltest doch lesen. (fernsehen) _____

Pronunciation tips

E

The letter "n" [n] / [ŋ]

The German pronunciation of the letter *"n"* in a syllable can have two sounds.

"n" [n]			"n" nasal [ŋ]		
dann	as in the English	then	Übung	as in the English	song
sind		no	Dank		eating
nein			links		
lesen			Gang		

The nasal sound exists in front of the letters *"g"* and *"k"*. Be careful with the word *"Finger"* in German. The *"... ng ..."* is pronounced as one sound as in [ŋ] like in the English pronunciation of "singer" and not as two sounds as in the English "fin/ger" [ŋg]).
Please also listen to the tapes for lesson 8, part E.

Please read out the following words.

"n" [n]		"n" nasal [ŋ]	
wann	arbeiten	Ring	lang
Wochenende	nur	Ding	England
Kollegen	Nacht	Zeitung	unabhängig
Berlin	niemand	Geschenk	pünktlich
Zigaretten	Nachbar	Erkältung	Überraschung

Modal verbs with "o" / "ö" and "u" / "ü"

As English speakers are not used to the *"Umlaute"*, they tend not to distinguish between the letters *"o"* and *"ö"* and the letters *"u"* and *"ü"*. Particularly later on when you will learn different tenses, you will understand the importance of the distinction of these sounds.

Wir **konnten** die Hausaufgaben **machen**.   We **were able to do** the homework.
Wir **könnten** die Hausaufgaben **machen**.   We **could do** the homework (... or something else ...).

As you see this could really lead to some confusion. Therefore it is advisable to work on this phenomenon at this stage.

Please read out the following.

wir können – wir konnten   wir müssen – ich muss   wir dürfen – wir durften
sie können – sie konnten   sie müssen – er muss   sie dürfen – sie durften
ihr könnt – ihr konntet   ihr müsst – du musst   ihr dürft – ihr durftet

Now try the following.

Sie können morgen das Konto eröffnen.   Er muss Hunger und Durst haben.
Wir dürfen hier Fußball spielen.   Ihr könnt heute kommen.
Manchmal müssen wir Mutter helfen.   Österreich und Oberbayern.
Möbel kaufen macht mich müde.   Onkel Uwe macht es möglich.
Ihr müsst möglichst früh kommen.   Übermorgen können sie umziehen.

Cultural Corner

Die Wohngemeinschaft (WG) und Single-Haushalte

In the seventies the idea of living together by sharing a flat or house became very popular. This arrangement is called *"Wohngemeinschaft"* or in short *"WG"*. With the student revolt in the sixties young people wanted not only major changes in politics but were also looking for alternatives as far as life-style was concerned. The traditional family life was frowned upon and regarded as stiff and conservative. Living in shared accommodation was then to a certain degree a political move. People considered themselves as part of a commune. This motive has changed quite markedly since then and nowadays a lot of young professional people live together. The reasons for this vary, e. g. lower rent and companionship. Sometimes a WG can also be a substitute for one's family. WGs are nowadays far more accepted in society.
In big cities though, there is another trend in life-style. About 50 % of households in cities such as Hamburg and Munich are single households. An increasing number of young people wish to live on their own. The decision to start a family or to live with a partner is taken a lot later in life than it used to be.

Die Lehre

The number of students who acquire the necessary qualifications to enter university is increasing every year. Those for whom this is not the case usually decide to learn a profession. In Germany the preparatory training for a profession is called *"Lehre"* (apprenticeship) or *"Ausbildung"* (training), and usually takes three years. It consists of a combination of a practical training at the workplace and a theoretical part at a state-funded school (*"Berufsschule"*). This way the private sector as well as the state take responsibility for the students' training. Within the three years of training the apprentice usually spends one or two days a week at school, where general subjects and topics that are related to the particular profession are taught. The state sets the final exam and awards the qualifications. During these three years the apprentice receives a small income that increases year by year for the work that he/she carries out at the workplace.

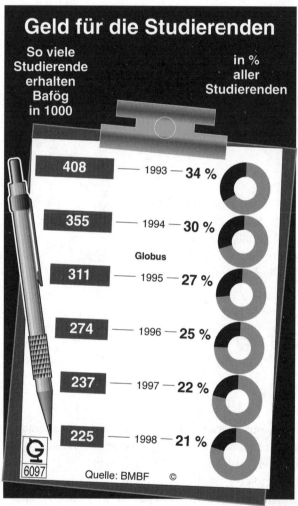

BAföG

In Germany students whose parents have a limited income have the possibility to receive financial support on a monthly basis from the state.

The law that determines the conditions of this state grant is called *"BAföG"* (*"**Bundesausbildungsförderungsgesetz**"*).

The sum received depends on the parental income, but usually is around DM 1000 per month. 50% of the money is a state subsidy, and the other 50% is in the form of an interest free loan, which has to be paid back within five years after finishing one's studies. In the whole of Germany about 21% receive support through the *"BAföG"*. An interesting fact is also that parents are obliged by law to finance their childrens' education.

The cost of living in Germany varies from East to West, but also differs from city to city. In general the West is still more expensive to live in, even if these differences are slowly leveling out. As everywhere in the world, some cities are more popular than others and therefore more costly to live in. In Germany this is true for bigger cities like Berlin, Munich etc., where this is strongly reflected in the cost of rent.

Urlaub und Reisen

Was für ein Urlaubs-Typ sind Sie?

Ergänzen Sie die passenden Verben.

fahren ◆ machen ◆ Urlaub machen

in Frankreich _____

eine Kreuzfahrt in der Karibik _____

am Plattensee in Ungarn _____

eine Wanderung im Harz _____

an den Gardasee _____

in die Berge _____

am Meer _____

Camping in Italien _____

einen Deutschkurs in Zürich _____

eine Städtereise nach Berlin _____

nach Paris _____

eine Weltreise _____

auf Mallorca _____

mit der Transsib von Moskau nach Peking _____

eine Radtour von Heidelberg nach Stuttgart _____

eine Bus-Rundreise durch Österreich _____

mit dem Auto nach Tschechien _____

Und Ihr Traumurlaub? Schreiben Sie.

Ich möchte gerne einmal _____ ,

weil. _____ .

Aber. _____ .

KURSBUCH
A 2-A 3

Lesen Sie den Test und markieren Sie A oder B. Wie viele Punkte haben Sie?

Machen Sie erst den Urlaubs-Test ...

Welches Urlaubswetter mögen Sie gerne?

A Regen. Da kann ich den ganzen Tag in meinem kleinen Appartement sitzen und aus dem Fenster sehen. *1 Punkt*

B Ich liege lieber am Strand in der Sonne. Da werde ich schön braun und erhole mich prima.
2 Punkte

****

Möchten Sie Ihr Urlaubsland kennen lernen?

A Nein. Ich will meine Ruhe haben und essen und trinken wie zu Hause – dann geht es mir gut. *1 Punkt*

B Natürlich. Neue Kulturen entdecken, Land und Leute kennen lernen – das ist doch interessant. *2 Punkte*

****

Wollen Sie gerne einige Sehenswürdigkeiten besichtigen?

A Ja sicher. Ich will doch nicht jeden Tag von morgens bis abends nur am Strand liegen oder im Hotel sitzen. Ich mache gerne mal Ausflüge an interessante Orte. *2 Punkte*

B Schlösser, Kirchen, Museen, Wasserfälle, Höhlen – das ist doch sowieso überall das Gleiche: teuer, langweilig, und viel zu viele Touristen. *1 Punkt*

****

Treiben Sie im Urlaub auch gerne etwas Sport?

A Sport? Um Gottes Willen! Ich treibe zu Hause ja auch keinen Sport – die Arbeit ist anstrengend genug. Im Urlaub will ich einfach mal nichts tun. *1 Punkt*

B Ja klar. Schwimmen, Ball spielen am Strand, Rad fahren oder laufen, das gehört doch einfach dazu. Im nächsten Urlaub will ich vielleicht mal einen Tenniskurs machen.

2 Punkte

Wie wichtig ist Ihnen ein guter Service?

A Zu Hause muss ich das ganze Jahr im Haushalt arbeiten. Im Urlaub will ich mal Zeit für Familie und Hobbys haben – da muss der Service stimmen. *2 Punkte*

B Service? Alles Quatsch. Ich kaufe selber ein, koche, spüle und putze – dann muss ich mich nicht dauernd ärgern. *1 Punkt*

****

Wie teuer darf Ihr Urlaub sein?

A Möglichst billig, am besten Sonderangebote. Viel Geld ausgeben kann ich auch zu Hause, dazu muss ich nicht wegfahren. *1 Punkt*

B Das kommt darauf an. Ich habe nur einmal im Jahr Urlaub, der darf dann schon etwas kosten. Ich suche halt gute Qualität zu einem möglichst günstigen Preis. *2 Punkte*

****

6 Punkte
Der „Mir-ist-alles-egal"-Typ.
Gehen Sie auf Nummer sicher und bleiben Sie zu Hause! Da wissen Sie wenigstens, was Sie haben. Sie wollen aber wegfahren, weil alle anderen auch wegfahren? Na gut, dann schauen Sie doch mal bei Ihrem Reisebüro vorbei. Dort gibt es immer super-günstige Sonderangebote ohne Programm und Extras – das Urlaubsziel ist Ihnen ja sowieso nicht wichtig.

7–10 Punkte
Der „Heute-hier-morgen-dort"-Typ.
Sie haben keine festen Urlaubspläne und wollen immer ganz spontan und kurzfristig buchen. Schade, dann sind die besten Angebote oft schon nicht mehr da. Warum planen Sie nicht Ihren nächsten Urlaub schon jetzt zusammen mit Ihrem Reisebüro?

11–12 Punkte
Der „Ich-möchte-immer-Super-Urlaub"-Typ.
Urlaub ist Ihnen sehr wichtig. Da muss alles stimmen: der Urlaubsort, das Wetter, der Service, die Sportangebote, das Ausflugsprogramm usw. Deshalb planen Sie seit Jahren Ihre Urlaube frühzeitig und sind Stammkunde in Ihrem Reisebüro. Weiter so!

... dann kommen Sie zu uns! **Ihr Reisebüro**

Eine Werbung des Dachverbandes der deutschen Reiseveranstalter

---

A 3

Was passt zusammen? Lesen Sie den Text noch einmal und ergänzen Sie die passenden Verben.

am Strand in der Sonne _____ einfach mal nichts _____

Land und Leute _____ einen Tenniskurs _____

Sehenswürdigkeiten _____ im Haushalt _____

Ausflüge _____ Zeit für Familie und Hobbys _____

Sport _____ Geld _____

A 4

Hören Sie die Musik und gehen Sie auf Traumreise.

3/40

1 Wohin fahren Sie? 3 Wie sieht es dort aus? 5 Was machen Sie dort ?

2 Wie reisen Sie dorthin? 4 Wo wohnen Sie? 6 Wen lernen Sie kennen?

Jetzt beschreiben Sie Ihre Traumreise.

B

In 12 Tagen um die Welt – Nordroute

B 1

Lesen Sie den Text und markieren Sie die Route auf der Weltkarte.

Weltstädte und Waikikistrand

Heute haben viele Geschäftsleute wenig Zeit und können nicht viel länger als eine Woche verreisen. Ist auch Ihre Zeit knapp? Auf unserer „kurzen Nordroute" reisen Sie in 12 Tagen einmal um die ganze Welt.

Die erste Station ist Bangkok (mit Stadtrundfahrt und Besichtigung der Tempel, Zeit zum Stadtbummel und „Dinner Cruise" auf dem Chao Phaya). Weiter führt Sie die Reise nach Tokio (Stadtrundfahrt in Tokio, Tagesfahrt zum Hakone See). Das nächste Ziel ist Hawaii – genießen Sie den Waikiki-Strand von Honolulu (mit Inselrundfahrt und Gelegenheit zum Besuch einer „Polynesischen Show" inkl. Abendessen). Weiter geht es nach San Francisco (mit Stadtrundfahrt über die Golden Gate-Brücke und Gelegenheit zum

Einkaufen). Letzte Station ist das Spielerparadies Las Vegas (mit Rundfahrt „Las Vegas bei Nacht" oder Besuch einer Show). Am letzten Tag Freizeit in Las Vegas oder Gelegenheit zum Besuch des Grand Canyon (Flug nicht im Reisepreis enthalten). Abends Rückflug nach Frankfurt (mit Flugzeugwechsel in Detroit).

Am Freitagnachmittag reisen Sie ab, eine gute Woche später sind Sie bereits wieder zurück. Sie fliegen mit Linienmaschinen und wohnen in First Class Hotels. Alle Fahrten, Besichtigungen und Vorführungen sowie die Flughafengebühren und der Transfer zu den Hotels sind im Reisepreis enthalten.

Diese Reise ist eine unserer beliebtesten Reisen: Wir starten zweimal pro Monat. Wann möchten Sie starten?

2

Was passt zusammen? Markieren Sie.

4 Stadtrundfahrt	1 mit einer großen Fluglinie fliegen
7 Besichtigung	2 vom Flughafen ins Hotel fahren
☐ Zeit zum Stadtbummel	3 in ein anderes Flugzeug umsteigen
☐ „Dinner Cruise" auf dem Chao Phaya	4 mit dem Bus durch die Stadt fahren
☐ Tagesfahrt	5 Abendessen auf einem Schiff
☐ Gelegenheit zum …	6 sehr gute Hotels
☐ nicht im Reisepreis enthalten	7 Sehenswürdigkeiten anschauen
☐ Flugzeugwechsel	8 eine kulturelle Veranstaltung
☐ Linienmaschine	9 die Stadt ansehen und einkaufen
☐ First Class Hotels	10 man muss dafür extra bezahlen
☐ Vorführung	11 den ganzen Tag unterwegs sein
☐ Transfer zum Hotel	12 gehört nicht zum Programm, macht man alleine (ohne die Reisegruppe)

KURSBUCH
B 1-B 5

3

Schreiben Sie die Sätze richtig.

	Verb 1			Verb 2
Wir	**sind**		mit dem Auto nach Italien	gefahren.
Dort	**haben**	wir	Camping am Mittelmeer	gemacht.
Wir	**hatten**		Pech:	
Viele Campingplätze	**waren**		voll.	
Wir	**mussten**		lange einen freien Platz	suchen.
Nach zwei Tagen	**sind**	wir	auf dem Campingplatz	angekommen.

1 _____

   meistens   am Strand in der Sonne   haben   gelegen   wir

2 _____

   manchmal   haben   Tischtennis und Volleyball   wir   gespielt

3 _____

   wollten   auch viele Ausflüge   wir   machen

4 _____

   aber   kaputtgegangen   ist   unser Auto

5 _____

   wir   einmal   gemacht   einen Tagesausflug mit dem Bus nach Florenz   haben

6 _____

   dort   eine Stadtrundfahrt   gemacht   haben   wir

7 _____

   besichtigt   viele Sehenswürdigkeiten   wir   haben

8 _____

   dann   gemacht   wir   einen Stadtbummel   haben

9 _____

   haben   Souvenirs   gekauft   wir

10 _____

   dort   wir   gut gegessen   haben   getrunken   und viel Wein

11 _____

   um Mitternacht   wir   dann zum Campingplatz   zurückgefahren   sind

12 _____

   schon geschlossen   der   aber   war

13 _____

   keinen Schlüssel   wir   hatten

14 _____

   im Freien   mussten   und   schlafen

15 _____

   unseren Nachbarn von unserem Ausflug   erzählt   haben   wir   am nächsten Tag

   Sie haben sehr gelacht.

Ergänzen Sie die Regeln.

gestern oder letztes Jahr ♦ Präteritum ♦ Position 2 ♦ am Ende ♦ Perfekt

Die Zeitform in diesen Sätzen nennt man Perfekt.

Im Perfekt spricht man über _____ .

Das Perfekt bildet man mit „sein" oder „haben" und dem Partizip Perfekt.

„Haben" oder „sein" stehen auf _____ , das Partizip Perfekt steht _____ .

Bei „haben" und „sein" und bei den Modalverben (können, müssen, dürfen, wollen, sollen) benutzt man

nicht das _____ , sondern das _____ .

B 4

Schreiben Sie jetzt drei bis fünf Sätze über Ihren letzten Urlaub, über einen Ausflug oder über einen Besuch.

nach ... gefahren ♦ eine Städtereise/Weltreise/Radtour/... gemacht ♦ in ... Urlaub gemacht ♦
... gespielt ♦ einen ...kurs/Tagesausflug nach ... gemacht ♦ ... besichtigt ♦ ... besucht ♦
... gegangen ♦ ... eingekauft ♦ ... gegessen ♦ ... getrunken ♦ ... zurückgefahren

KURS
B 6

B 5

Ergänzen Sie das Partizip Perfekt.

Das Partizip Perfekt bildet man bei den regelmäßigen Verben mit der Vorsilbe „ge-"
und der Endung „-t" oder „-et". Beispiel: „kaufen" – „gekauft" oder „warten" – „gewartet".
Der Wortakzent ist immer auf dem Verbstamm: k<u>au</u>fen – gek<u>au</u>ft.

suchen _____   spielen _____   arbeiten _____

machen _____   lernen _____   packen _____

Bei trennbaren Verben steht „ge-" nach der trennbaren Vorsilbe: Beispiel: „auf-räumen" – „aufgeräumt".
Der Wortakzent ist immer auf der trennbaren Vorsilbe: <u>auf</u>räumen – <u>auf</u>geräumt.

abspülen _____   abholen _____   einkaufen _____

aufwachen _____   mitmachen _____   anschauen _____

Nicht-trennbare Verben mit einer Vorsilbe (Beispiel: be-, er-, ver-, ...) bilden das Partizip Perfekt ohne „ge-".
Beispiel: „besichtigen" – „besichtigt".
Der Wortakzent ist immer auf der zweiten Silbe: bes<u>i</u>chtigen – bes<u>i</u>chtigt.

besuchen _____   erzählen _____   verpassen _____

bestellen _____   ergänzen _____   verkaufen _____

3/41 **Hören Sie, vergleichen Sie und sprechen Sie nach.**

6

Was passt zusammen? Ergänzen Sie.

Das Partizip Perfekt von „unregelmäßigen Verben" endet auf „-en", z.B. „fahren" – „gefahr**en**". Oft ändert sich auch der Verbstamm, z.B. „fl**ie**gen" – „gefl**o**gen".

~~geblieben~~	geschlafen	gelesen	gefunden	gefahren	gezogen
genommen	gegessen	getroffen	gesehen	gesessen	getrunken
abgeflogen	angekommen	eingeladen	eingeschlafen	losgegangen	mitgefahren
umgezogen	begonnen	bekommen	erschienen	vergessen	verloren

abfliegen	_____	finden	_____	umziehen	_____
ankommen	_____	lesen	_____	vergessen	_____
beginnen	_____	losgehen	_____	verlieren	_____
bekommen	_____	mitfahren	_____	ziehen	_____
bleiben	*geblieben*	nehmen	_____		
einladen	_____	schlafen	_____		
einschlafen	_____	sehen	_____		
erscheinen	_____	sitzen	_____		
essen	_____	treffen	_____		
fahren	_____	trinken	_____		

> **Lerntipp:**
> Lernen Sie diese unregelmäßigen
> Verben immer mit dem Partizip
> Perfekt, also
> schlafen – **geschlafen**
> nehmen – **genommen**
> usw.

8/42

Markieren Sie den Wortakzent. Dann hören Sie, sprechen Sie nach und vergleichen Sie.

7

Was passt zu welchen Verben? Ergänzen Sie.

Die meisten Verben bilden das Perfekt mit „haben". Einige Verben bilden das Perfekt mit „sein", z.B.

~~fahren~~ ◆ ~~aufwachen~~ ◆ erscheinen ◆ fallen ◆ fliegen ◆ aufstehen ◆ gehen ◆ losgehen ◆		
einschlafen ◆ kommen ◆ umsteigen ◆ umziehen		

Veränderung / Wechsel

1 Ort → Ort   *fahren,* _____
   (z.B. Frankfurt → Bangkok) _____
   _____

2 Zustand → Zustand   *aufwachen,* _____
   (z.B. schlafen → wach sein) _____

> **Lerntipp:**
> Lernen Sie diese Verben so:
> aufwachen – **ist** aufgewacht
> fahren – **ist** gefahren
> usw.

> Das Perfekt mit „sein" steht auch bei: sein – ich bin gewesen",
> „bleiben – ich bin geblieben".

Ergänzen Sie die richtigen Verbformen.

Kein Geld zurück bei Pannen-Urlaub

Urlaub ist die schönste Zeit des Jahres.
Aber nicht immer. Mancher Urlaub wird schnell zum Pannen-Urlaub.
Oft fängt der Ärger schon am Flughafen an.

Uta S. aus Gießen wollte für drei Wochen nach Australien fliegen. Sie war schon im Flugzeug, da mussten alle wieder aussteigen:

warten Maschinenschaden! „Wir _____ 13 Stunden am Flughafen

abfliegen _____ , erst dann _____ wir _____ .

verpassen In Bangkok _____ wir den Anschlussflug _____

ankommen und _____ einen Tag zu spät in Sydney _____ .
Ich war fix und fertig.“

Manchmal ist das Hotel eine Baustelle. Ehepaar W. aus Trier: „Die Handwerker _____ von morgens bis abends

arbeiten _____ . Der Lärm war unerträglich. Wir _____ dann

zurückfliegen nach einer Woche wieder _____ und

machen _____ zu Hause Urlaub _____ .“

Oder man hat ungebetene Gäste: „Überall im Bungalow waren Ameisen“, sagt Gerda P. aus Neustadt. „Und nachts _____ die

fallen Kakerlaken von der Decke auf mein Bett _____ . Es war

schlafen furchtbar. Ich _____ zwei Nächte nicht _____ ,

ausziehen dann _____ ich _____ .“

Oft stimmen die Angaben im Katalog nicht. Thorsten F. aus Bad Homburg: „Das ‚Fünf-Sterne-Hotel‘ war eine Bruchbude, da wollte ich nicht bleiben. Zum Glück _____ ich schnell ein neues Hotel

finden _____ und _____ gleich am nächsten Tag

umziehen _____ .“

Auch Rudolf B. aus Darmstadt hatte Pech: Das „Hotel mit Schwimmbad“ hatte gar kein Schwimmbad, zum Strand waren es zehn Kilometer, und der war rappelvoll. „Ich _____ zweimal oder

fahren dreimal zum Strand _____ . Die meiste Zeit _____

sitzen ich im Hotel _____ oder _____ ins einzige Café am

gehen Ort _____ – ein toller Badeurlaub!“

Zum Ärger im Urlaub kommt dann noch der Ärger mit dem Reiseveranstalter: Meistens bekommt man kein oder nur wenig Geld zurück.

Deshalb: Achten Sie auf das ‚Kleingedruckte‘ und bitten Sie ihr Reisebüro, alle wichtigen Angaben zum Urlaub schriftlich zu bestätigen – damit's kein Pannen-Urlaub wird!

Zwischen den Zeilen

Was passt zusammen? Markieren Sie und ergänzen Sie die Artikel.

Erinnern Sie sich noch? Bei zusammengesetzten Wörtern (Komposita: Nomen + Nomen) bestimmt das zweite Wort den Artikel.

3	*die*	Busreise
		Reiseziel
		Reisebüro
		Reisebericht
		Reisebeschreibung
		Reiseprospekt
		Geschäftsreise
		Reiseveranstalter
		Gruppenreise
		Reisegruppe
		Reisebus

1 organisiert Reisen
2 hier bucht man Reisen
3 Reise mit dem Bus
4 so war die Reise
5 Reise in einer Gruppe
6 Bus für Reisen
7 hier findet man Angebote
8 kein Urlaub, sondern Arbeit
9 so steht die Reise im Prospekt
10 dort fährt man hin
11 sie reisen zusammen

Komposita	=	1. Wort (Spezialwort) (besondere Bedeutung)	+	2. Wort (Grundwort) (allgemeine Bedeutung; Artikel!)
die Busreise	=	Bus	+	Reise
	heißt:	Reise	mit dem	Bus
der Reisebus	=	Reise	+	Bus
	heißt:	Bus	für	Reisen

Komposita: Manchmal ergänzt man noch Buchstaben zwischen den Nomen, z.B.: Gruppenreise, Geschäftsreise.

Bilden Sie die passenden Wörter mit „-reise" oder „Reise-".

1 das Gepäck für eine Reise — *das Reisegepäck*
2 eine Reise durch Europa
3 der Preis einer Reise
4 der Leiter/die Leiterin einer Reise
5 eine Reise um die Welt
6 die Versicherung für das Reisegepäck
7 die Pläne für eine Reise

Was bedeuten die Wörter? Markieren Sie.

1 Reisefieber
    a) nervös vor einer Reise
    b) krank auf einer Reise

2 Reiseführer
    a) Reiseleiter
    b) Buch über ein Land / eine Stadt

3 Reiseapotheke
    a) Medikamente für die Reise
    b) Apotheke in Touristenzentren

4 Hochzeitsreise
    a) Reise zu einer Hochzeitsfeier
    b) Reise direkt nach der Hochzeit

KURSBUCH
C 3

Lesen Sie die Texte und ergänzen Sie die Namen auf der Karte.

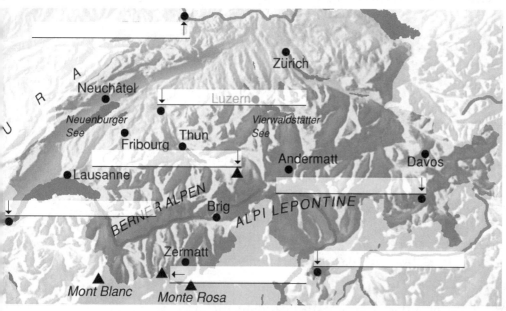

Die Schweiz ist ein Bundesstaat im Alpengebiet. Nachbarländer sind die Bundesrepublik Deutschland, Frankreich, Italien, Österreich und Liechtenstein. In der Schweiz spricht man vier Sprachen: Deutsch, Französisch, Italienisch und Rätoromanisch. Die Schweiz besteht aus 25 Kantonen und ist ein Industrieland (Maschinenbau, Uhren, Lebensmittel, Chemie) und internationales Finanzzentrum. Ein wichtiger Wirtschaftszweig ist der Tourismus. Die Hauptstadt Bern liegt zentral zwischen Lausanne und Zürich, weitere Großstädte sind Basel (im Nordwesten, an der Grenze zu Deutschland und Frankreich) und Genf (im Südwesten, an der Grenze zu Frankreich). Die höchsten Berge sind der Monte Rosa (4634 m), das Matterhorn (4478 m, bei Zermatt) und das Finsteraarhorn (4274 m, zwischen Brig und Andermatt). Touristische Attraktionen sind auch die Seen: der Genfersee, der Zürichsee, der Vierwaldstätter See (zentral gelegen bei Luzern), der Thuner See und der Neuenburger See (im Westen der Schweiz). International bekannte Urlaubsorte sind z.B. Davos und St. Moritz im Osten der Schweiz und Lugano im Süden (an der italienischen Grenze).

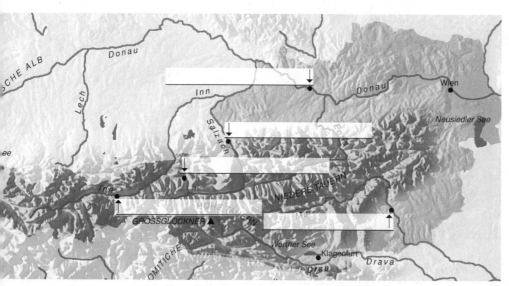

Auch die Republik Österreich ist ein Bundesstaat im Alpengebiet. Die neun Bundesländer sind (von Westen nach Osten) Vorarlberg und Tirol, Salzburg und Oberösterreich im Norden und Kärnten und die Steiermark im Süden, Niederösterreich, das Burgenland im Osten und die Hauptstadt Wien im Nordosten. Nachbarländer sind die Schweiz und Liechtenstein im Westen, Italien und Slowenien im Süden, Ungarn im Osten, die Tschechische Republik im Nordosten und die Bundesrepublik Deutschland im Norden. Höchster Berg ist der Großglockner (3797 m). Am größten ist die Bevölkerungsdichte in Ober- und Niederösterreich. In der Hauptstadt Wien leben über 20% der Gesamtbevölkerung. Weitere Großstädte sind Innsbruck (in Tirol), Salzburg (an der deutschen Grenze), Linz (an der Donau, etwa 100 Kilometer nordöstlich von Salzburg) und Graz (in der Steiermark). Wichtigster Wirtschaftszweig ist der Tourismus: Österreich steht auf Platz 6 der beliebtesten Reiseländer. Weltbekannte Urlaubsziele sind Wintersportzentren wie Kitzbühel (in Tirol, zwischen Innsbruck und Salzburg), die Seenlandschaft des Salzkammerguts (zwischen Salzburg und Linz), der Wörthersee in Kärnten (bei Klagenfurt) und natürlich die „Mozartstadt" Salzburg sowie die traditionsreiche Hauptstadt Wien. Auch für die Bundesdeutschen ist Österreich das beliebteste Ferienziel. Kein Wunder: Hier spricht man Deutsch.

Arbeiten Sie zu zweit und vergleichen Sie Ihre Eintragungen.

2 **Dies ist die Lösung des Kreuzworträtsels. Ergänzen Sie die passenden Fragen.**

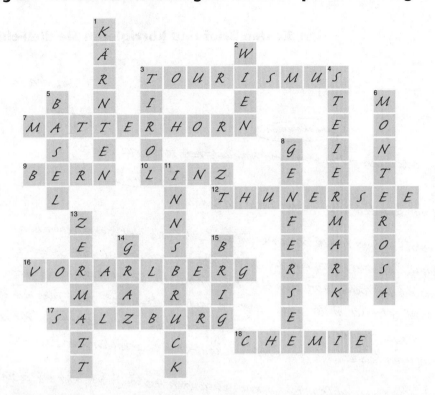

Welche
Welcher   ...
Welches

Stadt ◆ Berg ◆ See ◆ Bundesland ◆ Industrie ◆ Wirtschaftszweig

Waagerecht

3 *Welcher Wirtschaftszweig* ist für die Schweiz und Österrreich besonders wichtig?
7 *Welch* ist 4478 m hoch?
9 _____ ist die Hauptstadt der Schweiz?
10 _____ an der Donau liegt etwa 100 km von Salzburg entfernt?
12 _____ liegt zwischen Thun und Interlaken?
16 _____ liegt im Westen von Österreich?
17 _____ liegt an der deutschen Grenze südöstlich von München?
18 _____ ist in der Schweiz wichtig?

Senkrecht

1 _____ liegt im Süden von Österreich?
2 _____ ist die Hauptstadt Österreichs?
3 _____ liegt neben Vorarlberg?
4 _____ liegt neben Kärnten?
5 _____ liegt im Nordwesten der Schweiz?
6 _____ ist der höchste in der Schweiz?
8 _____ liegt im Südwesten der Schweiz?
11 _____ liegt in Tirol?
13 _____ liegt beim Matterhorn?
14 _____ liegt in der Steiermark?
15 _____ liegt bei den Berner Alpen?

Machen Sie ein ähnliches Rätsel mit sechs bis zehn Fragen zu Ihrem Land. Tauschen Sie die Rätsel im Kurs und lösen Sie das Rätsel.

KURSBUCH
D 6

Eine Italienerin in Wien

Lesen Sie den Brief und korrigieren Sie die Fehler.

Wien, den 14. Juli 1998

Liebe Tante Ute,

ich bin ~~gekommen~~ gut in Wien | (angekommen) und habe ~~gelernen~~ schon viel Deutsch | (gelernt).

Ich kann ~~schreiben~~ sogar schon Briefe auf Deutsch | (schreiben)!

Ich wohne hier bei Familie Broschek. Sie sind sehr nett, aber sie sprechen kein Italienisch. Ich muss sprechen den ganzen Tag Deutsch, das ist ganz schön anstrengend! Die Tochter von Broscheks heißt Franziska. Sie ist 17 Jahre alt, genau wie ich. Sie lernt Italienisch in der Schule, aber sie kann sprechen noch nicht sehr gut. Wir gehen jeden Tag zusammen zur Schule. Gestern in der Italienischstunde ich war die Lehrerin. Die anderen Schülerinnen haben gefragt, und ich habe erzählen über das Leben in Italien.

Nachmittags ich und Franziska machen zusammen Hausaufgaben oder wir besuchen die Freundinnen von Franziska. Ein Mädchen, Mela, hat eingeladet mich für nächsten Sonntag. Wir wollen fahren zum Neusiedler See. Gestern Franziska hat gemacht mit mir einen Stadtbummel und gezeigt mir den Stephansdom und das Hundertwasser-Haus. Dann wir sind gegangen in das berühmte Café Central – Cappuccino heißt hier Melange. Am Samstag wir haben begesucht alle das Schloß Belvedere und haben gemacht einen Spaziergang im Schloßpark. Am Sonntag wir waren im Prater (Wiener Tivoli) und haben gefahrt mit dem Riesenrad. Abends sind wir meistens zu Hause. Wir spielen Karten („Schnapsen"), hören Musik oder lesen. Nächste Woche wir wollen besuchen das Musical „Tanz der Vampire".

Ich bleibe noch 2 Wochen hier in Wien, bitte schreibt mir mal!
Bussi (so sagt man hier „un bacione"), deine
Simona

Liebe Franziska,
dies ist ein Brief an meine Tante Ute in Freiburg. Du weißt, ich habe Probleme mit dem Perfekt und mit den Sätzen. Bitte korrigiere die Fehler (aber nur die Grammatik, nicht den Inhalt!) Bis heute Abend. Bussi, Simona

Arbeiten Sie zu zweit und vergleichen Sie Ihre Korrekturen.

Hören Sie das Telefongespräch und markieren Sie.

1 Wer ruft an?
   a) Franziska bei Simona
   b) Simona bei Franziska

2 Wo ist Franziska?
   a) im Wienerwald
   b) zu Hause

3 Wo ist Simona?
   a) im Wienerwald
   b) in der Disko

4 Warum ist Franziska sauer?
   a) Weil Simona immer mit Tobias weggeht.
   b) Weil Simona im Brief viele Fehler gemacht hat.

3   **Was ist wirklich passiert? Ergänzen Sie die richtigen Formen der Verben.**

gehen ◆ sein ◆ warten ◆ anrufen ◆ korrigieren ◆ fahren ◆ machen ◆ haben ◆ finden

1   Franziska _____ heute den ganzen Nachmittag auf Simona _____ .

2   Simona _____ mit Tobias im Wienerwald. Sie hat erst spät bei Franziska _____ .

3   Am Samstag _____ Simona und Tobias nach Grinzing _____ ,

    und am Sonntag _____ Simona mit Tobias im Prater.

4   Gestern _____ Simona nicht in der Schule. Sie _____ mit Tobias einen Stadtbummel _____ .

5   Am nächsten Sonntag wollen Simona und Tobias zum Neusiedler See _____ .

6   Nächste Woche wollen Simona und Tobias zu einem Rockkonzert _____ .

7   Franziska _____ sauer, weil Simona nie Zeit _____ und immer mit Tobias weggeht.

8   Franziska _____ den Brief von Simona _____ und viele Fehler _____ .

4   **Was passt zusammen? Hören Sie noch einmal das Telefongespräch und ergänzen Sie.**

3/43

s̶a̶u̶e̶r̶ ◆ doof ◆ peinlich ◆ interessant ◆ lustig ◆ verliebt ◆ viele (Fehler) ◆ gut ◆ anstrengend

echt   *sauer,* _____

total   _____

irre   _____

> Neben „sehr", „wirklich" oder „ganz" gibt es noch viele andere „Verstärker", vor allem in der Umgangssprache. Das sind oft Modewörter: heute „in", morgen schon wieder „out".

5   **Franziska erzählt ihrer Freundin Lena von Simona und Tobias.**

Sie sind Franziska. Schreiben Sie einen Brief an Lena.

Wien, den 15. Juli 1998

Liebe Lena,

ich habe zur Zeit Besuch, bei uns wohnt eine italienische Austauschschülerin. Sie heißt Simona und ist 17 Jahre alt, genau wie ich. Sie spricht schon sehr gut Deutsch und sie ist sehr nett. Leider hat sie hier einen Jungen aus meiner Schule kennen gelernt und ist total verliebt. Immer geht sie mit ihm weg, nie hat sie Zeit für mich. Gestern ...

Der Ton macht die Musik

F 1
3/44

Hören und vergleichen Sie.

„S" spricht man im Deutschen [s] oder [z].	SSSSS	[s] hart (stimmlos)	[z] weich (stimmhaft)
		Kurs	Kurse
		es ist	Sommer
		wir essen	Gemüse
		eine große	Dose

F 2
3/45

[s] oder [z]? Hören Sie, sprechen Sie nach und markieren Sie.

	[s]	[z]		[s]	[z]		[s]	[z]
Sonntag		X	Dis-ko			dreißig		
ist	X		Mu-sik			Pässe		
außerdem	X		Glas			heißen		
alles			Saft			rei-sen		
sehr			Tasse			Bus		
gün-stig			Suppe			bis		
super			etwas			sofort		
Preis			Kä-se			Schluss		

Ergänzen Sie die Regeln.

	Beispiel
„ss" spricht man immer [s]	*Tasse*
„ß" spricht man immer [ ]	_____
„s" am Wortanfang spricht man immer [ ]	_____
„s" am Wortende spricht man immer [ ]	_____
„s" im Wort spricht man ∣ am Silbenanfang [ ]	_____
∣ am Silbenende [ ]	_____

F 3

Wo spricht man [z]? Markieren Sie.

Haus	Häu_s_er	_s_auer	als	al-so	fließen
sicher	sechs	hast	Sachen	be-suchen	begrüßen
sehen	Süden	Os-ten	Kur-se	Kasse	Glä-ser
Sams-tag	selten	Flüsse	lei-se	le-sen	Sonne
Reis	Re-ise	süß	Pau-se	interessant	Sofa

3/46

Hören Sie, sprechen Sie nach und vergleichen Sie.

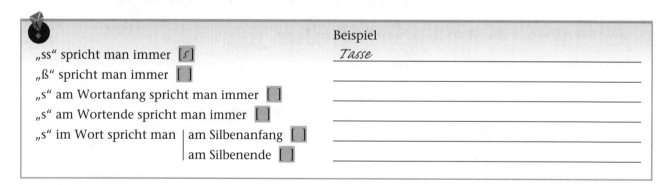

Hören Sie, sprechen Sie nach und markieren Sie [ʃ].

3/47

S̲chule	Mensch	Flasche	zwischen	schenken	falsch
S̲port	spät	spielen	spannend	sprechen	Spanisch
Bei-s̲piel	Ge-spräch	Haus-par-ty	Aus-spra-che	Pros-pekt	Ver-spä-tung
S̲treit	Stunde	still	Stock	stark	Stück
ver-s̲teht	flüs-tern	be-stimmt	Fest	lus-tig	an-stren-gend
Sprech-stun-de	Herbst-spa-zier-gang	Gast-spiel	Schau-spie-ler	Geburtstagsparty	

Ergänzen Sie die Regeln.

_____ spricht man immer	[ʃ]	**Beispiel** *Schule, Deutsch* _____
_____ am Wort- oder Silben**anfang** spricht man fast immer	[ʃp]	_____
_____ am Wort- oder Silben**anfang** spricht man fast immer	[ʃt]	_____

Die Silbenmarkierungen finden Sie im Wörterbuch.

Ge·burts·tags·kind *das; hum*; j-d, der gerade Geburtstag hat: *Das G. lebe hoch!*

Sprech·stun·de *die*; -e-e bestimmte Zeit, in der man z. B. zu e-m Arzt, zu e-m Lehrer o. Ä. gehen kann, um sich e-n Rat zu holen od. um Fragen zu stellen

Üben Sie.

3/48

stimmloses „s" = [s]
Sagen Sie „Passs".

„sch" = [ʃ]
Sagen Sie weiter „ssssssss" und machen Sie die Lippen rund (wie bei „o"):
[s] wird zu [ʃ]
Sagen Sie „schschschschsch" – „schschsch" – „sch" – „sch"…

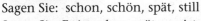

Sagen Sie: schon, schön, spät, still
Sagen Sie: Es ist schon spät – es ist schön still …

Hören und sprechen Sie.

3/ 49-50

Flüster-Gespräch
Es ist so still.
Pssst!
Was ist los?
Sei still!
Wieso?
Psst!
Was soll das?
Mist!
Was ist Mist?
Musst du ständig sprechen?
  Sei jetzt still!

Wieso soll ich nicht
  sprechen?
Psst!
Sag' sofort wieso!
Schade.
Was ist schade?
Es war so schön still hier, bis
  du …
Bis ich was?
Bis du das gesagt hast.
Bis ich was gesagt habe?
Bis du gesagt hast: Es ist so still.

Anstrengende Gastspiele
Gestern Stuttgart, heute Münster,
morgen Bus bis Düsseldorf.
Reisen – spielen – spielen – reisen,
Samstag, Sonntag Spätvorstellung.
Starke Stücke, schlechte Stücke,
zwischen Stücken süße Stücke.
Sehr selten sind Pausen,
die Stimme schon leise,
aber die Kasse stimmt.

KURSBUCH
G 1-G 3

Rund um den Urlaub

Wie Herr Sebastian Gsangl zum ersten Mal richtig Urlaub gemacht hat.

(nach einer Geschichte von Reiner Zimnik)

Lesen Sie die Überschrift. Was für ein Mensch ist „Herr Sebastian Gsangl"? Was meinen Sie?

Geburtsort ◆ Wohnort ◆ Alter ◆ ledig/verheiratet ◆ Beruf ◆ Hobbys ◆
Was mag er (nicht)? ◆ Was kann er (nicht)? ◆ Was wollte er schon immer einmal?

Lesen Sie den Anfang der Geschichte.

Alle wollen immer nur das tun, was alle anderen auch tun. Aber Gottseidank gibt es noch ein paar Leute, die das tun, was sie selbst tun wollen.
Zum Beispiel Herr Sebastian Gsangl aus München. Er liebt seine Heimat, geht jede Woche zum Stammtisch in die Kneipe um die Ecke, trifft dort seine „Spezeln", trinkt Bier, spielt Karten und redet über Gott und die Welt. Nur im Sommer sitzt er oft alleine in der Kneipe und trinkt sein Bier – seine Spezeln sind dann weit weg, in Urlaub. Sebastian Gsangl wollte nie in Urlaub fahren und ist sein ganzes Leben lang gerne in München geblieben. Hier war er rundum glücklich und zufrieden …

Was passt zusammen? Markieren Sie.

1	„… das tun, was alle anderen auch tun."	___ alles ist in Ordnung, es gibt keine Probleme
2	„… das tun, was sie selbst wollen."	_1_ „Alle Leute fahren in Urlaub, da fahre ich natürlich auch in Urlaub."
3	„… redet über Gott und die Welt."	___ fester Termin mit Freunden in der Kneipe
4	„… Stammtisch in der Kneipe um die Ecke"	___ Individualisten
5	„… rundum glücklich und zufrieden."	___ spricht über alle Themen

Lesen Sie weiter.

… Im Herbst sind seine Spezeln dann alle wieder da, mit braungebrannten Gesichtern, und erzählen vom Urlaub. „Warum fährst du denn nie in Urlaub?", sagen sie. „Fahr doch mal in den Süden, da hast du von morgens bis abends Sonne." „Du musst einfach mal was für deine Gesundheit tun." „Andere Länder kennen lernen – das ist doch interessant." „Jeder Mensch braucht mal Abwechslung." Jedes Jahr hat Sebastian Gsangl die guten Ratschläge seiner Freunde ignoriert. Aber schließlich haben sie ihn doch überredet.

Was für einen Urlaub wird Sebastian Gsangl wohl machen? Ergänzen Sie.

Urlaubsart: _____   Verkehrsmittel: _____

Urlaubsland: _____   Aktivitäten: _____

G 4

Sebastian Gsangl bereitet seine Reise vor. Was macht er alles? Lesen Sie weiter.

… Und so ist Sebastian Gsangl dann zum ersten Mal in seinem Leben in ein Reisebüro gegangen und hat einen Flug in den Süden gebucht – eine vierzehntägige Reise nach Sizilien für 1400 Mark. Das war zwar etwas teuer, aber dafür auch „alles inklusive, mit allem Komfort".

Sebastian Gsangl ist ein gründlicher Mensch. Er hat sofort mit den Reisevorbereitungen angefangen. Zuerst ist er in die Buchhandlung gegangen und hat groß eingekauft: einen Italienführer, ein Buch über die Pflanzen- und Tierwelt Siziliens, ein Sprachbuch „Italienisch für Touristen" und eine Landkarte von Süditalien. Und zu Hause hat er dann gelesen. „Um Gottes Willen", sagte er zu sich selbst, „überall Schlangen und Skorpione, das Wasser darf man nicht trinken, und die Hitze kann man kaum aushalten." Gleich am nächsten Tag ist er in die Apotheke gegangen: Schmerztabletten, Halspastillen, Magentropfen, Fieberzäpfchen, Hautsalben und Sonnencreme – eine ganze Tüte voll.

Alle Bekannten haben ihm gratuliert: „Sie haben's gut. Sie können in den Süden fahren und müssen nicht hierbleiben, in diesem schrecklichen Regenwetter." Aber Sebastian Gsangl hatte keine Probleme mit dem Regen – er hatte einen Regenschirm.

Dann hat er Abschied genommen. Jeden Tag ist er durch die Straßen gegangen, hat alle Sehenswürdigkeiten besucht und sogar Fahrradausflüge in die Umgebung gemacht. „Was für ein schönes Land", sagte er dann traurig, „und ich muss es bald verlassen!"

Ohne Begeisterung hat er schließlich die Koffer gepackt und sich zum letzten Mal in sein bequemes Bett gelegt. In dieser Nacht ist er lange nicht eingeschlafen und hat viel nachgedacht – über Sizilien, über München, über seine Spezeln und vor allem über sich selbst.

Was hat Sebastian Gsangl alles gemacht? Markieren Sie.

☐ eine Reise gebucht	☐ Medikamente gekauft	☐ sich von München verabschiedet
☐ den Pass verlängert	☐ Geld gewechselt	☐ die Koffer gepackt
☐ Bücher gekauft	☐ einen Regenschirm gekauft	☐ seine Mutter besucht

G 5

Arbeiten Sie zu zweit und schreiben Sie die Geschichte zu Ende.

Vergleichen Sie Ihre Geschichten. Dann lesen Sie das Original. Welcher Schluss gefällt Ihnen am besten?

Der Jet nach Sizilien ist pünktlich abgeflogen, am nächsten Morgen um 9.40 Uhr. Die Maschine war ziemlich voll – aber nicht ganz voll. Es gab einen leeren Platz. Sebastian Gsangl war zufrieden. Er durfte jetzt für 1400 Mark zu Hause Urlaub machen. Er ist spät aufgestanden, hat Frühstück gemacht und ist dann mit dem Fahrrad an die Isar gefahren. Der Himmel war blau, es war angenehm: nicht zu heiß und nicht zu kalt. Sebastian Gsangl hat sich an der Isar ins Gras gelegt – ganz ohne Schlangen – und eine Virginia geraucht. „Was für ein schönes Land", sagte er zu sich selbst, „was für ein schöner Urlaub!"

G 6

3/51

Hören und antworten Sie.

Sie fahren in Urlaub. Ihre Freundin gibt Ihnen Ratschläge, aber Sie haben alles schon gemacht.

Beispiele:

● *Drei Wochen Urlaub – du hast es gut! Da hast du ja jetzt viel zu tun: Du musst alles vorbereiten.*

■ *Ich **hab'** schon alles vorbereitet.*

● *Du hast schon alles vorbereitet? Wirklich? Hast du denn schon deinen Chef gefragt? Du musst rechtzeitig Urlaub nehmen.*

■ *Ich **hab'** schon Urlaub genommen.*

● *Du hast schon Urlaub genommen. Gut. Und was ist mit deinem neuen Pass? Musst du den nicht noch abholen?*

■ *Den **hab'** ich **schon** abgeholt.*

● *Den hast du schon abgeholt. Aha. Vergiss nicht zur Bank zu gehen: Du musst Peseten holen.*

■ *…*

alles vorbereiten	(Medikamente) kaufen	einen (Reiseführer) besorgen	die (Nachbarn) fragen
Urlaub nehmen	das (Auto) reparieren		Mutter besuchen
den (Pass) abholen	einen Spanischkurs machen	den (Reiseführer) lesen	die (Koffer) packen
Peseten holen		die (Karte) anschauen	

Kurz & bündig

Urlaub – die schönste Zeit des Jahres

Wo und wie möchten Sie gerne einmal Urlaub machen?

_____

_____

Das Perfekt

Wann benutzt man das Perfekt?

_____

Wo stehen die Verben?

_____

Perfekt mit „sein"

ist gekommen, _____

Das Partizip Perfekt

regelmäßige Verben

gewartet, _____

trennbare Verben

eingekauft, aufgestanden, _____

nicht-trennbare Verben

besucht, vergessen, _____

Verben auf „-ieren"

telefoniert, _____

wichtige unregelmäßige Verben

gegangen, _____

Wortakzent: Welche Partizipien passen hier?

●••   ●•••   ●•   ●•

_____   _____   _____   _____

_____   _____   _____   _____

Was haben Sie an Ihrem letzten Geburtstag / in Ihrem letzten Urlaub gemacht?

_____

_____

Mein Heimatland

Wo? Geografie? Hauptattraktionen? Spezialitäten? ...

_____

_____

_____

Interessante Ausdrücke

_____

_____

_____

Contrastive Grammar

The Perfect Tense

Use and Structure

3–8

In lesson 8 you saw the use of the modal verbs and the verbs *"sein"* and *"haben"* in the simple past or imperfect tense, the *"Präteritum"*. Apart from these verbs, in German conversation and letter-writing most other verbs are generally found in an alternative past tense, the perfect tense (*"Perfekt"*). Apart from certain subtleties you will encounter later on, the difference between the two German past tenses is largely one of usage, not meaning. Disregarding these subtleties and certain regional variations for the time being, the usage is very broadly as follows:

Präteritum: in formal written narrative and for *"sein"*, *"haben"* and the modal verbs in conversation and letter-writing.

Perfekt: in conversation and letter-writing (except *"sein"*, *"haben"* and the modal verbs).

Please have a look at these perfect-tense sentences from lesson 9:

Ralf **ist** sofort **eingeschlafen**.	Ralf **fell asleep** immediately.
Wir **haben** schon eine Stadtrundfahrt **gemacht**.	We **have** already **been** on a tour of the city.
Ich **habe** zwei Nächte nicht **geschlafen**.	I **did** not **sleep** for two nights.
Am Montag **sind** wir dann nach Tokio **geflogen**.	On Monday we then **flew** to Tokyo.
Hast du schon einmal in den USA **eingekauft**?	**Have** you ever **been shopping** in the USA?

You can see:

Unlike the *"Präteritum"*, the *"Perfekt"* is formed from two elements. A conjugated present tense form of *"haben"* or *"sein"*, agreeing with the subject, appears where one would normally expect the conjugated verb (position 2, or for "yes/no-questions" position 1, in a main clause). An unchanging past participle of the verb being put into the past tense stands at the end of the clause. The two verbal elements form a bracket around other elements in the clause, a phenomenon you have encountered already with both separable and modal verbs.

Just like the *"Präteritum"*, the German perfect tense is used to express completed actions in the past and corresponds to a wide variety of English past forms, cf. "fell asleep", "did (not) sleep", "have been (on a tour)".

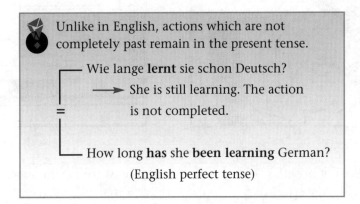

Unlike in English, actions which are not completely past remain in the present tense.

— Wie lange **lernt** sie schon Deutsch?
→ She is still learning. The action is not completed.
=
— How long **has** she **been learning** German?
(English perfect tense)

Please form sentences in the perfect tense.

gekauft / eine CD mit deutscher Musik / Zuerst / ich / habe / .
Zuerst habe ich eine CD mit deutscher Musik gekauft.

bin / jede Woche / gegangen / Ich / zum Deutschkurs / . _____

gelernt / viel / Hast / du / ? _____

habe / viel / Natürlich / gelernt / ich / . _____

ihr / gestern / Was / gemacht / habt / ? _____

das Perfekt / Wir / haben / gelernt / . _____

hat / uns / Der Lehrer / gegeben / viele Hausaufgaben / . _____

wir / Dann / in die Kneipe / sind / gegangen / . _____

haben / dort / Wir / gesprochen / nur Deutsch / . _____

habe / und deutsches Bier / getrunken / gegessen / Ich / eine Packung Erdnüsse / .

_____

nach Hause / gekommen / sehr spät / Bist / du / ? _____

aber ich / Ja, / die Hausaufgaben / habe / trotzdem / gemacht / .

_____

B3–8

Verbs with "sein"

Most verbs in German form the perfect tense with *"haben"*. The verbs which use *"sein"* should be learnt as exceptions.

They are intransitive (i.e. not followed by an accusative object) verbs which express a change. This change may be one of two sorts:

B7 Change of place

Alice **hat** in Berlin Deutsch gelernt.

(**No change** of place)

Alice **ist** (von Berlin) nach Stuttgart gefahren.

(**Change** of place)

Alice **hat** in Stuttgart gearbeitet.

(**No change** of place)

37   change of state

Alice	Alice	Alice	Alice	Alice
hat geschlafen.	**ist** aufgewacht.	**hat** Kaffee getrunken.	**ist** wieder eingeschlafen	**hat** wieder geschlafen.
(**No change** of state)	(**Change** of state: She was asleep before)	(**No change** of state)	(**Change** of state: She was awake before)	(**No change** of state)

Change of state is one which learners often have difficulty in determining correctly. Admittedly, any action results in a change of state of some sort. If one sleeps, one's energies are restored and one is less tired. However, logical by-products like this do not count and, consequently, *"schlafen"* uses *"haben"* rather than *"sein"*. The change of state has to be explicitly stated in the verb (e.g. to fall asleep *"einschlafen"*), rather than being merely an implicit result.

"sein" and *"bleiben"*

Two verbs which do not denote any change of place or state nevertheless form the perfect tense with *"sein"*. One is the verb *"bleiben"* (to stay/remain), although it denotes the absolute opposite of any change. The other is *"sein"* itself (to be), although, as we noted at the outset, the perfect tense form of this verb is usually avoided and replaced by the shorter *"Präteritum"* form.

Ich **bin** zu Hause geblieben.   I stayed at home.
Ich **bin** krank gewesen.   I was ill.
(More normally: Ich war krank.)

Learner Tip

As most verbs form the perfect tense with *"haben"*, learn the verbs taking *"sein"* as exceptions.

schlafen   **hat** geschlafen
einschlafen   sie **ist** eingeschlafen

Perfect tense with "haben" or "sein"? Please sort the verbs into the appropriate columns.

Perfect tense with *"haben"*	Perfect tense with *"sein"*		
	change of place	change of state	other
arbeiten	kommen	passieren	sein

arbeiten ◆ schreiben ◆ ~~passieren~~ ◆ aufstehen ◆ gehen ◆ fliegen ◆ ankommen ◆ bekommen ◆
bleiben ◆ trinken ◆ werden ◆ ~~kommen~~ ◆ lesen ◆ fahren ◆ spielen ◆ sprechen ◆ ~~sein~~ ◆
verstehen ◆ essen ◆ machen ◆ treffen ◆ aufwachen ◆ wohnen ◆ schwimmen ◆ nehmen

Please complete the sentences with the appropriate form of "haben" or "sein".

■ Hallo, Michael. _____*Bist*_____ du gestern Abend in die Disko gegangen?

● Ja, meine Freundin Helga _____ mitgekommen. Wir _____ lange getanzt. Danach _____ wir eine Pizza gegessen. Leider _____ ich zu viel Bier getrunken und Helga _____ nach Hause gefahren. Und du? Was _____ du gemacht?

■ Ich _____ zu Hause geblieben. Meine Eltern _____ gekommen und wir _____ ferngesehen. Aber der Film war langweilig und ich _____ fast vor dem Fernseher eingeschlafen. Dann _____ Helga angerufen. Wir _____ lange telefoniert!

● Wirklich? Ihr _____ lange telefoniert ... Wie interessant!

B5–6

Formation of the Past Participles

The past participles of regular verbs are generally formed by adding to the verb stem the prefix *"ge-"* and the ending *"-t"* (or *"-et"* for verbs with a stem ending in *"t"* or *"d"*).

regular verb	⟶	past participle		
		prefix	verb stem	ending
machen	⟶	ge	mach	t
kaufen	⟶	ge	kauf	t
wohnen	⟶	ge	wohn	t
arbeiten	⟶	ge	arbeit	et

The past participles of irregular verbs are unpredictable and you will gradually learn them by heart. You will find a list of these verbs and their participles in most dictionaries. The word list at the back of your coursebook also indicates the participles of irregular verbs. Most end in *"-en"*, although a handful end in *"-t"*. The prefix *"ge-"* is followed by a verb stem which may be unchanged, slightly changed or completely changed.

irregular verb	→	past participle		
		(un)changed		
		prefix	verb stem	ending
kommen	→	ge	komm	en
trinken	→	ge	trunk	en
gehen	→	ge	gang	en
bringen	→	ge	brach	t

Separable verbs, both regular (e.g. *"einkaufen"*) and irregular (e.g. *"aufstehen"*), have past participles written as one word, with the *"ge-"* positioned between the verbal prefix and the rest of the word. As in the infinitives, their past participles are voiced with the stress on the verbal prefix.

einkaufen	→	ein**ge**kauft
aufstehen	→	auf**ge**standen

Inseparable verbs, both regular (e.g. "besuchen") and irregular (e.g. "verstehen"), have no "ge-" in their past participles though. Like the infinitives, the past participles are voiced with the stress on the root verb.

besuchen	→	besucht
verstehen	→	verstanden

Verbs ending in *"-ieren"* (e.g. *"telefonieren"*, *"passieren"*, *"studieren"*, *"reparieren"*, *"fotografieren"*, *"diskutieren"*) are regular verbs which also form their past participles without the *"ge-"* prefix. Once again, the past participles are voiced with the stress as in the infinitive form.

"-ieren" verb	→	past participle		
		prefix	verb stem	ending
studieren	→		studier	t
passieren	→		passier	t
reparieren	→		reparier	t

Who's stolen the "Tangram" manuscripts from Hueber publishers?

Please help the three prime suspects with their perfect-tense alibis, using the verbs below once only. One verb is missing. So one suspect will get stuck for words. That's our culprit!

Polizist: „Was haben Sie gestern Abend gemacht?"

Gauner 1:„Ich _bin_ ins Kino _gegangen_ . Der Film _hat_ um 20.00 Uhr _angefangen_ . Niemand _____ mich _____ , weil es im Kino dunkel war. Aber ich war da. Ich _____ Popcorn _____ und Cola _____ . Nach dem Film _____ ich mit dem Bus gleich nach Hause _____ ."

Gauner 2: „Ich _____ meine Großmutter im Krankenhaus _____ . Ich _____ ihr Blumen _____ . Sie war sehr müde und _____ bald _____ . Deshalb _____ ich ein Buch _____ . Ich _____ das Krankenhaus erst um 22.00 Uhr _____ . Ehrlich!"

Gauner 3: „Ich _____ zu Hause _____ . Meine Freundin aus London war da. Wir _____ Musik _____ und Karten _____ . Nachher _____ sie die Hausaufgaben für ihren Deutschkurs _____ , und ich _____ mit meiner Mutter _____ ."

gehen ◆ spielen ◆ einschlafen ◆ trinken ◆ hören ◆ verlassen ◆ besuchen ◆ anfangen ◆ essen ◆ bleiben ◆ telefonieren ◆ lesen ◆ fahren ◆ schenken ◆ sehen ◆

The interrogative article "welch-"

welch- corresponds to the English interrogative "which". It is declined like the definite article and asks for a specific person or thing. For that reason the definite article or a specific proper name is always used in the answer.

Singular:

die Stadt	**Welche** Stadt ist die Hauptstadt von Deutschland?	Berlin.
	Which city is the capital of Germany?	Berlin.
der Fluss	**Welcher** Fluss fließt durch Köln?	Der Rhein.
	Which river flows through Cologne?	The Rhine.
das Buch	**Welches** Buch ist dies?	"Tangram".
	Which book is this?	"Tangram".

Plural:

die Sprachen	**Welche** vier Sprachen spricht man in der Schweiz?	Deutsch, Französisch, Italienisch und Rätoromanisch.
	Which four languages are spoken in Switzerland?	German, French, Italian and Rhaeto-Romanic.

Have a go at the "Tangram" test! Please complete the questions with the appropriate form of "welch-" and supply the answers.

Welche Fragen haben ein Verb auf Position 2? _Die W-Fragen._

_____ Sprache spricht man in Portugal? _____

_____ vier deutschen Buchstaben existieren nicht im englischen Alphabet? _____

Chile, Brasilien, Marokko, Argentinien: _____ Land ist nicht in Südamerika? _____

Die/der/das: _____ Artikel ist das? _____

essen, helfen, sprechen, gehen: _____ Verb hat keinen Vokalwechsel e - i im Imperativ? _____

Der Schreibtisch, die Einbauküche, das Bett, der Kühlschrank: _____ Möbel sind nicht für die Küche? _____

unter, zu, in, auf: _____ Präposition steht immer mit dem Dativ? _____

_____ Tag kommt nach Freitag? _____

_____ Monat ist zwischen Februar und April? _____

_____ Verbform steht immer im Wörterbuch? _____

_____ sechs Verben sind Modalverben? _____

_____ neun Präpositionen sind Wechselpräpositionen? _____

be-, ver-, ein-, auf- : _____ Vorsilben sind nicht trennbar? _____

Der Hauptsatz/der Nebensatz: _____ Satz hat ein konjugiertes Verb am Ende? _____

_____ Wald in Baden-Württemberg ist ein beliebtes Ausflugs- und Urlaubsziel? _____

Deutsch, sprechen, Fußball, lernen: _____ Wort passt nicht? _____

Pronunciation Tips

S, ss, ß, z

At the beginning of a word or syllable, a German "s" is pronounced like the English "z" in the words "zoo" or "ozone". The phonetic symbol is [z].

A common mistake is for learners to voice it like the English "s" in "sea" or "sit". The following words are similar. You should hear a difference though between the s-sounds of the English and German cognates:

Saturday	Samstag	(zamstag)
Sunday	Sonntag	(zonntag)
seven	sieben	(zieben)
six	sechs	(zechs) (NOT "sex"!)
super	super	(zuper)

Please now try reading the following words aloud:

Käse   Saft

Suppe   Sabine

besuchen   lesen

Gläser   sehr

At the end of a word or syllable however, the German "s" is indeed pronounced with more of a snakelike hiss, like the English "s" in "sea" or "sit".

This is also how the German "ss" and "ß" are always pronounced. The phonetic symbol is [s].

Please try reading the following words aloud:

Bus   das   ist

Disko   dreißig

Wasser   müssen

heißen   Glas

Compare two English words: zip [z] – sip   [s]

Now compare two German words: zwei Gläser [z] – ein Glas [s]

The German "z" is pronounced like the English "ts" in the word "cats" or the name "Betsy".
The phonetic symbol is [ts].

Please try reading the following words aloud:

zwanzig; Kerze; zu; zwei; Zahnarzt; Katze; Zahl

Please try reading these numbers aloud, paying particular attention to [z], [s] and [ts]:

27 (siebenundzwanzig); 36 (sechsunddreißig);

276 (zweihundertsechsundsiebzig); 701 (siebenhunderteins)

Cultural Corner

The 16 Länder

Germany is a federal republic (*"Bundesrepublik"*) made up of 16 states known as *"Länder"*. These are not mere provinces, but states endowed with their own powers and constitutions. They are responsible for education, policing, regional planning and cultural policy, but they also administer the bulk of centrally enacted federal legislation. This they influence and participate in through the Federal Council, a second chamber whose members are not directly elected but delegated by the 16 Länder governments. Germany has always been divided into states, although the map has changed over the centuries. After the Second World War the country's largest state, Prussia, was permanently dissolved by the Allies. Eleven states (*"Baden-Württemberg"*, *"Bayern"*, *"Hessen"*, *"Rheinland-Pfalz"*, *"Saarland"*, *"Nordrhein-Westfalen"*, *"Niedersachsen"*, *"Schleswig-Holstein"* and the city states *"Berlin"*, *"Hamburg"* and *"Bremen"*) were reestablished or newly founded in the West. After the collapse of the centralised East German regime in 1989, the states of former times were restored there too. With reunification on 3. October 1990, these five so-called "new" states (*"Sachsen"*, *"Sachsen-Anhalt"*, *"Brandenburg"*, *"Mecklenburg-Vorpommern"* and *"Thüringen"*) acceded to the Federal

Republic of Germany. At the same time, East Berlin, the former capital of the German Democratic Republic, was merged with West Berlin, and the reunited city was designated as the country's new capital.

Austria and Switzerland are also federal states. Austria has 9 *"Länder"*, whilst Switzerland is made up of 26 *"Kantone"*.

"Perfekt"/"Präteritum"

Regional diversity is very much a feature of the German language too.

In South German for example, the verbs *"liegen"*, *"sitzen"* and *"stehen"* are conjugated with *"sein"* in the perfect tense, although they do not express any change of place or state. The North German *"ich habe … gelegen / gesessen / gestanden"* should however be learnt as normal usage.

In general, the perfect tense particularly preponderates in South Germany, Austria and Switzerland. In North Germany, even in conversation, the *"Präteritum"* is by no means uncommon.

„Gesundheit!" – „Danke."

A

Der Körper

1 **Malen Sie die Bilder zu Ende. Überlegen Sie: Wie heißen die Körperteile auf Deutsch? Sagen Sie die Wörter laut.**

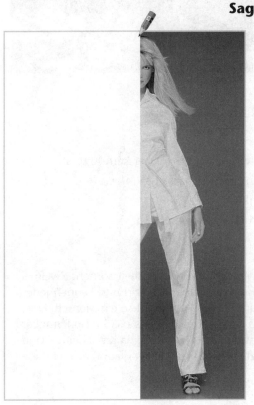

2 **Suchen Sie die Körperteile und schreiben Sie die Namen zu den passenden Bildern.**

```
T  B  A  U  C  H  H  S  T  A
U  R  Ü  C  K  E  N  C  R  R
A  U  G  E  N  F  N  H  D  M
B  S  L  A  I  D  M  U  N  D
U  Z  H  R  E  N  N  Y  F  H
S  K  J  L  L  G  E  T  U  A
E  H  L  B  Ü  E  P  E  ß  X
N  A  S  E  O  R  W  R  L  R
T  N  A  I  K  O  P  F  A  E
K  D  A  N  D  V  O  H  R  W
```

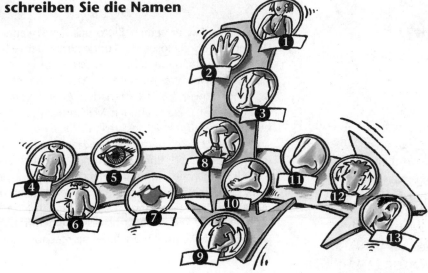

1 _____
2 _____
3 _Bein_____
4 _Bauch_____
5 _____

6 _____
7 _____
8 _____
9 _____

10 _____
11 _____
12 _____
13 _____

A 3   **Schreiben Sie Wortkarten zu den neuen Wörtern und üben Sie zu zweit.**

A 4   **Lesen Sie den Anfang des Textes und markieren Sie.**

Ein Hypochonder

     a) ... geht nie zum Arzt.

     b) ... ist ein Mensch, der alle Krankheiten kennt, obwohl er kein Arzt ist.

     c) ... ist eigentlich gesund, aber er meint immer, dass er krank ist.

     d) ... wird nicht alt, weil er immer krank ist.

     e) ... ist ein Mensch, der immer Angst hat, dass er krank ist.

Mein Freund Martin

Hypochonder sind Menschen, die sich pausenlos um ihre Gesundheit sorgen. Zweimal täglich haben sie eine neue Krankheit. Sie wissen alles über Medizin und kennen jedes Symptom mit seinem lateinischen Namen. Martin, mein Freund, ist so ein Mensch. Er ist gut informiert: Unter seinem Bett liegt „Knaurs Großes Gesundheitslexikon. Ein Ratgeber für Gesunde und Kranke". Er sieht alle Fernsehsendungen zum Thema Krankheiten. Und eins ist sicher: Am Tag nach einer Sendung sitzt er beim Arzt, weil er glaubt, dass er diese Krankheit hat.

 Lesen Sie den Text weiter und markieren Sie die Krankheiten und Körperteile.

Lerntipp:

Üben Sie „Wörter suchen" mit unbekannten Texten: Lesen Sie die Überschrift und die ersten Sätze. Jetzt kennen Sie das Thema und können raten: Welche Wörter sind vielleicht noch im Text? Machen Sie eine Liste mit 5–10 Wörtern. Lesen Sie schnell weiter und suchen Sie „Ihre Wörter" im Text. Wenn Sie ein Wort im Text finden, unterstreichen Sie das Wort. Wie viele Wörter haben Sie gefunden? Sind Sie ein(e) gute(r) Hellseher(in)?

Stündlich misst er seinen Blutdruck, und wenn er ein bisschen <u>Husten</u> hat, ist seine Diagnose: <u>Tuberkulose</u> oder Lungenkrebs. Ich achte nicht so sehr auf meine Gesundheit. Wenn ich huste, dann habe ich Husten. Und wenn die Nase läuft, fällt mir nur Schnupfen ein. Vor zwei Wochen hatte Martin Bauchschmerzen. „Ich habe bestimmt ein Magengeschwür." Wir hatten den Abend vorher gefeiert und zu viel gegessen, kein Wunder also ... Das habe ich Martin gesagt, aber er war trotzdem beim Arzt. Der Arzt konnte keine Krankheit feststellen. Vor einer Woche hatte Roland Herzschmerzen. „Das sind die ersten Zeichen für einen Herzinfarkt.", sagte er. Aber auch diesmal konnte der Arzt nur sagen: „Sie sind kerngesund!" Ich glaube, er hatte Liebeskummer: Seine Freundin hatte ihn verlassen, da tut das Herz eben weh. Einmal in sechs Jahren war Martin wirklich krank, eine schlimme Grippe mit Fieber, Husten und Kopfschmerzen. Martin ist diesmal nicht zum Arzt gegangen. „Das hat keinen Sinn mehr. Es ist nicht nur eine Erkältung", sagte er. Seine Diagnose: Endstadium einer Krankheit, von der ich noch nie gehört habe. Gute Freunde können manchmal ganz schön schwierig sein!

Sortieren Sie.

„normale" Krankheiten	„schwere" Krankheiten
Husten	Tuberkulose

KURS
A 3

A 5

Was passt?

haben ◆ sein ◆ (ein)nehmen ◆ werden

1 müde   *sein / werden*
2 krank
3 gesund
4 Kopfschmerzen
5 Tabletten
6 Bauchschmerzen   10 zu dick
7 Rückenschmerzen   11 hohen Blutdruck
8 Tropfen   12 eine Erkältung
9 Medikamente   13 Übergewicht

Er ist krank.

Sie wird krank.

A 6

Geben Sie gute Ratschläge. Spielen oder schreiben Sie kleine Dialoge.

ein paar Probleme	ein paar Ratschläge
immer müde	weniger rauchen, nicht so lange fernsehen, …
zu dick	mehr Sport treiben, Gymnastik machen, …
nervös	ein Glas Sekt trinken, keinen Alkohol trinken, …
immer zu spät	keine Süßigkeiten essen, viel Obst essen, …
Termine vergessen	alles aufschreiben, …
…schmerzen	einen lauten Wecker kaufen, einen Kalender kaufen, …
Fieber haben	eine Tablette nehmen, im Bett bleiben, …
nicht einschlafen können	zum Arzt gehen, Medikamente nehmen, …
zu wenig schlafen	nicht so viel arbeiten, mal Urlaub machen, …
Angst vorm Fliegen haben	mehr schlafen, früher aufstehen, früher ins Bett gehen, …
…	…

Ich habe oft furchtbare Kopfschmerzen! ↘ Was soll ich nur tun? ↘
Du solltest weniger rauchen, → keinen Alkohol trinken → und nicht so lange fernsehen. ↘
…

A 7

Sortieren Sie die Antworten.

Seit zwei, drei Wochen. ◆ Danke. ◆ Hier unten. Aua! ◆ Nein. Ich weiß nicht, warum ich Rückenschmerzen habe. ◆ Ja, das stimmt. Ich arbeite am Bildschirm. ◆ Auf Wiedersehen. ◆ Ja, ich werde es versuchen. ◆ Na ja, ich möchte schon mehr Sport machen, aber viel Zeit bleibt da nicht. ◆ Guten Tag, Herr Doktor!✔◆ Sekretärin. ◆ Mein Rücken tut so weh.

Der Arzt sagt.

Guten Tag, Frau Rathke!

Was fehlt Ihnen denn?

Seit wann haben Sie denn die Schmerzen?

Haben Sie etwas Schweres gehoben?

Wo tut es denn weh?

Was sind Sie denn von Beruf.

Die Patientin antwortet.

Guten Tag, Herr Doktor!

Und da sitzen Sie wahrscheinlich viel.

Treiben Sie denn in Ihrer Freizeit Sport?

Tja, dann sollten Sie viel schwimmen und

spazieren gehen …

Gut. Kommen Sie in zwei Wochen noch mal

vorbei. Dann sehen wir weiter.

Auf Wiedersehen und gute Besserung.

 **Hören und vergleichen Sie. Markieren Sie den Satzakzent (_)
und die Satzmelodie (↗↘→).**

A 8 **Schreiben und spielen Sie einen Dialog.**

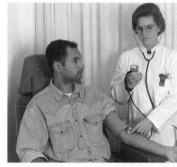

Tag!   *Tag!*
Was fehlt Ihnen denn?   *Ich habe … / Mein … tut weh.*
…   *…*
Ich verschreibe Ihnen ein Medikament gegen …   *…*
Sie sollten …   *…*
…   *…*
Wiedersehen!   *Wiedersehen!*

B

Gesunde Ernährung

B 1 **Was essen und trinken Sie gern?**

Hamburger
Cola

Schreiben Sie Ihr Lieblingsessen und Ihr Lieblingsgetränk auf einen Zettel.

Legen Sie die Zettel auf einen Tisch und nehmen Sie einen neuen.
Raten Sie: Wer hat den Zettel geschrieben?

2

Wer muss auf seine Figur und auf seine Gesundheit achten? Was meinen Sie?

> Fotomodell ◆ Arzt ◆ Politiker ◆ Gesundheitsminister ◆ Schauspieler ◆ Friseur ◆
> Verkäufer ◆ Journalistin ◆ Fotografin ◆ Pilot ◆ Sportler ◆ Lehrer ◆ ...

Ein Fotomodell muss <u>schlank</u> sein, → sonst bekommt es keine <u>Auf</u>träge. ↘

Ein Ge<u>sund</u>heitsminister sollte ein gutes <u>Bei</u>spiel geben → und gesund und <u>fit</u> sein. ↘

Wie<u>so</u>? ↗ Das sind doch <u>auch</u> nur Menschen. ↘ Sie haben doch die<u>sel</u>ben Probleme

wie <u>al</u>le Leute. ↘

...

3

Wie finden Sie Diäten?

Viele Leute machen eine Diät, weil

Bei uns in

Ich kenne   *Diät .*

Man darf nur   *essen und kein*

Ich mache   *Diät, weil*

Ich finde Diäten

4

Lesen Sie die Zitate. Wie finden die Prominenten Diäten?

1

Elizabeth **Taylor**, 67
Schauspielerin

„Wenn Diäten das Versprechen vom schnellen Abnehmen überhaupt einlösen, dann sind sie meistens ungesund; und am Ende wirkt man kaputt und um gut zehn Jahre älter."

3

Marie-Luise **Marjan**, 58
Schauspielerin

„Früher habe ich mich zu dick gefühlt, heute bin ich mit meinem Körper im Einklang. Es ist alles da, wo es hingehört. Jede Frau muss ihren Typ finden und dazu stehen. Diäten sind jedenfalls unnormal."

2

Cindy **Crawford**, 33
Fotomodell

„Ich ernähre mich konsequent nach einem extra für mich berechneten Plan: viel Fisch, Gemüse, Salat, Obst, kaum Fett."

4

Helmut **Kohl**, 68
Politiker

„Fasten bedeutet mehr, als nur Pfunde zu verlieren. Fasten ist für mich eine Phase der Besinnung, um Geist und Körper fit zu machen. Es bekommt mir hervorragend."

Lesen Sie das Interview und ergänzen Sie die Sätze.

Herr Dr. Kundel, was fällt Ihnen zum Thema Diät ein? ✓◆ Herr Dr. Kundel, wir danken Ihnen für das Gespräch. ◆ Was sagen Sie als Wissenschaftler zu den neuen Light-Produkten? ◆ Welche Tipps können Sie den Leuten, die abnehmen wollen, noch geben? ◆ Wieso können Diäten dick machen?

Schlanker, schöner, gesünder durch Diäten?

Jedes Jahr im Frühling sind die Frauenzeitschriften voll mit Diäten. Und immer wieder werden neue Diät-Formen entwickelt und propagiert. Hier nur einige Beispiele:

DIE HOLLYWOOD-DIÄT
7 PFUND WEG IN 5 TAGEN

Nehmen Sie leicht und schnell ab mit der Null-Diät

DIE NEUE Brigitte-Diät
Fünf Teilnehmer berichten über ihre Erfahrungen

Gesund abnehmen mit Dr. Meiers Fertiggerichten

Tee-Saft-Fasten
Dauerhaft gesund und schlank

Der Sommer kommt!
Machen Sie mit bei der neuen
SCHLANKHEITS-DIÄT
und Ihr Bikini passt wieder!

Das Ergebnis: Fast alle Diäten helfen nichts. Und was noch schlimmer ist: Kaum ist eine Diät auf dem Markt, gibt es die ersten Warnungen von Wissenschaftlern: „Vorsicht! Die XY- Diät macht krank." „Herzinfarkt nach Hungerkur!" …
Wer weiß da noch, was gut und was schlecht für die Gesundheit ist! Deshalb befragten wir Dr. Volker Kundel, Ernährungswissenschaftler aus Göttingen.
Die FRAU: *Herr Dr. Kundel, was fällt Ihnen zum Thema Diät ein?*
Misserfolg. Bei Kanzler Kohl ist deutlich zu sehen, dass man damit von Jahr zu Jahr dicker werden kann.

Die FRAU: _____
Ganz einfach: Wenn der Körper weniger Energie bekommt, geht er auch sparsamer mit der Energie um. Der sogenannte „Grundumsatz" wird niedriger. Wenn man zwei bis drei Wochen weniger isst und danach wieder ganz normal, nimmt man ganz schnell wieder zu. Der Körper ist noch darauf eingestellt, mit wenig Nahrung auszukommen. Er braucht länger, um sich auf die neuen Portionen einzustellen.

Die FRAU: _____
Also Light-Produkte helfen nicht, wenn man sich falsch ernährt. Außerdem glauben viele, sie können dann mehr essen, weil die Lebensmittel ja weniger Kalorien haben. Am besten kauft man erst gar keine Light-Produkte, die sind noch dazu teurer als normale Lebensmittel.

Die FRAU: _____
Am wichtigsten ist: Wer abnehmen will, muss das ganz langsam tun. Man sollte, wie schon gesagt, die Ernährung umstellen: weniger Fett und mehr Obst, Salat, Gemüse, Nudeln und Kartoffeln. Und was noch wichtig ist: Man sollte sich kein Lebensmittel total verbieten.

Die FRAU: _____

Lesen Sie den Text noch einmal und markieren Sie die Adjektiv-Formen.

Ergänzen Sie die passenden Formen und die Regel.

	Komparativ	Superlativ	
schlimm	schlimm**er**	am schlimm**sten**	die/der/das schlimm**ste**
viel	**mehr**	am meisten	die/der/das meiste
wenig		am wenig**sten**	
dick			
gut			
wichtig			
lang			
schön			
gesund		am gesündesten	
schlank			
teuer		am teuersten	
sparsam			
niedrig			
langsam			
schnell			

Adjektive kann man steigern. Man bildet den _____ meistens mit der Endung „-er".
Vergleicht man Menschen oder Sachen, benutzt man den _____ + „als".
Es gibt zwei Superlativ-Formen:
1 _____ + Endung „-(e)sten" (ohne Nomen),
2 die/der/das + Adjektiv + Endung _____ (mit Nomen).

Hören und antworten Sie.

So, liebe Hörerinnen und Hörer, und jetzt die neue Runde unseres Spiels „Kurze Frage – kurze Antwort – guter Grund." Und hier ist schon unser erster Kandidat am Telefon. Guten Tag, Sie kennen die Spielregeln? Fangen wir gleich an. Erste Frage:

> *Wo möchten Sie wohnen: in der Stadt oder auf dem Land?*
> *In der Stadt – das ist interessanter.*   oder   *Auf dem Land – das ist ruhiger.*
> *Und wie möchten Sie da wohnen? In einer Wohnung oder in einem Haus?*

in der Stadt (interessant)	auf dem Land (ruhig)
in einer Wohnung (billig)	in einem Haus (groß)
mit Bus und Bahn (schnell)	mit dem Auto (praktisch)
telefonieren (einfach)	schreiben (schön)
selbst kochen (gesund)	Fertiggerichte kaufen (praktisch)
im Feinkostladen (gut)	im Supermarkt (billig)
ins Restaurant (gut)	in die Kneipe (gemütlich)
fernsehen (interessant)	Radio hören (informativ)
Volleyball (lustig)	Fußball (interessant)
Urlaub am Meer (schön)	Urlaub in den Bergen (schön)
auf dem Campingplatz (billig)	im Hotel (bequem)
300 DM (viel)	100 000 Lire (viel)

KURSBUCH
A 5

Höher, größer, schneller ...? Vergleichen Sie.

Die Inlineskates sind schneller als das Fahrrad.
Ich glaube aber, sie sind gefährlicher.
   ...

Finden Sie weitere Vergleiche.

KURSBUCH
B 7

Finden Sie die passenden Superlative.

teuer ◆ groß ◆ jung ◆ erfolgreich ◆ bekannt ◆ viel ◆ wertvoll

1 DieGalactic Fantasy Suite im Kasino Hotel Crystal Palace Resort auf den Bahamas kostet 25 000 Dollar pro Nacht. Das ist das _____ Hotelzimmer der Welt.

2 Das MGM Grand Hotel in Las Vegas hat 5009 Zimmer. Es ist das _____ Hotel der Welt.

3 Peter Zank ist 219 cm groß. Er ist der _____ lebende Österreicher.

4 Kennen Sie „Mona Lisa"? Das Gemälde ist im Louvre in Paris. Es ist das _____ Bild der Welt.

5 Aus Österreich kommt das _____ Weihnachtslied: „Stille Nacht, heilige Nacht".

6 Robert und Carmen Becker sind das Ehepaar, das die _____ Reisen gemacht hat. Sie waren in 192 Ländern.

7 Gari Kasparow war 22 Jahre alt, als er Schachweltmeister wurde. Er war der _____ Schachweltmeister aller Zeiten.

8 Die _____ Rockgruppe waren die Beatles. Bis heute verkauften sie mehr als 1 Milliarde Platten und Cassetten.

C

Essen in Deutschland

Was sind die Leute von Beruf? Schreiben Sie die passenden Berufe unter die Fotos.

Model ◆ Gewichtheber ◆ Ärztin ◆ Jockey

_____ _____ _____ _____

Was essen und trinken die Leute oft, selten, gar nicht ... ? Was meinen Sie?

Ich glaube, der Gewichtheber isst viel Fleisch.
Ja, das glaube ich auch, er braucht viel Eiweiß .
...

Was machen die Leute, wenn sie krank sind? Wer sagt was?

1 Wenn ich mich schlecht fühle, ...   *2 Wenn ich krank bin, ...*   *3 Wenn ich eine Erkältung habe, ...*

3 ... lege ich mich ins Bett.
... bekomme ich mein Lieblingsessen.
... dann darf ich nicht mit meinen Freunden spielen.
... nehme ich Tabletten und arbeite weiter.

... dann gehe ich sofort zum Arzt.
... muss ich im Bett bleiben.
... kann ich nicht zu Hause bleiben, sondern muss weiterarbeiten.

Hören und vergleichen Sie.

4 **Ergänzen Sie die Sätze aus C3. Markieren Sie dann die Verben und ergänzen Sie die Regel.**

1 Wenn ich mich schlecht fühle, _____

2 Wenn ich krank bin, _____

3 Wenn ich eine Erkältung habe, _____

am Ende ◆ Nebensatz ◆ das Subjekt ◆ „weil"- und „obwohl"-Sätze
1 „Wenn"-Sätze sind Nebensätze, genau wie _____ .
2 Das Verb im „wenn"-Satz steht _____ .
3 Nach „wenn" steht _____ .
4 Zwischen Hauptsatz und _____ steht ein Komma.

Und was machen Sie, wenn Sie krank sind?

5 **Schreiben Sie das Gedicht und ersetzen Sie die Bilder durch die passenden Wörter.**

Erich Fried

Was weh tut

Wenn ich dich

verliere

was tut mir dann weh?

Nicht der _____

nicht der _____

nicht die _____

und nicht die _____

Sie sind müde

aber sie tun nicht weh

oder nicht ärger*

als das eine _____ immer weh tut

Das Atmen tut nicht weh

Es ist etwas beengt**

aber weniger

als von einer Erkältung

Der → _____ tut nicht weh

auch nicht der _____

Die Nieren*** tun nicht weh

und auch nicht das _____

Warum

ertrage ich es

dann nicht

dich zu verlieren?

*   schlimmer; mehr
**   schwer atmen können
***

 Hören und vergleichen Sie.

C 6 **Wählen Sie ein Thema/einen „Anfangssatz" und schreiben Sie ein ähnliches Gedicht.**

1 Wenn ich Heimweh habe, …
2 Wenn ich krank bin, …
3 Wenn ich Vokabeln lernen muss, … ?
4 Wenn ich …

Was weh tut
Wenn ich Heimweh habe,
was tut mir dann weh?
Nicht …

D

Zwischen den Zeilen

D 1 **Machen Sie aus den Adjektiven Nomen.**

1 schön — *die Schönheit*
2 freundlich — *die Freundlichkeit*
3 unabhängig — *die Unabhängigkeit*
4 krank — _____

5 ähnlich — _____
6 gesund — _____
7 schwierig — _____
8 pünktlich — _____

> Nach „-lich" und „-ig" steht immer die Endung _____ .
> Adjektive schreibt man **klein**, Nomen schreibt man _____ .

D 2 **Machen Sie aus den Verben Nomen.**

Beispiel:

bestellen → bestell~~en~~ + **-ung** → **die** Bestell**ung**

1 betonen _____
2 bezahlen _____
3 liefern _____
4 lösen _____
5 üben _____
6 wohnen _____

> Nomen mit den Endungen -
> **heit, -keit, -ung**
> sind immer feminin.
> Merkwort: **die Heitungkeit**

D 3 **Ergänzen Sie passende Nomen aus D 1 und D 2.**

1 Herr Müller ist nie unfreundlich. Er ist die _____ in Person.
2 Sven kommt fast immer zu spät: _____ ist nicht seine Stärke.
3 Anja und Oliver sind Geschwister - sie haben große _____ .
4 Fit ist „in". Immer mehr Menschen achten auf ihre _____ .
5 Die Kosmetik-Industrie macht hohe Umsätze: Die Deutschen geben immer mehr Geld für die _____ aus.
6 Die häufigste ansteckende _____ ist der Schnupfen.
7 Für junge Leute ist eine eigene _____ der oft erste Schritt in die _____ .
8 Chinesen haben oft _____ mit der Aussprache von „r" und „l".
9 „Der Wortakzent ist am Anfang" heißt: die _____ ist auf der ersten Silbe.
10 _____ der Waren innerhalb von drei Tagen nach Eingang Ihrer _____ , _____ bar oder mit Scheck.
11 Im Schlüssel zum Arbeitsbuch finden Sie die _____ zu allen _____ .

Der Ton macht die Musik

Hören und vergleichen Sie.

„Ch" spricht man im Deutschen [x] [ç] [k] oder [ʃ].	[x]	[ç]	[k]	[ʃ]
	ach	ich	Charakter	Chef
	kochen	leicht	sechs	Chance

[x] oder [ç]? Hören Sie, sprechen Sie nach und markieren Sie.

	[x]	[ç]		[x]	[ç]		[x]	[ç]		[x]	[ç]
machen	X		Woche			möchten			euch		
Licht		X	sprechen			Küche			Brötchen		
lachen	X		Würstchen			Kuchen			brauchen		
richtig			suchen			Bäuche			manchmal		
Koch			Gespräch			gleich			Milch		
König			Griechenland			Bauch			durch		

Ergänzen Sie die Regeln.

1 Die Buchstaben-Kombination „ch" spricht man meistens als [ ].
2 Nach den Vokalen _____ und dem Diphthong _____ spricht man „ch" als [x].
3 Das „ch" in der Endsilbe „-chen" von Nomen (= Verkleinerungsform) spricht man immer [ ].
4 Am Wortende spricht man „-ig" oft als [ ], aber in Süddeutschland, der Schweiz und Österreich als „-ig" [k].

Wo spricht man [x]? Markieren Sie.

München	nach	schlecht	Schachtel
Durchsage	rauchen	Würstchen	echt
traurig	Gedicht	lächeln	unterstreichen
doch	gemütlich	reich	pünktlich
Bücher	vergleichen	Mittwoch	Pfennig
sicher	Sachen	besuchen	furchtbar

Hören und vergleichen Sie.

Üben Sie.

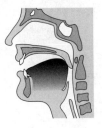

„ch" = [x]
Sagen Sie „kuk", „ku", „k". Sagen Sie „k", aber öffnen Sie die Verschlussstelle (hintere Zunge am hinteren Gaumen) nur langsam und ein bisschen: „k" [k] wird zu „ch" [x].
Sagen Sie:
der Koch macht Kuchen, auch nach Kochbuch, noch nach Wochen

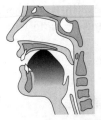

„ch" = [ç]
Sagen Sie „ja". Sagen Sie leise „ja", „jjja", „jjj". Jetzt ohne Stimmton: Holen Sie tief Luft und flüstern Sie „jjj": „jjj" [j] wird zu „chchch" [ç].

Sagen Sie:
er lacht – sie lächelt, der Koch – die Köchin, das Buch – die Bücher, auch – euch, Nacht – nicht, acht – echt

Wählen Sie ein Gedicht. Üben Sie.

Bei Gewitter
Buchen sollst du suchen.
Eichen sollst du weichen.

Nichtraucher
Wir brauchen nicht zu rauchen.
Und ihr?
Wir brauchen auch nicht zu rauchen.
Möchtest du eine?
Ich bin Nichtraucher.
Macht doch nichts.

Geburtstag
Kuchen backen
Essen kochen
mit Freunden lachen
Spiele machen
nachts noch fröhlich feiern
Gute Nacht – jetzt reicht's

 Hören und vergleichen Sie.

F

Typisch deutsch

Lesen Sie den Text und das Rezept. Sortieren Sie die Bilder.

Wenn die Deutschen essen gehen, dann essen sie gern international. Sie kennen Lasagne und Pitta, Kebab und Börek, Paella und … In jeder größeren deutschen Stadt gibt es griechische, spanische, chinesische, italienische … Restaurants. Gibt es keine deutsche Küche? Doch, es gibt sie. Es gibt regionale Spezialitäten und Gerichte, die man in ganz Deutschland kennt.

Wenn Sie eine typisch deutsche Speise zubereiten wollen, dann probieren Sie doch mal Kohlrouladen, auch Krautwickel genannt. Hier ist das Rezept:

Zutaten

500g Hackfleisch
1 Weißkohl
1 Ei, 1 Zwiebel
Petersilie, Salz, Pfeffer
4 Essl. Öl
1 Tasse Fleischbrühe oder Gemüsebrühe
1 Essl. Mehl
3–4 Essl. Sahne

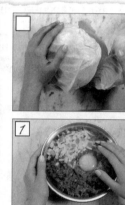

Den Weißkohl waschen, die Blätter kurz in Salzwasser kochen. Zwiebeln und Petersilie hacken, mit dem Ei, dem Hackfleisch und den Gewürzen vermengen. Den Hackfleisch-Teig auf die Kohlblätter verteilen, zusammenwickeln und mit einem Bindfaden zusammenbinden. In heißem Öl anbraten, mit etwas Brühe übergießen, dann zudecken und bei kleiner Flamme etwa eine Stunde kochen lassen. Wenn die Krautwickel gar sind, herausnehmen. Die Brühe mit Mehl und Sahne zu einer Soße verarbeiten, dann über die Krautwickel gießen. Dazu gibt es Salzkartoffeln oder Kartoffelpüree und Salat.

Viel Spaß beim Kochen und guten Appetit!

Infinitiv bei Anweisungen: z.B. in Kochbüchern
Zwiebeln **hacken.** = Hacken Sie die Zwiebeln.
Die Krautwickel **herausnehmen.** = Nehmen Sie die Krautwickel heraus.

Essgewohnheiten

Welcher Name passt zu welchem Bild? Ergänzen Sie.

1 Die „Ja-Aber-Frau" ◆ 2 Der „Wie-Immer-Mann" ◆ 3 Die Mimose ◆ 4 Der Ketschup-Mann ◆
5 Die Diätspezialistin ◆ 6 Der Salzer ◆ 7 Der Sparsame

2

Lesen Sie die Texte. Welcher Text passt zu welchem Typ?
Ergänzen Sie die Überschriften.

A _____

Normale Esser haben ein paar Lebensmittel, die sie nicht mögen. Sie hat einige Speisen, die sie mag. Sie liest die Speisekarte keine zwei Minuten und schon kommt ihr Satz: „Knoblauch? Der bekommt mir nicht." „Von Curry kriege ich Pickel." „Ist da Schinken drin? Schinken ist zu fett für mich!" ... Na, Mahlzeit!

B _____

Seine Hand wartet am Salzstreuer. Kaum ist das Essen auf dem Tisch, kommt seine typische Handbewegung: schütteln. Er salzt aus Prinzip. Er probiert das Essen vorher nicht einmal! Salz fehlt immer. Es gibt noch andere ähnliche Typen: den Ketschup-Mann und den Maggi-Mann zum Beispiel.

C _____

„Für mich bitte Wiener Schnitzel, Pommes frites und Salat." Diesen Satz werden Sie immer und immer wieder von ihm hören. Seit seinem dritten Lebensjahr isst er immer die gleichen vier Gerichte. Auch im Urlaub auf Mallorca oder sonstwo gilt: Was er nicht kennt, isst er nicht.

D _____

Das Tagesmenü besteht aus: Tomatencremesuppe, Steak und Salat, Aprikoseneis. Sie bestellt das Menü, aber sie sagt: „Statt Tomatensuppe möchte ich Gemüsesuppe, statt Steak doch lieber ein Jägerschnitzel. Aprikoseneis klingt gut! Aber es sollte doch deutlich nach Orange schmecken."

E _____

Er sagt: „Der Champagner kostet dreimal so viel wie im Supermarkt. Unglaublich! Das Menü schmeckt bestimmt sehr gut, aber fünf-und-vierzig-Mark-fünf-zich! Davon kann ich ja eine Woche lang leben." Er lädt nie Freunde in ein teures Restaurant ein. Und wenn Freunde ihn einladen, dann isst er auch nur billige Gerichte. Er ist wirklich arm dran!

Sie sind im Restaurant. Spielen Sie: die „Mimose", den „Wie-Immer-Mann" ...

Wählen Sie ein Thema und schreiben Sie (aus den Stichworten) einen ähnlichen Text.

1   Die „Diätspezialistin"

ein paar Freunde ins Restaurant eingeladen – gemütliches Essen – Speisekarte kommt – alle finden schnell etwas – Brigitte nicht – Brigitte macht Diät: das Eisbein? zu fett! – das Wiener Schnitzel + die Pommes? zu viel Kalorien! Bier? ungesund! – nur Salat, Mineralwasser – die anderen essen und trinken alles, nach einer halben Stunde bestellt Brigitte: riesige Portion Mousse au chocolat – nicht mehr zuschauen können – morgen Diät!

Die Diätspezialistin
Man hat ein paar Freunde ins Restaurant eingeladen und freut sich auf ein gemütliches Essen. Die
Speisekarte kommt ...

2   Der „Ketschup-Mann"

3   ...

Körperteile und Krankheiten

Welche Körperteile und Krankheiten kennen Sie auf Deutsch?

Arztbesuch

Sie sind beim Arzt. Der Arzt fragt: Was fehlt Ihnen denn? Was sagen Sie?

Ratschläge geben

Ein Freund möchte abnehmen und fragt Sie um Rat. Was sagen Sie?

Komparativ und Superlativ

Meine Regel für den Komparativ:

Meine Regel für den Superlativ:

„Wenn"-Sätze

Was machen Sie, wenn Sie Heimweh haben?

Meine Regel für „wenn"-Sätze:

Essen im Restaurant

Sie sind im Restaurant und lesen auf der Speisekarte: „Schneegestöber". Sie wissen nicht, was das ist. Fragen Sie den Kellner.

?

Jemand fragt Sie nach einer typischen Speise aus Ihrem Heimatland. Was sagen Sie?

.

.

Interessante Ausdrücke

Contrastive Grammar

"Sollten"

In lesson 8, you saw the past tense form ("*Präteritum*") of the modal verb "*sollen*".

Das Auto **sollte** doch heute fertig sein.	The car **was supposed to** be ready today.
Du **solltest** doch um sechs Uhr zu Hause sein.	You **were supposed to** be home at six o'clock.

Another form of this verb, called the subjunctive, happens to look identical. It is used among other things for giving advice.

Du **solltest** weniger rauchen.	You **should** smoke less.
Sie **sollten** mehr Sport treiben, Herr Braun.	You **should** do more sport, Mr. Braun.

Since the two forms look the same, you will have to decide the meaning from context.

Please distinguish between the two forms of "sollten".

	"was supposed to" (past tense)	"should" (advice)
Du kommst immer zu spät. Du solltest endlich eine Uhr kaufen!		x
Jetzt ist es schon zehn Uhr. Du solltest doch um acht Uhr zu Hause sein! Wo warst du?		
Sie sollten unbedingt zum Arzt gehen, Frau Feger! Sie sehen ja richtig krank aus.		
Peter sollte regelmäßig schwimmen gehen. Das ist gut gegen Rückenschmerzen.		
Peter sollte mich heute zum Schwimmbad fahren, aber er hat es vergessen.		
Wir sollten alle mehr Obst und Gemüse essen.		
Sie haben zu viel Stress, Herr Bauer. Sie sollten sofort Urlaub machen. Sonst bekommen Sie ein Magengeschwür.		
Dieses Verb sollte man gut lernen. Es ist ein wichtiges Verb.		
Du solltest nicht so oft Tabletten nehmen, Ralf! Das ist gar nicht gesund.		
Er sollte gestern kommen, aber er konnte nicht, weil er krank war. Deshalb kommt er heute.		

Correct use of the verb *"sollen"* requires some care. Although the present tense is used to seek advice from a third person or report the advice thereby received, it is by means of the *"sollten"* form that advice is actually given.

The subordinate clause with "dass"

In lesson 8 you saw the conjunctions *"weil"* and *"obwohl"*. These introduced subordinate clauses, separated from the main clause by a comma. The conjunctions were immediately followed by the subject and the conjugated verb went right to the very end of the clause.

Like *"weil"* and *"obwohl"*, *"dass"* is also a subordinating conjunction. It corresponds to the English "… that".

Haben Sie gewusst, **dass** ein Glas Cola elf Stück Würfelzucker enthält?	Did you know **that** a glass of cola contains eleven sugar cubes?

Subordinate clauses with *"dass"* are often used after verbs like *"sagen"*, *"wissen"*, *"glauben"*, *"meinen"*, *"vermuten"*.

Ich *glaube,* **dass** Nikos nach London fliegt.	I **believe that** Nikos is flying to London.

Sometimes, as in English, this conjunction may be omitted. In this case, there is nothing to occasion a subordinate clause and the comma then separates two main clauses.

Ich glaube, Nikos fliegt nach London.	I believe Nikos is flying to London.

Please combine correctly.

Robert sagt, dass er und Sally *nächste Woche nicht zum Deutschunterricht kommen.*

Er hat Fahrkarten und sagt, dass er und Sally _____

Er meint, dass das Bier _____

Ich weiß, _____

Leider weiß ich auch, dass _____

Deshalb vermute ich, Robert_____

Und ich denke, Robert und Sally _____

Wissen die beiden überhaupt, dass _____

~~nächste Woche nicht zum Deutschunterricht kommen.~~ ◆ nach München fahren. ◆ will in München nur viel Bier trinken. ◆ in Bayern sehr gut ist. ◆ dass München die Landeshauptstadt von Bayern ist. ◆ das Verb in *"dass"*-Sätzen am Ende steht? ◆ Robert nicht gern Deutsch spricht. ◆ sprechen in München ziemlich viel Englisch und nur wenig Deutsch.

The comparison of adjectives

	comparative	superlative		comparative	superlative
schnell	schnell**er**	am schnell**sten** der schnell**ste** Zug	fast	fast**er**	fast**est**
interessant	interessant**er**	am interessant**esten** das interessant**este** Buch	interesting	more interesting	most interesting

English comparative adjectives are formed either by adding "-er" or by using the word "more", depending on the length of the word. German only adds *"-er"*, irrespective of how many syllables the initial adjective has. So never try and say things like *"mehr interessant"*: that's English, not German.

English forms the superlative in two different ways: by adding "-est" or by using "most", again depending on the length of the adjective. In German there are also two superlative forms, but once again the adjective's length is immaterial.
– Used with a following noun, the ending *"-ste"* or *"-este"* is added. The form *"-este"* is used for ease of pronunciation especially with adjectives ending in *"-s"*, *"-ß"*, *"-x"*, *"-z"*, *"-d"*, *"-t"*, *"-sch"*.

Das ist **das bequemste** Sofa.   That's **the most comfortable** sofa.

Where there is no following noun, the preposition *"am"* is placed before the adjective, which adds the ending *"-sten"* or *"-esten"*.

Dieses Sofa ist **am bequemsten**.   This sofa is **the most comfortable**.

Exceptions

A few adjectives have completely irregular comparative and superlative forms.

	comparative	superlative	
viel	mehr	am meisten	die/der/das meiste ...
gern	lieber	am liebsten	die/der/das liebste ...
gut	besser	am besten	die/der/das beste ...

Several others add an *"Umlaut"* in the comparative and superlative forms. (The exclamation marks draw attention to additional modifications.)

	comparative	superlative	
alt	älter	am ältesten	die/der/das älteste ...
kalt	kälter	am kältesten	die/der/das kälteste ...
hart	härter	am härtesten	die/der/das härteste ...
lang	länger	am längsten	die/der/das längste ...
nah	näher	am nächsten	die/der/das nächste ... (!)
warm	wärmer	am wärmsten	die/der/das wärmste ...
scharf	schärfer	am schärfsten	die/der/das schärfste ...
stark	stärker	am stärksten	die/der/das stärkste ...
groß	größer	am größten	die/der/das größte ... (!)
hoch	höher	am höchsten	die/der/das höchste ... (!)
jung	jünger	am jüngsten	die/der/das jüngste ...
klug	klüger	am klügsten	die/der/das klügste ...
kurz	kürzer	am kürzesten	die/der/das kürzeste ...
gesund	gesünder	am gesündesten	die/der/das gesündeste ...

Adjectives ending in *"-el"* or in a diphthong + *"-er"* lose this *"e"* in the comparative form. Their superlative form is normal.

	comparative	superlative	
teuer	teurer	am teuersten	die/der/das teuerste ...
sauer	saurer	am sauersten	die/der/das sauerste ...
dunkel	dunkler	am dunkelsten	die/der/das dunkelste ...

When people or things are compared using an adjective in its comparative form, the second one (which always takes the same grammatical case as the first) is introduced by the word *"als"*.

Meine Freundin ist älter **als** ich. My girlfriend is older **than** me.

When, however, they are compared using an adjective in its normal form, the second one (again always in the same grammatical case as the first) is introduced by the word *"wie"*.

Ich bin (nicht) so/genauso alt **wie** ihr Bruder. I'm (not) as/just as old **as** her brother.

Please compare.

Fahrrad – teuer – Motorrad	*Ein Fahrrad ist nicht so teuer wie ein Motorrad.*
Fahrrad – klein – Motorrad	*Ein Fahrrad ist kleiner als ein Motorrad.*
London – groß – Frankfurt am Main	
Monat – lang – Woche	
Schokoriegel – gesund – Apfel	
Doppelbett – teuer – Stuhl	
vierundfünfzig – viel – fünfundvierzig	
gut – gut – schlecht	
Big Ben in London – hoch – Alpen	
Kind – alt – Baby	
Deutsch – kompliziert – Englisch	

"wenn" and "wann"

The conjunction "wenn" introduces a subordinate clause, which is separated from the accompanying main clause by a comma. Like all subordinating conjunctions (e.g. *"weil"*, *"obwohl"*, *"dass"*), it is followed by the subject and sends the conjugated verb in the clause to the end position. *"Wenn"*-clauses define the moment or eventuality that will trigger the action in the main clause. English renders them with "when" or "if".

Ich komme vorbei,
wenn ich mit der Arbeit fertig bin.

Ich gehe morgen ins Konzert,
wenn es noch Karten gibt.

I'll come around
when I finish work.

I'm going to the concert tomorrow
if there are still any tickets.

In the examples above, the subordinate clause comes after its accompanying main clause. It can also precede it. If it does, it counts as the first idea of the ensuing main clause. As a result, this main clause opens with a conjugated verb, since position 2, the normal verbal position in a main clause, has already been reached.

1	2	3	4	5
Wenn ich mit der Arbeit fertig bin,	komme	ich	vorbei.	
Wenn es noch Karten gibt,	gehe	ich	morgen	ins Konzert.

Optionally, the word *"dann"* may be inserted before the verb of the main clause. It simply summarises the *"wenn"*-clause and has no effect at all on the word order or meaning of the sentence.

Wenn es noch Karten gibt, (**dann**) gehe ich morgen ins Konzert.

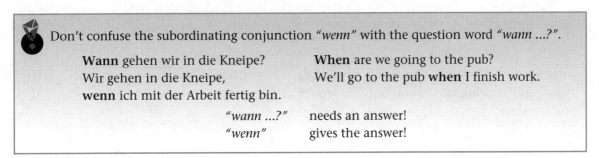

Don't confuse the subordinating conjunction *"wenn"* with the question word *"wann ...?"*.

Wann gehen wir in die Kneipe?	**When** are we going to the pub?
Wir gehen in die Kneipe, **wenn** ich mit der Arbeit fertig bin.	We'll go to the pub **when** I finish work.

"wann ...?"	needs an answer!
"wenn"	gives the answer!

Please translate into German.

● When does the lesson begin? _Wann beginnt der Unterricht?_

■ The lesson begins when the teacher comes. _Der Unterricht beginnt, wenn der Lehrer kommt._

● And when does the teacher come? _____

■ At 9 o'clock, if he's not ill. _____

● What do you do when he's ill? _____

■ If he's ill, I read "Tangram". _____

● Do you understand everything when you read the course book?

_____

■ When I don't understand the grammar, I read the workbook.

_____

● When are we going to the cinema? When have you got time?

_____

■ When I've learnt *"wenn"* and *"wann"*. _____

Pronunciation Tips

The letter combination "ch"

The letter combination *"ch"* renders a variety of different consonant sounds in German.

After the vowels *"a"*, *"o"* , *"u"* and the diphthong *"au"*, it is pronounced as in the Scottish word "loch". The back of the throat is tensed whilst air is forced through it. The phonetic symbol is [x]. Please be careful to avoid the mistake of confusing this with a [k] sound as in the different English word "lock". Not only is this wrong, but, as you can see, it may even lead to misunderstandings:

[x]			[k]	
Nacht	(night)		nackt	(naked)
Loch	(hole)	$\neq$	Lok	(locomotive)
acht	(eight)		Akt	(act)

Please try reading the following aloud, concentrating on [x]:

machen / kochen / suchen / brauchen / acht / hoch / Buch / Bauch
Der Koch muss doch noch acht Kuchen machen.

After all other vowels and diphthongs (*"i"*, *"e"*, *"ä"*, *"ö"*, *"ü"*, *"ei"*, *"eu"* / *"äu"*), most consonants and in the *"-chen"* of all diminutive nouns, the letter combination *"ch"* is pronounced like a prolonged "h" in the English word "huge". The middle of the tongue is raised towards the palate and air is passed through the space. The phonetic symbol is [ç]. Again, please avoid the common mistake of a [k] sound:

[ç]			[k]	
Becher	(mug)		Bäcker	(baker)
nicht	(not)	$\neq$	er nickt	(he nods)

Please read the following aloud, concentrating on [ç]:

> Licht / sprechen / lächeln / möchten / Küche / gleich / euch /
> Bäuche / durch / manchmal / Mädchen
>
> Ich lächele, weil ich von der Köchin in der Küche Milch und
> Brötchen haben möchte.

Please now compare the two different sounds

[x]	and	[ç]
ach		ich
Buch		Bücher
lachen		lächeln
Koch		Köchin
Kuchen		Küche
rauchen		reichen

Please read the following sentences aloud, concentrating on [x] and [ç]:

> Ach, am Mittwoch besucht mich ein Mädchen aus Griechenland.
> Ich bin sicher, sie möchte auch Würstchen kochen.

Foreign words with "ch"

A few (mostly foreign) words begin with the letter combination "Ch". There is no firm rule for the pronunciation of these. Some are pronounced

> **[k]**   Charakter, Chaos, Christ, Chor

others like the *"sh"* of the English word "shall"

> **[ʃ]**   Chef, Champagner, Chance.

A couple are pronounced

> **[ç]**   Chemie, China,

except in South Germany, Austria and Switzerland, where the pronunciation is [k].

This regional [ç] / [k] difference of pronunciation also applies to words ending in *"-ig"* (*"ledig"*, *"zwanzig"*, *"richtig"*).

The letter combinations "chs" and "sch"

The letter combination *"chs"* is pronounced like an English "x".

> [ks]   Sachsen, wechseln, sechs

Compare *"sechs"* [ks] and *"sechzehn"* [ç].

The reverse combination *"sch"* (*"Deutsch"*, *"schade"*, *"schreiben"*, *"schön"*) is pronounced like the *"sh"* of the English word "shall" [ʃ].

Cultural Corner

The German Health System

In Germany one can freely make an appointment to see almost any general practitioner or specialist of one's choice, even just to obtain a second opinion. One finds the addresses of all doctors in the local business directory *"Gelbe Seiten"* (Yellow Pages), but word of mouth, recommendation by satisfied patients, is one of the main ways doctors acquire new clients. Despite this freedom of choice, most people have a regular, trusted GP to whom they first go and who refers them if necessary to a specialist.

When keeping an appointment at the doctor's, one must take one's medical insurance card along. Issued by one's health insurance company (*"Krankenkasse"*), this is increasingly an electronic card on which all important medical and financial data is stored. Nearly everyone has health insurance, whether as compulsory or voluntary members of the statutory health insurance scheme (90%), or through private insurance. Under the state scheme, insurance is compulsory for all employees up to a certain income level. The state system also covers pensioners, the unemployed, apprentices and students. Employees pay half the contributions into their respective health insurance fund (eg. *"AOK" "Allgemeine Ortskrankenkasse, "DAK" "Deutsche Angestelltenkasse",* *"BEK" "Barmer Ersatzkasse"* etc.); employers pay the other half. Only higher earners and some self-employed are free to not insure or to insure voluntarily or privately. After treatment, the doctor sends his bill to the health insurance fund or to the private patient. The health insurance fund pays all or part of the cost of any necessary curative treatment, as well as long term sick pay.

The annual cost of health insurance is staggering. The Health Reform Act which came into force at the beginning of 1993 has helped to stabilise expenditure on health services. Some services and items were restricted following the expense of extending the system to cover the new citizens in the East after reunification (1990). People are now required to meet a larger proportion of the cost themselves.

Medically, Germans are among the best cared for nations in the world. There is a high stress on precautionary check-ups. The biggest threats to health in Germany, as in all highly developed industrial countries, come from the modern way of life. Half of all deaths are the result of cardiovascular diseases, with cancer the second greatest scourge. Allergies are becoming increasingly prominent, but also conditions typical of old age such as those affecting the central nervous sytem. AIDS, too, remains a great challenge.

Employees in Health related jobs*			
Norway	714	Czech Republic	219
Switzerland	510	Belgium	211
Finland	401	Japan	204
Sweden	390	Great Britain	203
USA	326	Denmark	189
Germany	285	Ireland	181
France	263	Italy	180
Canada	250	Portugal	123
Hungary	238	Greece	122
Netherlands	238	Spain	119

*per 10.000 inhabitants
(OELD Health Data)

Tipping in restaurants

In most German restaurants service charge is included. Nevertheless, one usually still tips the waiter or waitress. If one has been particularly satisfied with the quality of food and service, one gives about 10%, otherwise about 5% (more on small amounts, less on larger ones). One pays the bill at one's table. As a rule, the waiter will tell you the price due. One then tells the waiter the total amount, price due + tip (*"Trinkgeld"*), one wishes to give, and change is given according to this new amount.

Farben und Typen

A

Meine Lieblingsfarbe

A 1

Welche Wörter sind positiv, welche negativ?

Neid ◆ Revolution ◆ Nervosität ◆ Liebe ◆ Fernweh ◆ Glaube ◆ Fantasie ◆ Aberglaube ◆ Angst ◆
Gefahr ◆ Trauer ◆ Hoffnung ◆ Ruhe ◆ Tradition ◆ Kälte ◆ Energie ◆ Wärme ◆ Treue ◆ Aktivität

+	−

**Welche Wörter haben den Akzent nicht auf der
ersten Silbe?**

Hören und markieren Sie.

4/14

Nomen aus anderen Sprachen
Nomen mit den Endungen -tät, -ion und
-ie sind immer feminin. Man betont sie auf
der letzten Silbe.
Merkwort: die Tätionie

KURSBUCH
A 2-A 4

A 2

Machen Sie das Kreuzworträtsel und ergänzen Sie die passenden Wörter.

Waagerecht:

2 _____ wie ein Regenbogen

6 _____ wie eine Maus

7 _____ wie bittere Schokolade

8 _____ wie die Veilchen

10 _____ wie der Salat

11 _____ wie die Milch

Senkrecht:

1 _____ wie eine Tomate

2 _____ wie der Himmel

3 _____ wie die Nacht

4 _____ wie eine Apfelsine

5 _____ wie die Sonne

9 _____ wie das Meer

Blau steht Ihnen gut!

Was passt? Sortieren Sie die Adjektive.

hell ◆ schwarz ◆ blond ◆ rot ◆ grau ◆ graugrün ◆ glatt ◆ ~~lockig~~ ◆ braun ◆ blau ◆ blass ◆
schwarz ◆ dunkel ◆ kraus ◆ mit Sommersprossen ◆ grün

Haare   *lockig*

Augen

Haut/Teint

**Beschreiben Sie nun eine Kursteilnehmerin / einen Kursteilnehmer. Die anderen raten.
Machen Sie vorher Notizen.**

Ihre Haare sind braun.
Ihre Augen sind auch braun. …
Das ist …

Ordnen Sie die Überschriften den einzelnen Abschnitten zu.

Farbtypen und Länder ◆ Farbtypen und Jahreszeiten ◆ Farben und Alter

Beim Kleiderkauf und auch beim Einrichten der Wohnung ist guter Rat oft teuer. Aus Amerika kommt jetzt die Idee der Farbberatung; von dort stammt auch der Vorschlag, die Farbtypen nach den vier Jahreszeiten zu benennen: Frühlings-, Sommer-, Herbst- und Wintertyp. Mary Spillane hatte mit ihrer „Erfindung" der Farbberatung großen Erfolg: Über 700 Beraterinnen arbeiten heute in Europa, Afrika, Asien und Australien nach ihrem System mit dem amerikanischen Namen „Color Me Beautiful".

Das beliebte Farbsystem gilt für alle Volksgruppen – aber eine ausgewogene Mischung der Jahreszeiten ist selten. In Japan beispielsweise, wo die Menschen nicht von Natur aus helle Haare oder blaue Augen haben, gibt es keine Frühlings- und Sommertypen. Auch in Indien und in Afrika sind die meisten Menschen dunkle Herbst- und Wintertypen. So ist es kein Wunder, dass ein indischer Sari meistens klare Farben oder dunkle „Gewürzfarben" enthält. In Skandinavien dagegen ist der echte Wintertyp selten, und es gibt dort mehr Frühlingstypen als in Mitteleuropa.

Persönliche Vorlieben für bestimmte Farben ändern sich mit der Zeit. Kindern gefällt ein grelles Rot oder ein kräftiges Gelb, Jugendlichen eher mattes Blau, dunkle Brauntöne oder Schwarz. Die persönliche Lieblingsfarbe von Erwachsenen kann sich immer wieder ändern, und alte Menschen haben oft eine Vorliebe für zarte Pastelltöne. Ihnen rät Mary Spillane, beim Kleiderkauf auf ihre innere Stimme zu hören: „Kaufen Sie den hellblauen Pullover, wenn er Ihnen gefällt, und einen rosafarbenen Blazer dazu!" Da siegt dann spontane Kauflust über die festen Regeln der Farbberatung …

3   **Was passt? Ergänzen Sie mit den Informationen aus dem Text.**

Land/Länder	Typ		Altersgruppen	Farbe
Indien			*Kinder*	
			Erwachsene	

4   **Suchen Sie die Adjektive im Text. Markieren Sie die Endungen und ergänzen Sie die Regel.**

	Nominativ		Akkusativ	
f	*die persönliche* _____ *Lieblingsfarbe* *eine* _____ *Mischung* _____ *Kauflust*		*wie Nominativ* !	
m	*der* _____ *Wintertyp* *ein* _____ *Sari* _____ *Rat*		*den* _____ *Pullover* *einen* _____ *Blazer* _____ *Erfolg*	
n	*das* _____ *Farbsystem* *ein* _____ *Rot* _____ *Blau*		*wie Nominativ* !	
Plural	*die* _____ *Menschen* _____ *Herbst- und Wintertypen*		*die* _____ *Regeln* *Augen*	

Adjektive ◆ Artikel-Ende ◆ *-e* ◆ *-f* ◆ *n* ◆ nach Artikel ◆ *Plural* ◆ r ◆ s

1   Vor Nomen haben _____ eine Endung.
2   Das Genus-Signal ist gleich wie beim bestimmten Artikel:
    feminin: *-e* , maskulin: ____ , neutrum: ____ .
    Das Genus-Signal steht entweder am _____ oder am Adjektiv-Ende.
3   Im Plural enden die Adjektive _____ auf „-n" .
4   Bei *f* , ____ und _____ sind Akkusativ und Nominativ gleich.
5   Bei _____ steht im Akkusativ bei Artikel und Adjektiv ein „-n".

KURSBUCH
B 5

5   **Sie möchten sich von Mary Spillane beraten lassen.**
          Beschreiben Sie sich und Ihre Lieblingsfarben.

Sehr geehrte Frau Spillane,

ich habe von Ihrer Farbberatung gehört und möchte mich nun gerne beraten lassen.
Ich habe
Besonders gern trage ich

Lesen Sie die Bildbeschreibung und ergänzen Sie die Adjektiv-Endungen.

Türkisches Café

Ein rotbraun___ 1) Baumstamm *(m)* zieht sich rechts im Bild nach oben, grüngelb___ 2) Blätter *(Pl)* formen ein Dach über dem stillen Platz vor einem Café und filtern das grell___ 3) Sonnenlicht *(n)*. Ein groß___ 4) Blatt *(n)* begrenzt die link___ 5) Seite *(f)* des Bildes.

Neben dem Eingang des Cafés steht ein klein___ 6) rot___ 7) Tisch *(m)*; daran sitzt ein einsam___ 8) Gast *(m)*. Man kann nur seinen Rücken sehen. Sein grün___ 9) Burnus* *(m)* erscheint durch die Sonne in einem hellen Gelb. Er trägt einen hellrot___ 10) Turban** *(m)* als Schutz vor der Mittagshitze.

Auf dem Tisch ist nur Platz für eine klein___ 11), weiß___ 12) Teetasse *(f)* und eine kristallen___ 13) Karaffe *(f)* mit Wasser. Im Vordergrund steht ein gelb___ 14) Stuhl *(m)*. Ein zart___ 15) Rosa *(n)* hat der Künstler für die rosafarben___ 16) Markise *(f)* über dem Eingang benützt. Man kann sie hinter den Blättern kaum sehen.

Das warm___ 17) Ziegelrot *(n)* des Platzes geht in das Café hinein und erscheint in der Tür wie ein orangefarben___ 18) Feuerball *(m)*, der sein warm___ 19) Licht *(n)* wieder auf den Platz zurückwirft. Die blau___ 20) Mauern *(Pl)* des Cafés strahlen im Gegensatz dazu eine angenehm___ 21) Kühle *(f)* aus.

Die Atmosphäre in diesem Bild ist friedlich___ 22) und harmonisch___ 23). Klar___ 24) Formen *(Pl)* und Farben stellen das ruhig___ 25), einfach___ 26) Leben *(n)* einer vergangenen arabischen Welt dar.

* Mantel mit Kapuze der arabischen Beduinen
** Kopfbedeckung der Hindus und Muslime

Malen Sie das Bild mit den Farben im Text aus.

August Macke, geb. am 03. 01. 1887, gest. am 26. 09. 1914, war Mitglied der Künstlervereinigung „Der blaue Reiter" und ein Freund von Franz Marc. Das Bild „Türkisches Café" entstand 1914 nach seiner Reise in Tunesien, die er zusammen mit Paul Klee und Louis Moillet machte.

Kleiderkauf

1 Schreiben Sie Wortkarten und sortieren Sie die Kleider.

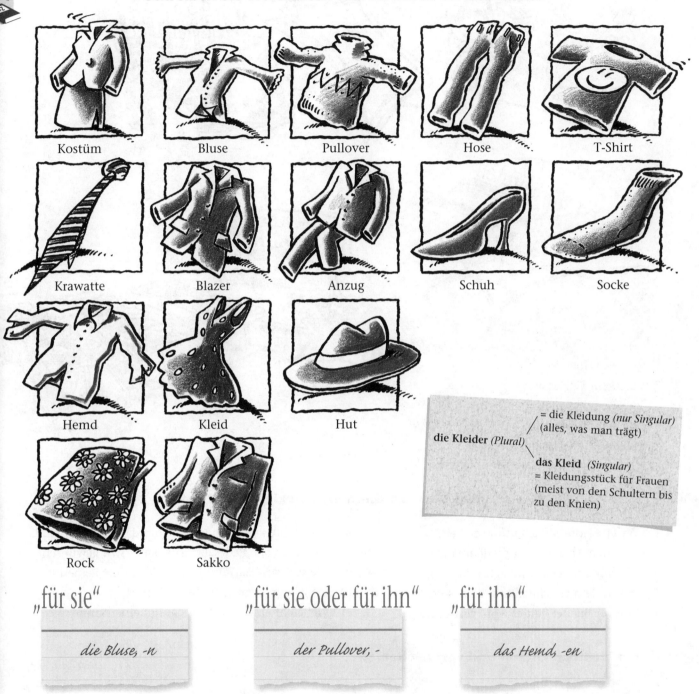

Kostüm   Bluse   Pullover   Hose   T-Shirt

Krawatte   Blazer   Anzug   Schuh   Socke

Hemd   Kleid   Hut

Rock   Sakko

> **die Kleider** (Plural)
> = die Kleidung (nur Singular)
> (alles, was man trägt)
>
> **das Kleid** (Singular)
> = Kleidungsstück für Frauen
> (meist von den Schultern bis
> zu den Knien)

„für sie"

die Bluse, -n

„für sie oder für ihn"

der Pullover, -

„für ihn"

das Hemd, -en

2 Welche Kleider ziehen Sie wo oder wann an?

Machen Sie Notizen und vergleichen Sie.

In der Freizeit trage ich oft T-Shirts. Und du?
   Ich auch. Zu Hause ziehe ich am liebsten ein T-Shirt und Jeans an.
Aber zu einer Einladung …
   Und was tragen Sie bei der Arbeit? …

Freizeit:
T-Shirt, Jeans,

Arbeit:

KURSBUCH
C 1–C 4

Wohin gehen die Leute? Hören und markieren Sie.

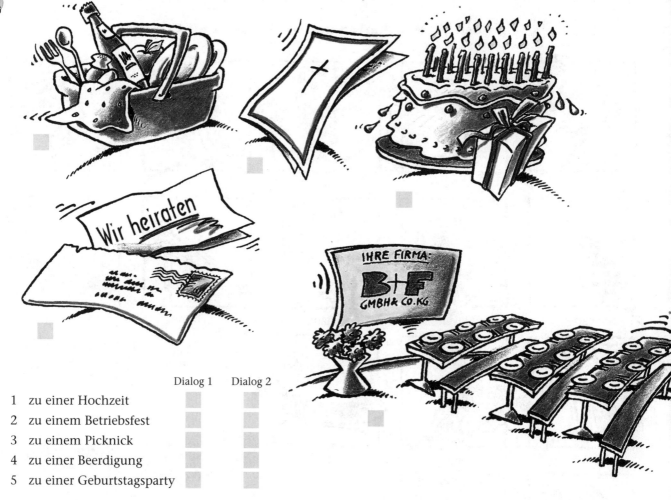

	Dialog 1	Dialog 2
1 zu einer Hochzeit		
2 zu einem Betriebsfest		
3 zu einem Picknick		
4 zu einer Beerdigung		
5 zu einer Geburtstagsparty		

C 4

Was passt zusammen? Markieren Sie.

1	Welche Hose soll ich nur anziehen?		a) Ich dachte an den graublauen und das grüne Hemd.
2	Welchen Anzug ziehst du denn an?		b) Eine CD von „Badesalz". Die hat er sich gewünscht.
3	Was für einen (Salat) machst du denn?	1	c) Die schwarze Satinhose oder die braune Leinenhose?
4	Was für ein Geschenk hast du besorgt?		d) Ich glaube, er mag englische Krimis.
5	Was für Bücher liest er wohl gern?		e) Vielleicht einen Gurkensalat mit einer Sahnesauce.

 Hören Sie noch einmal und vergleichen Sie.

C 5

Ergänzen Sie die Regel.

bestimmtem ◆ ohne ◆ unbestimmtem

Regel: Nach Fragen mit ...   kommen oft Antworten mit ...

1 Welch- ... ?   →   _____ Artikel.

2 Was für (ein) ... ?   →   _____ Artikel.

oder _____ Artikel.

Worüber sprechen die Leute? Wo sind die Leute? Hören und markieren Sie.

Dialog		Dialog	
Kollege		indisches Gericht	
in der Wohnung		Termin	
im Kleidergeschäft		Pullover	
am Telefon		neue Wohnung	
		in der Kantine	

Was passt zusammen?

1 Wie gefällt dir die neue Wohnung? ____

2 Na, schmeckt es Ihnen? ____

3 Wie passt es dir am Samstagabend? ____

4 Wie gefällt Ihnen unser neuer Mitarbeiter? Ich finde er macht einen sehr guten Eindruck. ____

5 Wie steht mir der Pullover? ____

6 Probier den doch mal in Türkis. Ich glaube, das steht dir besser. ____

a) Am Samstagabend? Hm, am Samstag, da war doch was …

b) Türkis? Meinst du wirklich? Ich finde Türkis so kühl.

c) Der passt dir so ganz gut. Aber die Farbe …
   Also, ich finde, die Farbe passt einfach nicht zu dir.

d) Sehr gut. Sie ist schön hell und die Aussicht ist wirklich toll.

e) Hmmm, ausgezeichnet. Mir schmeckt es sehr gut.

f) Stimmt, da haben Sie Recht. Er gefällt mir auch ganz gut.

Hören Sie noch einmal und vergleichen Sie.

Unterstreichen Sie diese Verben in C 7 und ergänzen Sie die Regel.

passen ◆ schmecken ◆ gefallen ◆ passen ◆ stehen ◆ finden

Zeit/Termin: *passen* _____ + DAT

Kleidung: (Größe) _____ + DAT (Farbe, Form …) _____ + DAT

Personen/Gegenstände: _____ + DAT _____ + AKK + QUA

Essen: _____ + DAT

„Passen, stehen, gefallen, schmecken" sind Verben mit _____ . Mit diesen Verben können Sie eine Person nach ihrer Meinung fragen und selbst etwas beurteilen.

Fragen und beurteilen Sie. Arbeiten Sie zu zweit. Machen Sie Notizen.

die neue CD von …

das neue Buch von …

Termin am Samstag

Lerntipp:

Es gibt nicht sehr viele Verben mit Dativ. Lernen Sie diese Verben immer mit einem Dativ-Pronomen, z. B. „ihr": „ihr gefallen", „ihr passen", „ihr stehen", „ihr helfen".
Auch Verben mit Präpositionen können Sie so leichter lernen: „zu ihr passen".

C10

Hören und antworten Sie.

4/22

Sie wollen ausgehen. Aber was sollen Sie anziehen? Sie stehen vor Ihrem Kleiderschrank und überlegen. Ihre Freundin macht Vorschläge, aber Sie sind unsicher.

… steht mir nicht	In … sehe ich furchtbar aus.	… kann ich nicht mehr tragen. … ist …	… steht mir gut. Und was soll ich dazu anziehen?
Kostüm (blau) Blazer (schwarz)	Rock (grau) Bluse (gelb)	Kleid (grün) – zu altmodisch Pullover (dunkelgrün) – zu klein	Hose (rot) Pullover (türkisfarben)
Anzug (hellgrau) Sakko (gelb)	Hose (braun) Hemd (rot)	Anzug (hellblau) – zu altmodisch Pullover (dunkelrot) – zu eng	Hose (dunkelgrün) Pullover (violett)

Beispiele:
Zieh doch das blaue Kostüm an.
　　Das blaue Kostüm steht mir nicht.
Das blaue Kostüm steht dir nicht? Na, dann nimm halt den grauen Rock.
　　In dem grauen Rock sehe ich furchtbar aus.
Was? In dem grauen Rock siehst du furchtbar aus? Das finde ich nicht. Aber gut – wie wär's mit dem grünen Kleid?
　　Das grüne Kleid kann ich nicht mehr tragen. Das ist zu altmodisch.
So-so, das grüne Kleid kannst du nicht mehr tragen. Das ist zu altmodisch. Und was ist mit der roten Hose?
　　Die rote Hose steht mir gut. Und was soll ich dazu anziehen?

KUR
C

D

Typen …

D 1

Wo arbeiten die Leute? Was sind sie von Beruf?

1 Konservative Branchen: Anwälte, Banken, Buchhaltung, Versicherung
2 Kreative Branchen: Werbung, Medien, Verlage, Touristik
3 Lehrberufe: Schulen, Universitäten

D 2

Was passt zu welcher Berufsbranche?

Die Farbberaterin rät:

Farben

2 Vermeiden Sie die Durchschnittsfarben und Schwarz, wenn Sie in diesem Sektor tätig sind. Setzen Sie Ihre Palette kreativ ein.

3 Seien Sie nicht zu zurückhaltend und vernünftig. Überraschen Sie Ihre Schützlinge mit interessanten Farben, die ihre Aufmerksamkeit fesseln, aber nicht ablenken.

1 Understatement ist Ihr Ziel. Tragen Sie das klassische Kostüm oder den klassischen Anzug mit einer leuchtenden Bluse bzw. mit einem einfarbigen Hemd.

Accessoires

Unterstreichen Sie die klassische Eleganz Ihrer Kleidung mit einer guten Uhr. Seien Sie vorsichtig mit auffälligem Schmuck – tragen Sie maximal zwei gediegene Ringe.

Setzen Sie Akzente mit topmodischen Accessoires, aber seien Sie zurückhaltend, wenn Sie mit konservativen Kunden arbeiten.

Zu viel lenkt die Schülerinnen und Schüler ab. Auffallende Farben und Formen kommen für Sie nicht in Frage – die nächste Klassenarbeit ist wichtiger als Ihr Schmuck!

offizielle Treffen

Auch in dieser Situation sieht man Sie noch in Ihrer Rolle als Vorbild. Seien Sie also nicht zu elegant oder modisch – zeigen Sie, dass Ihnen innere Qualitäten wichtiger sind.

Mit dem tiefen Dekolleté am Abend wirken Sie zu sexy, mit Smoking und weißem Seidenschal sind Sie „overdressed". Bleiben Sie bei der klassischen Eleganz.

Übertreiben Sie es nicht mit dem individuellen Stil Ihres Outfits, sonst ist es mit der Autorität bei den Kunden vorbei.

Arbeitsalltag

Seien Sie vorsichtig mit topmodischem Outfit, gehen Sie mit dem Trend mit, ohne übertrieben modisch zu wirken.

Hier sind die Möglichkeiten begrenzt. Mit einem modischen Anzug oder einem klassischen Kostüm liegen Sie auf jeden Fall richtig und vermitteln ein Bild von unauffälliger Eleganz. Keine dünnen Stoffe und keine Schuhe mit hohen Absätzen oder auffälligen Accessoires.

Mit modischen Kostümen sind Sie am besten gekleidet. Auch schicke Hosenanzüge sind eine Alternative.

3 **Ergänzen Sie die Tabelle und die Regeln.**

	bestimmter Artikel		unbestimmter Artikel		ohne Artikel	
f	bei de_____	Eleganz	mit eine_____	Uhr	von _____	Eleganz
m	mit de__ _____	Stil	mit eine__ _____	Kunden	mit _____	Schmuck
n	Mit de__ _____	Dekolleté	mit eine__ _____	Hemd	mit _____	Outfit
Pl	mit de__ _____	Stücken	mit _____	Farben	wie unbestimmter Artikel!	

1 Die Genus-Signale für den _____ : feminin: -r, maskulin und neutrum: -m, Plural: -n.
2 Die Endung bei den Adjektiven nach _____ ist im Dativ immer „-en". Sie stehen am Artikel-Ende oder am _____ .
3 Im _____ steht bei den meisten Nomen am Ende ein -n. (Ausnahme: Plural auf „-s".)

4 **Arbeiten Sie zu viert. Sprechen oder schreiben Sie über das Schaubild.**

Outfit nach Noten

Was Unternehmen in Deutschland bei ihren Angestellten gern oder ungern sehen*

	1 sehr gut
	2 gut
	3 befriedigend
	4 ausreichend
	5 mangelhaft
	6 unbefriedigend

	Daimler-Benz	Honda	Deutsche Bank	Hoechst	Microsoft	Apple	Lufthansa	Coca-Cola	Krupp Hoesch	Thyssen	Reynolds Tobacco	Roland Berger	Kienbaum & Partner	Allianz	Hamburg-Mannheimer	Lintas	Scholz und Friends
Kostüm / Anzug	1	2	2	1	1	4	2	2	1	2	1	1	1	2	1	1	
gedeckte Farben	3	4	2	1	2	4	2	3	2	1	5	1	1	1	2	2	1
Krawatte	1	2	2	1	1	3	2	2	1	1	2	1	1	1	2	2	1
T-Shirt	5	5	5	5	4	5	5	4	6	5	3	6	4	5	5	2	4
Jeans	5	2	5	4	4	5	4	4	3	5	3	6	3	5	5	2	4
Turnschuhe	6	5	5	6	5	6	4	4	6	6	6	6	5	5	5	2	5
Shorts	6	5	5	6	6	5	6	6	5	6	6	6	6	6	6	5	5
Sandalen	4	5	4	6	5	5	3	5	3	6	6	4	5	6	6	5	6
Hawaiihemden	6	3	6	6	4	4	3	6	6	6	6	5	6	6	6	6	6
lange Haare	6	3	5	3	2	4	3	6	4	6	5	5	5	4	2	4	
Ohrring	5	5	5	5	3	5	5	4	5	6	5	6	6	5	3	3	3

* Bewertet von den Personalchefs oder Pressestellen mit Schulnoten

Bei Daimler Benz dürfen Männer mit einem Ohrring _____

Zwischen den Zeilen

E 1

Welche Nomen und Adjektive passen zusammen? Machen Sie eine Liste.

Du traurige Person!

Deine ängstliche Vernunft!
    Meine Angst ist vernünftig.
Dein vorsichtiger Verstand!
    Meine Vorsicht ist verständlich.
Deine ruhige Natur!
    Meine Ruhe ist natürlich.
Du traurige Person!
    Meine Trauer ist persönlich.

Dieser jugendliche Übermut!

Diese jugendliche Energie!
    Die Jugend ist energisch.
Diese jugendliche Ungeduld!
    Die Jugend ist ungeduldig!
Dieser jugendliche Übermut!
    Die Jugend ist übermütig.

Nomen	Adjektiv
die Angst	ängstlich
die Vernunft	vernünftig
der Verstand	

Sprüche und Ratschläge

Es gibt vielleicht keine menschliche Vernunft, aber doch ein paar vernünftige Menschen.

Nimm dir freundliche Personen als persönliche Freunde!

Auch ein nützlicher Beruf bringt nicht nur beruflichen Nutzen.

Lieber mal ein fürchterlicher Schreck als ständig schreckliche Furcht!

Lieber ein langweiliger Tag als tägliche Langeweile.

Unterstreichen Sie die Adjektiv-Endungen und ergänzen Sie die Regeln.

Wörter mit der Endung _____ , _____ oder _-isch___ sind Adjektive. Man kann sie von Nomen ableiten. Dabei werden „a", „o" und „u" oft zu _____ , _____ und _____ .

E 2

Ergänzen Sie die passenden Nomen und Adjektive und vergleichen Sie mit dem Wörterbuch oder der Wortliste.

farbig	*die Farbe*	das Blut	*blutig*
gefährlich		der Mann	
lustig		der Neid	
schmutzig		der Punkt	
unterschiedlich		der Saft	

E 3

Ergänzen Sie passende Nomen oder Adjektive aus E 2.

1 Ein _____ Steak ist oft noch ein bisschen _____ .

2 Frühlingstypen und Wintertypen sollten _____ tragen.

3 Neid ist keine typisch weibliche oder _____ Eigenschaft: Fast alle Menschen sind manchmal _____ .

4 „Ständig kommst du zu spät, nie bist du _____ . Und ich muss immer warten – das finde ich überhaupt nicht _____ ."

5 Zu viel _____ ist _____ : Er ist oft Ursache von Krankheiten.

KURS
F1

Der Ton macht die Musik

Hören und vergleichen Sie.

„R" spricht man im Deutschen konsonantisch [r] oder vokalisch [ɐ].	[r]	[ɐ]
	rot	Tor
	Oh|ren	Ohr
	spa|ren	spar|sam
	grau	gern

Lesen Sie die Wörter und unterstreichen Sie alle „r".

	konsonantisches „r" [r]	vokalisches „r" [ɐ]		konsonantisches „r" [r]	vokalisches „r" [ɐ]
Rock	X		braun		
Nach|bar		X	Fir|ma		
Klei|der			rot		
grün			Pro|blem		
immer			Haa|re		
Haar			war|ten		
hö|ren			fer|tig		
Pull|o|ver			trau|rig		

Konsonantisches oder vokalisches „r"? Hören und markieren Sie.

Ergänzen Sie die Regeln und die Beispielwörter.

Am Wort- oder Silben-Anfang spricht man das _____ „r" [r]:
Rock, _____

Am Wort- oder Silben-Ende spricht man das _____ „r" [ɐ] (= „r" klingt wie „a"):
Nachbar, _____

Üben Sie das konsonantische „r" [r].

Nehmen Sie ein Glas Wasser und „gurgeln" Sie.

Dann „gurgeln" Sie bitte ohne Wasser und sprechen ganz langsam:
rrrosa – rrosa – rosa,
rrrot – rrot – rot,
rosarote Röcke,
grasgrüne Krawatten

Sprechen Sie erst ganz langsam und dann immer schneller und leiser:
rosarote Röcke und grasgrüne Krawatten, rosarote Röcke und grasgrüne Krawatten …

Oder sagen Sie „ach" [x]. Fügen Sie den Stimmton hinzu – [x] wird zu [r]:
Ach | Rita   nach | Rom   Nach\|richt   einfach | richtig

Wo hört man das konsonantische „r"? Markieren Sie.

Paar – Paare ◆ Monitor – Monitore ◆ Tastatur – Tastaturen ◆ Formular – Formulare ◆ Tür – Türen ◆
Fahrer – Fahrerin ◆ Mechaniker – Mechanikerin ◆ Friseur – Friseurin ◆ Schauspieler – Schauspielerin ◆
studieren – studiert ◆ fahre – fährst ◆ spart – sparen ◆ erklären – erklärst ◆ notiert – notieren ◆
schwer – schwerer – die schwerste ◆ teuer – teurer – der teuerste ◆ klar – klarer – am klarsten

Hören Sie, sprechen Sie nach und vergleichen Sie.

F 6

Hören Sie und sprechen Sie nach.

im Erdgeschoss ◆ dritter Stock ◆ vierte Etage ◆ bei der Herrenmode ◆ ein grauer Pullover ◆
ein rotes Kleid ◆ ein schwarzer Rock ◆ blaugrüne Krawatten ◆ braune Strümpfe ◆
ein orangefarbener Blazer ◆ traurige Farben ◆ Frühlingsfarben ◆ für eine Bewerbung ◆
für die Freizeit ◆ für die Arbeit ◆ fürs Büro ◆ die richtige Größe ◆ wirkt sehr interessant ◆
zu groß ◆ zu kurz ◆ zu teuer ◆ eine Nummer kleiner ◆ andere Modelle ◆ preiswerte Sonderangebote

Üben Sie zu zweit und machen Sie kleine Dialoge.

Guten Tag. Ich suche Krawatten.
Krawatten sind im Erdgeschoss.
Ich suche einen orangefarbenen Blazer.
Tut mir Leid, wir haben nur schwarze, graue und grüne Blazer.
...

F 7

Hören Sie und sprechen Sie nach.

Grau und schwarz sind Problemfarben für Herbsttypen.
Herbsttypen brauchen warme Farben!

Teure Kleider brauchen teure Kleiderschränke
und teure Kleiderschränke brauchen teure Kleider.

Graugrüne Strümpfe zu rotbraunen Röcken
oder rotbraune Strümpfe zu graugrünen Röcken?

**Von Februar bis April verkaufen wir farbenfrohe Winterkleider
vierunddreißig Prozent billiger.**

*Fröhliche Frühlingsfarben bringen frisches Leben
in Ihre vier Wände!*

**Wählen Sie einen „Zungenbrecher", lernen Sie ihn auswendig und
üben Sie „Schnellsprechen".**

KURSB
G

Farbe bekennen

G

1 **Lesen Sie den Text und unterstreichen Sie die Farben.**

Farbe bekennen

Götz Keitels Kunden kommen aus der ganzen Welt: ein Penthouse in New York, eine Bar in Venedig, eine Büro-Etage in Barcelona. Tabu-Farben kennt Keitel nicht. Meistens kombiniert er mehrere verschiedene Farben.
5 So hat er zum Beispiel in einer Münchner Kneipe Tresen, Tische und Barhocker <u>türkis</u> gestrichen und die Wände in einem warmen Rot. Danach war die Kneipe jeden Abend überfüllt: „Die Kneipenbesucher möchten alle cool sein, also türkis. Gleichzeitig haben sie aber einen
10 geheimen Wunsch nach Schutz und Geborgenheit, also warmes Rot."
Götz Keitel hat sich auf eine Frage spezialisiert, die selbst von einigen Innenarchitekten nicht ernst genug genommen wird: Welche Farben braucht der Mensch,
15 damit er sich wohl fühlt? Und wer weiß schon, was für ein Farbtyp er ist? Manchmal hilft ein Farb-Test, aber der Test allein reicht meistens nicht aus. Deshalb versucht der 40-jährige Malermeister in Gesprächen, den Farbtyp seiner Kunden herauszufinden. „Es bleibt ein Rest
20 Intuition. Aber ich habe noch nie daneben gelegen", bemerkt Herr Keitel selbstbewusst.
Seine Kenntnisse bezieht Keitel aus einer Fülle von Literatur, angefangen bei der Optik Newtons über Goethes Farbenlehre bis zu den Büchern des Schweizer
25 Farbpsychologen Max Lüscher. Bestimmte Wirkungen von Farben sind bei allen Menschen gleich. So verlangsamt Blau zum Beispiel den Blutkreislauf und Rot beschleunigt ihn. Das gilt bei Frauen und Männern genauso wie bei Jung und Alt, bei Senegalesen in Afrika
30 und bei den Inuit in Grönland. Wenn Menschen mit dem Wunsch nach Ruhe zu ihm kommen, heißt das aber noch lange nicht, daß Götz Keitel ihnen blaue Wände empfiehlt. Die Farbe Blau kann nämlich auch gefährlich werden: „Blau ist die Ruhe des Meeres, aber im Meer
35 kann man auch untergehen. Braun ist für diese Kunden besser, Braun erdet sofort. Denken Sie an die Marlboro-Werbung: der braungebrannte Mann in den braunen Überhosen, in brauner Landschaft, auf einem braunen Pferd. Viele Menschen wollen raus aus einem stressigen
40 Leben und mit dem ganzen Körper die Natur erleben. Wenn man kurz vor einem Herzinfarkt steht, dann ist Braun die ideale Farbe."
Seit kurzem unterrichtet er an der Fachhochschule für Architektur in Düsseldorf und überrascht seine
45 Studenten mit einem kleinen Experiment: Zunächst muss jeder Student eine Farbe unter mehreren Angeboten auswählen. Danach zeigt Keitel den Studenten verschiedene Wohnungen, darunter auch ein Penthouse mit einer großen Glasfront und Blick auf Manhattan. „Wer möchte hier einziehen?" Stets melden
50 sich einige Studenten, die vorher alle die Farbe Gelb ausgewählt hatten. „Der Gelb-Typ hat Sehnsucht nach unbegrenzter Entfaltung und strahlender Weite, eine Sehnsucht nach dem unberechenbaren Abenteuer", erklärt Keitel und fährt fort: „Violett ist nicht so offen.
55 Der Violett-Typ hat ein Ziel: die Veränderung. Violett ist revolutionär. Nicht zufällig war Violett insbesondere bei vielen Frauen in den 70er Jahren so modern."
Aber wenn die Farben so wichtig sind, warum wohnen dann immer noch so viele Menschen in Wohnungen mit
60 weißen Tapeten? „Weiß ist neutral", lacht Keitel, „viele Menschen wollen sich nicht festlegen. Wenn Sie Farbe bekennen, dann müssen Sie auch damit rechnen, daß manche Menschen Ihre Farbe nicht mögen."

G 2 **Lesen Sie den Text noch einmal und machen Sie eine Liste.**

Farbe: Assoziation:
türkis   *cool*
_____ _____
_____ _____
_____ _____
_____ _____
_____ _____
_____ _____

G 3 **Arbeiten Sie in Gruppen und gestalten Sie ein Geschäft.**
Welche Farben wählen Sie aus?

Boutique ◆ Bäckerei ◆ Metzgerei ◆
Blumenladen ◆ Restaurant ◆ Café ◆ …

Wände ◆ Boden ◆ Vorhänge ◆ Geschirr ◆
Möbel ◆ Theke ◆ Decke ◆ …

Kurz & bündig

Was ziehen Sie am liebsten an?

Zur Arbeit: _____

Zu Hause: _____

Ins Theater, zum Tanzen …: _____

Was sind Ihre Lieblingsfarben? Warum?

_____

_____

Adjektive

Sie stehen morgens vor Ihrem Kleiderschrank. Was hängt im Kleiderschrank? Was ziehen Sie an?

_____

_____

_____

Meine Regeln für die Adjektiv-Endungen:

_____

_____

„Welch-" und „Was für …" ?

_____ Hose suchen Sie? Eine einfache oder eine elegante?

_____ , für _____ .

_____ Blazer gefällt dir besser? Der grüne oder der blaue?

_____ , der _____ .

_____ Jahreszeitentyp sind Sie? _____

_____ Farben können Sie tragen? _____

Was sagen Sie?

Sie suchen eine Hose und gehen in ein Kaufhaus. Was sagen Sie?

_____

Der Verkäufer fragt Sie: Welche Größe haben Sie?

_____

Er fragt: Und in welcher Farbe möchten Sie die Hose?

_____

Verben mit Dativ

Sie fragen eine Freundin/einen Freund nach ihrer/seiner Meinung

zu einem Treffen am Wochenende: Wie _____ ?

zur neuen Frisur: Wie _____ ?

zum Essen: Wie _____ ?

Interessante Ausdrücke

_____

_____

_____

Contrastive Grammar

Adjectives not in front of a noun

Adjectives are words that describe nouns. They can stand alone, as in the following examples, or directly in front of a noun, as you will see in B4.

Die Haare sind **blond**.	The hair is **blond**.
Das Meer ist **blau**.	The sea is **blue**.
Die Haut ist **blass**.	The skin is **pale**.

Placed after a noun the adjective does not change according to gender or number of the noun as in some other languages.

Adjectives in front of a noun

Adjectives that are positioned directly in front of a noun take an ending according to the gender and the number of the noun, the case it stands in and the type of article (definite or indefinite) used.

		Nominativ		Akkusativ		
feminine	die	helle	Farbe	wie Nominativ		
	eine	helle	Farbe			
		helle	Farbe			
masculine	der	warme	Sommer	den	warmen	Sommer
	ein	warmer	Sommer	einen	warmen	Sommer
		warmer	Sommer		warmen	Sommer
neuter	das	blaue	Meer	wie Nominativ		
	ein	blaues	Meer			
		blaues	Meer			
plural	die	grünen	Pflanzen	wie Nominativ		
	keine	grünen	Pflanzen			
		grüne	Pflanzen			

Please also note that a series of adjectives in front of a noun all take the same ending.

Sie hat helle, lockige Haare.	She has fair, curly hair.
Das ist ein strahlend**es**, warm**es** Gelb.	This is a beaming, warm yellow.

There are some adjectives that German has borrowed from other languages that end in a vowel and don't take endings.

lila ➔ ein **lila** Sofa   orange ➔ die **orange** Farbe   rosa ➔ ein **rosa** Bett

Nevertheless you will hear people saying *"ein lilanes Bett"*, inserting an *"n"* to use as a base to add the usual endings. In writing, people tend to add *"-farben"* or *"-farbig"* to these adjectives and then use the respective endings: "ein lilafarbenes Bett", "ein lilafarbiges Sofa".

Adjectives formed from the names of cities always end in *"-er"*. This ending never varies.

die Berlin**er** Mauer	the Berlin wall
der Frankfurt**er** Flughafen	the Frankfurt airport
die New York**er** Szene	the New York scene

The adjective describing something from Switzerland (Swiss) works the same way:

eine Schweiz**er** Uhr	a Swiss watch
Schweiz**er** Käse	Swiss cheese

Please describe Michels bedroom, using the adjectives given in the drawing.

~~klein~~
hässlich
kaputt
schmutzig
lustig
bequem
groß
neu

Das ist Michels Zimmer ...

Er hat ein ___kleines___ Bett. Da ist _____ Tisch. Ein _____ Stuhl ist auch da. Im Zimmer liegt ein _____ Teppich. Michel hat eine _____ Lampe. Den _____ Sessel findet er gut. Sein Vater hat ihm _____ Computer gekauft und die _____ Stereo-anlage hat er vom Opa.

"Was für ..." and "welch-..."

The question form *"was für ..."* asks "what kind / type of ...". The answer will therefore often include the inde-finite article, e.g. "a warm sweater", unless the plural form is used.

"Was für ..." is not necessarily followed by the accusative, as you might expect after *"für"*, unless the noun is the direct object.

- Was für ein Pullover ist das? (Nominativ)
- What kind of sweater is that?
  - Ein warmer Pullover. (Nominativ)
  - A warm sweater.

- Was für einen Pullover suchst du? (Akkusativ)
- What kind of sweater are you looking for?
  - Einen hellen Pullover. (Akkusativ)
  - A light-coloured sweater.

- Was für Hemden haben Sie?
- What kind of shirts do you have?
  - Wir haben elegante und sportliche Hemden.
  - We have elegant and sporty shirts.

You were introduced to the question word *"welch-..."* in lesson 9, where it was used in the nominative case. *"Welch-..."* corresponds to the English "which", asking for something particular.

Therefore the answer will usually require the definite article in the singular and plural form.

- Welcher Rock ist das?
- Which skirt is that?
  - Der teure Rock.
  - The expensive skirt.

- Welchen Anzug suchst du?
- Which suit are you looking for?
  - Den grauen Anzug.
  - The grey suit.

- Welche Hemden soll ich kaufen?
- Which shirts should I buy?
  - Die eleganten Hemden.
  - The elegant shirts.
  - Das blaue und das rote.
  - The blue and the red one.

Please write out dialogues, following the model. Sabine and Sven are shopping for unusual clothes.

Sakko: blau, kariert ...
- ■ Mensch, sieh mal, der Sakko hier. Der ist ja super!
- ● Welchen meinst du?
- ■ Den **blauen**.
- ● Den? Der ist doch langweilig!
- ■ Was für einen suchst du denn?
- ● Einen **karierten** natürlich!

Hose: apricotfarben, schilfgrün / Kostüm: topmodisch, bügelfrei /
Hemd: elegant, jugendlich / Blazer: pflegeleicht, violett

C8–10

Verbs with dative

gefallen

Some verbs always take the dative. The verb *"gefallen"* often corresponds to the English verb "to like", but the structure of the German sentence is a reversal of the English equivalent.

Der Anzug **gefällt mir**.

I like the suit.

If you translate the German sentence as: *"The suit appeals to me"*, then the structure is easier to follow.
In German, the thing that is liked is the subject (nominative) and the person is put in the dative case.

Das topmodische Kostüm **gefällt ihr**.	**She likes** the very modern suit.
Claudia Schiffer **gefällt ihm**.	**He likes** Claudia Schiffer.
Das Computerspiel **gefällt mir** nicht.	**I don't like** the computer game.
Gefallen dir Blumen?	**Do you like** flowers?

In the last example, note that you have to use the plural form of the verb, as a verb always agrees with the subject of the sentence. This seems to be a source of mistakes for English speakers, so please be careful.

schmecken

The verb *"schmecken"* works in the same way. It is used to describe the flavour of food. The verb on its own in a statement has a positive connotation.

Der Salat **schmeckt mir**.   The salad **tastes** good (**to me**).
Die Wurst **schmeck**t sehr gut.   The sausage **tastes** very good.
Schmecken dir die Kartoffeln?   **Do you like** the potatoes? /
                                        Do the potatoes **taste good to you**?

You might hear people say: *"Ich schmecke das Salz nicht"* (I don't taste the salt), in which case *"schmecken"* would be followed by the accusative.

passen

Der Pullover **passt ihm**.   The sweater **fits him**.
Mir passt der Rock.   The skirt **fits me**.
Die Hemden **passen ihnen**.   The shirts **fit them**.
But also: Das Datum **passt uns**.   The date **suits us** / **fits** into our plans.

stehen

Die Bluse **steht ihr**.   The blouse **suits** / **favours her**.
Die Farben **stehen ihm**.   The colours **suit** / **favour him**.

helfen

Die Lehrerin **hilft ihnen**.   The teacher **helps them**.
Mir hilft niemand.   Nobody **helps me**.

Please write in German, using the verbs with dative.

Please note: the verb "like" could also be expressed by the German verb *"mögen"*, but please use *"gefallen"* / *"schmecken"* here.

Sven likes the orange suit.   *Sven gefällt der orangefarbene Anzug.*

The elegant blouse doesn't suit Sabine.   _____

The blue jacket fits him.   _____

Light colours favour her.   _____

Does this colour suit me?   _____

Unfortunately the shoes don't fit.   _____

Do you like the sporty shirts?   _____

Sporty shirts? They don't suit me.   _____

And do you like Currywurst?   _____

No, I only like Sauerkraut.   _____

D3   Adjectives after "bei", "mit" and "von" in the dative case

In B4 in this lesson you have seen the endings of adjectives in front of a noun in the nominative and accusative cases. *"Bei"*, *"mit"* and *"von"* require the dative case.

	bestimmter Artikel			unbestimmter Artikel			ohne Artikel		
feminine	bei	der	hellen	Farbe	mit	einer	hellen	Farbe	von	heller	Farbe
masculine	mit	dem	großen	Mund	mit	einem	großen	Mund	mit	großem	Mund
neuter	mit	dem	guten	Ohr	mit	einem	guten	Ohr	mit	gutem	Ohr
plural	mit	den	braunen	Augen					mit	braunen	Augen

Sven went to see a fashion designer and has changed a lot. Please describe him before and after.

vorher   nachher

Please follow the example, using the accusative case.

Vorher hatte Sven lange Haare.	Haare lang	Haare kurz	*Jetzt hat er kurze Haare.*
_____	Anzug, dunkel	Blazer, kariert	_____
_____	Schuhe, altmodisch	Sportschuhe, modern	_____
_____	Gürtel, hässlich	Gürtel, schick	_____
_____	Hemd, weiß	T-Shirt, sportlich	_____
_____	Ohrring, klein	Ohrring, groß	_____
_____	Bauch, dick	Bauch, klein	_____

Now rewrite the sentences, using the dative case.

Hier ist Sven mit langen Haaren.

Hier ist er mit kurzen Haaren.

Pronunciation Tips

The German letter "r"

At the beginning of a word or syllable, the German letter *"r"* is fully voiced. The phonetic symbol is [r]. It is however a very different consonant sound to its English equivalent.

Compare the English and German colour words "red" and *"rot"*. Standing in front of a mirror, notice the position of your tongue and lips when you slowly produce the "r" of the English word. The tongue is drawn back from the bottom teeth and the lips are pursed. The German *"r"*, in contrast, is not formed like this at the front of the mouth, but at the back of the throat, almost as if "gargling". To produce it, voice the *"ch"* sound of the word *"ach"*, whilst reducing the breath force and narrowing the throat. You can see that, with the German *"r"*, tongue and lips remain comparatively inactive. Imagine you are a top-class ventriloquist and compare producing the English and German "r". You should find the German one "easier".

Please read the following aloud, concentrating on the difference between the English and German "r".

> Ich brauche rote Rosen für die Britin Frau Rosemary Robinson.
> Sie ist in Rugby geboren und reist mit ihrem Bruder Roger nach Rom.
> Roger Robinson ist dreiunddreißig Jahre alt und repariert Räder bei der Royal Air Force.

At the end of a word or syllable, the German letter *"r"* is hardly pronounced at all. Instead it combines with and colours the preceding vowel sound. Compare the words *"bitte"* (please) and *"bitter"* (bitter). The first one ends in a sound very similar to the "a" in the English word "sofa", whilst the second, with the German *"r"*, requires a sound like the "u" in the English word "hut". The pronunciation of this vocalic *"r"* at the ends of words or syllables is therefore similar to a German *"a"*. The phonetic symbol is [ɐ].

Please read the following aloud.

> Herr Ober, ich bestelle mir lieber ein Bier!
> Mein Vater arbeitet bei der Feuerwehr in Berlin, aber meine Mutter wohnt in Oberammergau in Oberbayern.
> Nächstes Jahr wird der Winter wieder kälter und der Sommer wieder wärmer.

Now please read the following aloud, concentrating on the two different German "r" sounds: [r] and [ɐ].

Ihr grauer Rock war relativ teuer, oder? / Ja, aber mein orangefarbener Pullover war teurer. / Fährst du über Frankfurt nach Freiburg? / Ich bin Reiseleiter und fahre im Februar in die Türkei, im März nach Gibraltar und im April nach Russland. / Meine Nachbarin, Frau Müller, ist Friseurin. / Sie trägt richtig große Ohrringe und hat schwarze Haare.

Cultural Corner

Germany's national colours

"*Schwarz-Rot-Gold*" – black, red and gold in three equal horizontal stripes are the colours of the flag of the Federal Republic of Germany. The colours date to the emperors of the Middle Ages. They reappeared at the beginning of the nineteenth century in the struggle against Napoleonic domination, when a corps of army volunteers drawn from all the German principalities adopted black uniforms with red braid and gold buttons.

The wars of liberation against Napoleon helped to forge a new national movement. Subsequently, student organisations dedicated to the unification of Germany against the particularism and despotism of the princes, used the colours on their banners. In the first attempt to create a democratic and unified Germany, leaders of the 1848 Revolution adopted this tricolour flag in the National Assembly or Frankfurt Parliament.

Although this failed attempt was short-lived and German unity was later imposed along imperial and monarchist lines by Bismarck under different colours, the flag was readopted by the democratic Weimar Republic in 1919. Here it was a source of much dispute, supported by pro-republican parties and bitterly opposed by monarchists and the Nazis. When Hitler came to power in 1933, he abolished it.

After the founding of the present Federal Republic of Germany in 1949, the "*Schwarz-Rot-Gold*" flag was reintroduced for a third time by the German parliament as the country's official symbol.

Political party colours

As in English, in German particular colours are associated with the main political parties.

Like the British Labour Party, the Social Democratic Party of Germany (SPD) is linked to the colour red. Again as in English, green is the colour of the ecological movement in Germany and its political grouping Alliance 90/The Greens. "*Rot-Grün*" – red-green – became a veritable buzzword in Germany in 1998, following the election victory of Gerhard Schröder's SPD and their formation of a coalition government with the Greens.

However, whilst British Conservatism is associated with the colour blue, the Christian Democratic Union of Germany (CDU) and its sister party in Bavaria, the Christian Social Union (CSU), are traditionally identified, due to their historical connection to Catholicism, with the colour black.

Other main parties include the Free Democratic Party (FDP), associated with the colour yellow, which adopts programmes in the tradition of German liberalism, and the Party of Democratic Socialism (PDS), the successor to the former communist party which ruled in East Germany before reunification, associated with the colour red.

Brown, the colour of the shirts of the paramilitary Storm Troopers of the early Nazi party, is the colour linked to right-wing extremism.

Test

Test

A

1 Was ist richtig: a, b oder c ? Markieren Sie bitte.

Beispiel: ● Wie heißen Sie?
■ Mein Name _____ Schneider.

☐ a) hat
☒ b) ist
☐ c) heißt

● Und wer ist das hier auf dem Foto?
■ Das ist _____ kleiner Bruder.

☐ a) mein
☐ b) meinen
☐ c) meine

● Mein Leben in 20 Jahren stelle ich mir so vor:
Reihenhaus, Mercedes 200 D, Frau und zwei
Kinder, Stammtisch.
■ Ist das wirklich dein _____ .

☐ a) Meinung
☐ b) Beruf
☐ c) Ernst

● Was willst du mal werden? Fotografin ____ Ärztin?
■ Ich weiß noch nicht. Vielleicht Fotografin.

☐ a) aber
☐ b) und
☐ c) oder

● Holst du die Kinder von der Schule ____ ?
■ Nein, ich kann heute nicht.

☐ a) zu
☐ b) auf
☐ c) ab

● Wo ist denn der Mülleimer?
■ Der steht unter _____ in _____ .

☐ a) die Spüle - die Küche
☐ b) der Spüle - der Küche
☐ c) eine Spüle - eine Küche

● Wohin gehst du?
■ _____ Klavierstunde.

☐ a) In der
☐ b) In die
☐ c) Ins

● Warum wohnst du denn noch bei deinen Eltern?
■ _____ ich noch nicht genug Geld verdiene.

☐ a) Weil
☐ b) Warum
☐ c) Obwohl

8 ● _____ du mit 15 abends allein in die Disko
gehen?
■ Nein, meine Eltern waren sehr streng.

☐ a) Wolltest
☐ b) Musstest
☐ c) Durftest

9 ● Wo _____ du denn heute morgen?
■ Ich musste zum Zahnarzt gehen.

☐ a) bist
☐ b) warst
☐ c) war

10 ● Was _____ Sie als Kind werden?
■ Journalistin.

☐ a) wollten
☐ b) mussten
☐ c) konnten

11 ● Und wie gefällt es dir in deiner WG?
■ Ganz gut, _____ es manchmal sehr laut ist.

☐ a) obwohl
☐ b) weil
☐ c) aber

12 ● Das Auto sollte doch gestern schon fertig sein.
■ _____ , _____ der Meister war
krank.

☐ a) Ja, aber
☐ b) Nein, aber
☐ c) Doch, aber

13 ● Wie war denn dein Urlaub?
■ Oh, der war _____ super!

☐ a) etwas
☐ b) wirklich
☐ c) ziemlich

14 ● Seid ihr gut in Peking angekommen?
■ Ja, aber wir hatten eine Stunde _____ .

☐ a) Verspätung
☐ b) Abflug
☐ c) Ankunft

15 ● _____ ihr auch zum Grand Canyon geflogen?
   ■ Nein, wir haben den Bus verpasst.
     a) Habt
     b) Seid
     c) Wollt

16 ● Warum bist du nicht _____ ?
   ■ Ich habe keinen Urlaub bekommen.
     a) mitgefahren
     b) mitfahren
     c) fahren mit

17 ● _____ Fluss fließt von Dresden nach Hamburg?
   ■ Die Elbe.
     a) Welches
     b) Welche
     c) Welcher

18 ● Und dir _____ wirklich nichts passiert?
   ■ Nein, nichts. Es war nur ein kleiner Unfall.
     a) hast
     b) hat
     c) ist

19 ● Was fehlt Ihnen denn?
   ■ Ich habe seit drei Tagen starke _____ .
     a) Kopfschmerzen
     b) Fieber
     c) Blutdruck

20 ● Und was kann ich tun, Frau Doktor?
   ■ Sie _____ ein paar Tage im Bett bleiben.
     a) wollen
     b) sollten
     c) möchten

21 ● Ich fahre lieber mit dem Fahrrad.
   ■ Warum? Mit dem Auto ist es doch viel

   _____ .
     a) mehr
     b) bequem
     c) bequemer

22 ● In welchem Land leben _____ Menschen?
   ■ In China.
     a) mehr als
     b) die meisten
     c) meistens

23 ● Kochst du jeden Tag?
   ■ Nein, leider nicht. Ich koche nur, _____ ich Zeit habe.
     a) weil
     b) dass
     c) wenn

24 ● _____ hat Vera Geburtstag?
   ■ Am 4. August.
     a) Wann
     b) Wenn
     c) Welche

25 ● Haben Sie auch _____ Hemden?
   ■ Ja, natürlich.
     a) grünen
     b) grünes
     c) grüne

26 ● Wie _____ dir der blaue Rock?
   ■ Ja, nicht schlecht.
     a) gefällt
     b) findest
     c) mag

27 ● Was habt ihr gestern noch gemacht?
   ■ Wir waren in einem _____ Restaurant.
     a) schicken
     b) schickes
     c) schickem

28 ● Später möchte ich mal Pilot werden.
   ■ Was? Du hast doch eine Vier in Englisch! Da _____ ich aber _____ .
     a) sehe … schwarz
     b) sehe … rot
     c) fahre … schwarz

29 ● Die Deutschen essen jeden Tag Kartoffeln.
   ▲ Und die Italiener Nudeln.
   ■ So ein Quatsch. Das sind doch nur

   _____ .
     a) Tabus
     b) Klischees
     c) Wahrheiten

30 ● _____ Kleid gefällt dir besser.
   ■ Das blaue. Das steht dir sehr gut.
     a) Was für ein
     b) Was für eins
     c) Welches

2   **Wie viele richtige Antworten haben Sie?**

Schauen Sie in den Lösungsschlüssel im Anhang. Für jede richtige Antwort gibt es einen Punkt. Wie viele Punkte haben Sie?

_____ Punkte

Jetzt lesen Sie die Auswertung für Ihre Punktzahl.

(24–30 Punkte:) Wir gratulieren! Sie haben sehr gut gelernt. Weiter so!

(13–23 Punkte:) Schauen Sie noch einmal in den Lösungsschlüssel. Wo sind Ihre Fehler? In welcher Lektion finden Sie die Übung dazu? Machen Sie eine Fehlerliste.

Nummer	Lektion	(G) = Grammatik	(W) = Wortschatz
2	7, B-Teil		X
6	7, E-Teil	X	
	8,		

- **Ihre Fehler sind fast alle in einer Lektion?** Zum Beispiel: Fragen 8, 9, 11, und 13 sind falsch. Dann wiederholen Sie noch mal die ganze Lektion 8.

- **Ihre Fehler sind Grammatikfehler (G)?** Dann schauen Sie sich in allen Lektionen die Grammatik-Teile von „Kurz & bündig" noch einmal an. Fragen Sie auch Ihre Lehrerin oder Ihren Lehrer, welche Übungen für Sie wichtig sind.

- **Ihre Fehler sind Wortschatzfehler (W)?** Dann wiederholen Sie in allen Lektionen die *Nützlichen Ausdrücke* von „Kurz & bündig". Lernen Sie mit dem Vokabelheft und üben Sie auch mit anderen Kursteilnehmern. Dann geht es bestimmt leichter.

- (Tipps zum Vokabel-Lernen finden Sie in Tangram 1 A Arbeitsbuch, Lektion 6.)

(5–12 Punkte:) Wiederholen Sie noch einmal gründlich alle Lektionen. Machen Sie ein Programm für jeden Tag. Üben Sie mit anderen Kursteilnehmern. Und sprechen Sie mit Ihrer Lehrerin oder Ihrem Lehrer.

(0–4 Punkte:) Lernen Sie lieber Englisch oder vielleicht ein Musikinstrument.

Lesen wie ein Profi

Was lesen Sie wie? Warum? Markieren Sie.

Textsorte	Ich suche konkrete Informatio- nen	Ich will alles genau verstehen	Ich will einen Überblick bekommen	Ich lese schnell und ober- flächlich	Ich lese langsam und gründlich	komplett von Anfang bis Ende	nur einzelne Teile des Textes
spannendes Buch (Krimi)							
Veranstaltungstipps fürs Wochenende							
Urlaubspost von Freunden							
Reiseprospekt über Österreich							
Speisekarte im Restaurant							
Rezept im Kochbuch							
Lerntipp in TANGRAM							
Wörterbuch							
Zeitungsartikel über eine neue Diät							
Stellenanzeigen in der Zeitung							

Arbeiten Sie zu dritt und vergleichen Sie oder schreiben Sie einen kleinen Text.

Ein spannendes Buch lese ich langsam und gründlich, weil ich alles genau
verstehen will. Aber Veranstaltungstipps ...

Lesen Sie den Text und markieren Sie.

	richtig	falsch
1 Lesen heißt: einen Text laut vorlesen.		
2 Beim Lesen will man immer alles verstehen.		
3 Nicht alles in einer Zeitung ist interessant.		
4 Man liest meistens alle Veranstaltungstipps in der Zeitung gründlich.		
5 Oft sucht man nur eine ganz spezielle Information.		
6 Manche Texte liest man zweimal oder dreimal.		
7 In fremdsprachigen Texten muss man alle Wörter genau verstehen.		

Wie wir lesen

Wenn wir Texte in unserer Muttersprache lesen, lesen wir meistens still. Manche Texte lesen wir langsam und gründlich, viele Texte aber nur schnell und oberflächlich: Lesen und lesen – das sind dann ganz verschiedenen Dinge.

Wenn wir die Zeitung lesen, lesen wir oft „diagonal", nur die Überschriften. Wenn wir
5 eine Überschrift interessant finden, lesen wir schnell den Anfang des Zeitungsartikels. Wenn wir den Text und das Thema dann immer noch interessant finden, lesen wir langsamer und gründlicher weiter.

Den Veranstaltungskalender in einer Zeitung oder Zeitschrift lesen wir nicht von vorne
10 bis hinten. Wenn wir sowieso keine Zeit haben, lesen wir ihn gar nicht. Wenn wir Zeit haben und ausgehen wollen, überlegen wir: Was wollen wir machen?, Wann haben wir Zeit? ... Dann suchen wir die passende Rubrik (z.B. Filmtipps oder Konzerttipps) und den passenden Termin. Dort lesen wir zuerst schnell alle Angebote (wir „überfliegen" sie)
15 und lesen dann die interessanten Angebote langsamer, genauer und gründlicher.

Wenn wir schon eine Veranstaltung ausgesucht haben, aber die genaue Zeit oder den Ort nicht mehr wissen, dann überfliegen wir die Veranstaltungstipps in der passenden Rubrik. Wenn wir dann ein passendes Stichwort finden (Filmtitel oder Name einer
20 Band), stoppen wir, lesen gründlich weiter und finden die gesuchte Information.

Und wenn ein Text (z.B. eine Geschichte oder ein Gedicht) sehr interessant oder wichtig für uns ist, dann lesen wir ihn auch mehrmals. Wir versuchen, alles ganz genau zu verstehen – die Informationen im Text und „zwischen den Zeilen". Wir überlegen: Was
25 will uns der Text sagen? Sind wir einverstanden mit den Aussagen? Haben wir ähnliche Erfahrungen gemacht? Finden wir die Formulierungen passend oder schön? Gefällt uns der Text? Warum (nicht)? – wir interpretieren den Text.

Beim Lesen in der Muttersprache sind wir also sehr flexibel. Aber beim Lesen in einer
30 Fremdsprache vergessen wir das oft: Wir lesen alles ganz langsam und gründlich, wollen jedes Wort genau verstehen und sagen gleich beim ersten unbekannten Wort: „Dieses Wort verstehe ich nicht. Ich verstehe überhaupt nichts. Der Text ist zu schwer." Doch auch in fremdsprachigen Texten sind oft nur ganz bestimmte Informationen wichtig –
35 wir müssen nicht immer alles verstehen. Deshalb sollten wir üben, auch in einer Fremdsprache so flexibel zu lesen wie in unserer Muttersprache.

Sind Sie einverstanden? Diskutieren Sie zu dritt oder viert.

Welche Probleme beim Lesen haben Sie? Markieren Sie.

Probleme beim Lesen

A Was soll das? Warum muss ich diesen Text lesen? Das ist oft mein Problem, wenn ich im Unterricht lesen soll. Deshalb verstehe ich die Texte dann auch nicht.

B In der Aufgabe steht: „Lesen Sie die Texte. Welche Überschrift passt wo?" Die Aufgabe ist mir zu einfach. Ich kann die Aufgabe lösen, obwohl ich die Texte gar nicht richtig verstanden habe.

C Das Lesen geht bei mir sehr langsam. Wenn ich einen Satz gelesen habe, haben die anderen schon den ganzen Text gelesen.

D Ich soll einen Text lesen, aber ich verstehe überhaupt nichts. Wenn ich alle Wörter nachschlage, dann brauche ich mindestens eine Stunde.

E In einem Text kommt ein unbekanntes Wort vor und ich weiß ganz genau: Das Wort ist wichtig. Aber ich kenne das Wort nicht. Deshalb verstehe ich dann den Text nicht.

F Manchmal verstehe ich einen Text nicht, obwohl ich die meisten Wörter im Text kenne.

G Meistens verstehe ich die Texte und kann die Aufgaben lösen. Aber ein paar Wörter kenne ich nicht und verstehe ich nicht.

Welche Tipps passen zu Ihren Problemen? Markieren Sie.

Tipps für Lese-Profis

1 **Machen Sie den Text interessant!** Spielen Sie zum Beispiel „Hellseher" (vgl. Lerntipp im Arbeitsbuch S. 134): Lesen Sie die Überschrift und schauen Sie sich die Bilder oder Zeichnungen und das Layout an. Überlegen Sie: Was für ein Text ist das wohl? Wo findet man ihn? Was ist wohl das Thema? Was weiß ich über dieses Thema? Was steht vielleicht im Text? Jetzt sind Sie bestimmt ein bisschen neugierig auf den Text – also los!

2 **Die Aufgaben sind wichtig!** Und wenn Sie die Aufgabe lösen können, dann haben Sie natürlich auch etwas verstanden. Die Aufgaben helfen Ihnen, auch bei schwierigen Texte etwas zu verstehen – manchmal ganz konkrete Informationen, manchmal nur das allgemeine Thema oder die Textsorte, manchmal ein paar wichtige Aussagen. Vergessen Sie deshalb beim Lesen nie die Aufgaben, dann ist es leichter.

3 **Achten Sie auf internationale Wörter und Wortfamilien!** Beim ersten Lesen helfen „internationale Wörter", die Sie schon aus anderen Sprachen kennen. Bei einigen neuen Wörtern kennen Sie zwar nicht das Wort im Text (z. B. „unblutig" oder „Langsamkeit"), aber ein anderes Wort aus der Wortfamilie (also „Blut"/„blutig" und „langsam") und können deshalb die Bedeutung raten.

4 **Sie kennen ein Wort nicht?** Raten Sie mal! Greifen Sie nicht immer gleich zum Wörterbuch – das dauert viel zu lange und ist oft nicht nötig. Wenn das Wort wichtig ist, lesen Sie noch einmal den Satz davor und lesen Sie dann noch ein Stück weiter: Oft kommt eine Erklärung für ein Wort erst später. Bei vielen Wörtern können Sie raten, was für ein Wort es sein muss: ein Name, ein Ort, eine Zeitangabe ... Und denken Sie immer daran: Sie müssen nicht alle Wörter verstehen, um die Aufgabe zu lösen!

5 **Machen Sie ein Textgerüst!** Nehmen Sie ein großes Blatt Papier und malen Sie mit Stichworten ein Bild von der Struktur des Textes. Achten Sie dabei auf die Wörter, die Sätze und Satzteile verknüpfen: Konjunktionen wie „und", „aber", „oder", „weil", „obwohl", „dass", „deshalb" und Pronomen oder Artikel wie „sie", „ihnen", „unsere", „kein". Sie helfen Ihnen, die Struktur des Textes zu malen – und so zu verstehen.

6 **Benutzen Sie das Wörterbuch!** Aber nur, wenn das Wort wirklich wichtig ist und Raten nicht weiterhilft. Vorsicht: Viele Wörter haben nicht nur eine Bedeutung. Lesen Sie alle Erklärungen im Wörterbuch und versuchen Sie, die passende Bedeutung zu finden.

7 **Machen Sie eigene Aussagen!** Kombinieren Sie alle bekannten Wörter und überlegen Sie: Wie können die Wörter einen Sinn ergeben? Probieren Sie verschiedene Möglichkeiten aus und vergleichen Sie immer wieder mit dem Text – so findet man oft eine Lösung. Vergleichen Sie dann mit anderen Ihre Ideen und Lösungen.

8 **Trainieren Sie „Schnell-Lesen"!** Üben Sie zum Beispiel „Lese-Raten" (vgl. Lerntipp im Kursbuch S. 92) oder „Wortsuche": Lesen Sie einen Text, den Sie vorher schon einmal gelesen haben. Unterstreichen Sie dabei alle Wörter, die Sie schnell erkennen. Machen Sie dann eine Liste von „schwierigen" Wörtern, die Sie trainieren möchten. Lesen Sie einen anderen Text und suchen Sie dort ein oder zwei Wörter aus Ihrer Liste.

9 **Herzlichen Glückwunsch!** Wenn Sie die Aufgaben lösen konnten, haben Sie das Wichtigste verstanden und sind auf dem besten Wege, auch in der Fremdsprache ein guter Leser zu werden

Diskutieren Sie zu dritt. Welche Probleme haben Sie beim Lesen? Wie finden Sie die Tipps? Kennen Sie weitere Tipps?

Der Ton macht die Musik

Hören und vergleichen Sie.

Hauchlaut [h]	Neueinsatz [ǀ]
Halt!	alt
Hände	Ende
hier	ihr
hofft	oft
Hund	und
Haus	aus
heiß	Eis

Üben Sie das „h".

Tief atmen:
Atmen Sie tief durch die Nase ein und durch den offenen Mund wieder aus.

Hauchlaut „h" = [h]
Halten Sie einen Spiegel vor den Mund und hauchen Sie beim Ausatmen den Spiegel an: der Spiegel „beschlägt".
„hhhhhhhhhhhhh"

Atmen Sie aus, fühlen Sie den warmen Atem an der Hand und beenden Sie das Ausatmen mit „a":
„hhhhhaaaaaaaa"
Sagen Sie: hhhaus, hhaus, Haus

Sagen Sie: Hanna, hat, heute, Husten – Hanna hat heute Husten
Heinz, holt, Hanna, Hustentropfen – Heinz holt Hanna Hustentropfen.

Wo hört man [h]? Hören Sie, sprechen Sie nach und markieren Sie.

	[h]	kein [h]		[h]	kein [h]
Hals	X		frü-her		
Fah-rer		X	ge-hen		
Flug-hafen	X		heißen		
Hallo			Woh-nung		
Jahr			Sah-ne		
Sohn			hören		
helfen			wo-hin		
wo-her			Floh-markt		
heute			Ru-he		
Feh-ler			Husten		
An-hang			Nä-he		

Ergänzen Sie.

Das „h" am Wort- oder Silbenanfang	_____.
Das „h" am Wort- oder Silbenende	_____.
Das „h" vor unbetonten Wortendungen (-e , -er, -en)	*hört man nicht* .
Ein „h" nach Vokal macht den Vokal	_____.

C 4

Wo hört man das „h"? Markieren Sie.

geh nach H̲ause ◆ gleich h̲alb zehn ◆ haben Sie hier auch Hüte? ◆ halb so alt wie Hans ◆
hilf mir doch mal ◆ hol dir Halstabletten ◆ ich möchte heute nicht ausgehen ◆ ich habe Husten ◆
ich heiße Anna Hortmann ◆ lass mich in Ruhe ◆ nach Hamburg oder Heidelberg ◆
sehr höflich und zurückhaltend ◆ sehr hübsche Schuhe ◆ sind Sie Hanna Ortmann? ◆
stehen mir die Schuhe? ◆ wie alt ist Hanna? ◆ wie findest du Herrn Huber? ◆ wie viel Uhr ist es? ◆
wohin fahrt ihr? ◆ wir führen nur Hemden und Hosen ◆ hilf dir selbst

**Hören Sie, sprechen Sie nach und vergleichen Sie.
Üben Sie zu zweit und machen Sie kleine Dialoge.**

Guten Tag, haben Sie hier auch Hüte?
Tut mir Leid, wir führen nur Hemden und Hosen.

C 5

Hören und sprechen Sie.

Leben zwischen -heit und -keit

Kindheit: Freiheit,
Sicherheit und Fröhlichkeit,
Tollheiten, Dummheiten,
Direktheit und Echtheit.

Unabhängigkeit: Unsicherheit,
Möglichkeiten, Gelegenheiten,
Grobheiten, Gemeinheiten,
Verliebtheiten und Peinlichkeiten.

Hochzeit: Zufriedenheit,
Herzlichkeit und Schönheit,
Verschiedenheiten, Schwierigkeiten,
Bekanntheit und Gewohnheit.
Gemütlichkeit, Bequemlichkeit,
Klarheiten, Wahrheiten.

Krankheit: Unmöglichkeit,
Gesundheit eine Seltenheit,
Traurigkeit, Müdigkeit,
dann Dunkelheit und Freiheit.

Erziehung

Hör auf! Hör zu!
Sei ruhig! Lass mich in Ruh'!
Geh weg! Komm her!
Erziehung ist schwer!

Gute Besserung!

Ich habe Husten,
du hast Husten,
er hat Husten und
sie hat auch Husten.
Wir haben Husten,
ihr habt Husten,
sie haben Husten und
Sie haben auch Husten.

Guten Appetit

Heut' hab' ich Hunger
auf Kohlrouladen:
Zwiebeln hacken,
Hackfleisch in Weißkohl,
heißes Öl,
Brühe mit Mehl
und viel Sahne.
Hmhmhm – herrlich!

Lösungsschlüssel

Lektion 1

A1 Guten Morgen. / Guten Tag. / Wie geht es Ihnen? / Gut, danke.
Hallo, wie geht's? / Danke, gut.

A2 Hallo Nikos. / Hallo Lisa! Hallo Peter! / Wie geht's? / Danke, gut.
Entschuldigung, sind Sie Frau Yoshimoto? / Ja. / Guten Tag, mein Name ist Bauer. / Ah, Frau Bauer! Guten Tag. / Wie geht es Ihnen? / Gut danke.

A3 Guten Morgen. / Guten Tag. / Wie geht es Ihnen? / Danke, gut. Und Ihnen? / Auch gut, danke.

B1 Meier, Doris, Meier, Julia

B2 2 B per Sie 3 C per du

B3 per du: A, B; per Sie: C, E, F, G; per du oder per Sie: D, H

B4 … Weininger. … Sie? / … Spät. / … Daniel. … du? / Eva.

B5 Wie heißen Sie? Wie heißt du? Ich heiße Nikos. Ich heiße Werner Raab.

C1 Österreich, Frankreich, China, England, Argentinien, Deutschland, Brasilien, Australien, Türkei, Schweiz, Kanada, Japan, Griechenland

C2 Kommst du aus Österreich? / Nein, ich komme aus der Schweiz. Und du? Woher kommst du? / Ich komme aus Kanada, aus Toronto.
Woher kommen Sie? / Ich komme aus Frankreich? / Und Sie? Kommen Sie aus Deutschland? / Ja, aus Köln.

C3 Beruf, Frau, Hallo, Herr, kommen, Lehrer, Polen, Was, Woher, danke, gut, heißen, Kellner, Land, Name, Türkei, Wie
Name: Frau, Herr, heißen; *Land:* kommen, Polen, woher, Türkei; *Beruf:* Lehrer, was, Kellner

C4 Frau …: Jablońska, Wang, Kahlo
Herr …: Márquez, Born, Palikaris

C6 siehe Kasten C4

C7 Sind, kommst, Kommen, sind, Bist

C8 2↘ 3↗ 4↘ 5↘ 6↗ 7↘ 8↗ 9↘ 10↗ 11↘ 12↗
W-Frage und Aussagen: ↘
Ja/Nein-Fragen und Rückfragen: ↗

D1 Vorwahl von Deutschland: 0049

D2 fünf, elf, dreiundvierzig, zwanzig, sechzehn, sechs, neunzehn, achtzig: Flugzeug

D3 3, 20, 13, 40, 50, 16, 70, 80, 19, 34, 76, 98

D4 7, 23, 19, 49, 34, 42

D5 3, 7, 20, 26, 29, 42, Zusatzzahl 32, Superzahl: 1; 2 richtige Zahlen

E1 1 b 2 b 3 b 4 a 5 a

F2 Hallo, danke, das, Name, macht, die, ist, woher, kommen, was, sind, Ihnen, hier, ich, Fahrer, Lufthansa, Entschuldigung, richtig, Flugsteig, Morgen, jetzt, alle

G1 *Brasilien* – Portugiesisch; *China* – Chinesisch; *Deutschland* – Deutsch; *Frankreich* – Französisch, *Griechenland* – Griechisch; *Italien* – Italienisch; *Kanada* – Englisch und Französisch; *Kenia* – Suaheli und Englisch; *Marokko* – Arabisch und Französisch; *Österreich* – Deutsch; *Portugal* – Portugiesisch; *Polen* – Polnisch; *Schweiz* – Deutsch, Französisch und Italienisch; *Spanien* – Spanisch; *Türkei* – Türkisch

G2 Kindergarten C, (Sauer)Kraut F, Schnitzel B, Zickzack D, Walzer A, Bier E

G3 *die:* Nummer, Information, Frage, Übung; *der:* Flughafen, Name, Beruf, Pass; *das:* Rätsel, Wort, Taxi, Land

H1 Entschuldigung, ich suche Olympic Airways. / Halle B, Schalter 55. / Danke.
Guten Tag. Ich möchte bitte ein Ticket nach Athen. / Athen, kein Problem. Und wie ist Ihr Name, bitte? / Weininger, Max Weininger. / … So, Ihr Ticket, Herr Weininger. Gehen Sie bitte gleich zu B 46. / B 46. Danke. Auf Wiedersehen. / Auf Wiedersehen und guten Flug.

H3 … nach USA und Südamerika, 70 Starts, Landungen und 80 000 Passagiere, wichtigsten, nur 12 S-Bahn-Minuten, 400 Firmen und Behörden, 52 000 Arbeitsplätze, „Cargo City Süd"

I Guten Tag. Wie geht es Ihnen? / Danke, gut.
Name: Wie heißen Sie? Wie heißt du? / Ich heiße … / Mein Name ist …
Land: Woher kommen Sie? Woher kommst du? / Ich komme aus …
Beruf: Was sind Sie von Beruf? Was bist du von Beruf? / Ich bin (Berufsbezeichung ohne Artikel).
Verben: kommen, sein
W-Fragen: Position 2; *Aussage:* Position 2; *Ja/Nein-Frage:* Position 1
Zahlen: null, eins, zwei, drei, vier, fünf, sechs, sieben, acht, neun, zehn, *elf, zwölf,* drei*zehn,* vier*zehn,* fünf*zehn,* sech*zehn, siebzehn,* acht*zehn,* neun*zehn* zwan*zig,* ein*undzwanzig,* zweiund*dreißig,* dreiund*vierzig,* vierundfünf*zig,* fünfund*sechzig,* sechsund*siebzig,* siebenund*achtzig,* achtund*neunzig,* … neun*undneunzig,* (ein)*hundert*
Wortakzent: danke, Name, heiße, komme / Beruf, woher, wohin, / Französisch, Entschuldigung, Familienname
Tschüs!

Lektion 2

A1 *17* siebzehn, *60* sechzig, *66* sechsundsechzig, *70* siebzig, *98* achtundneunzig, *134* (ein)hundertvierunddreißig, *277* zweihundertsiebenundsiebzig, *391* dreihunderteinundneunzig, *409* vierhundertneun, *615* sechshundertfünfzehn, *856* achthundertsechsundfünfzig

A2

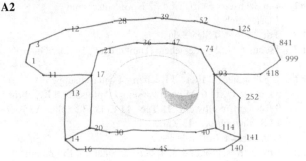

A3 FAZ die Frankfurter Allgemeine Zeitung; ICE der Inter City Express; KFZ das Kraftfahrzeug; ZDF das Zweite Deutsche Fernsehen; DM die Deutsche Mark; GB der Gewerkschaftsbund; VHS die Volkshochschule; EU die Europäische Union; VW der Volkswagen

A8 2b 3b 4a 5a 6a 7a 8b 9a

B1 1, 2, 3, 7, 10, 5, 9, 8

B2 1 Antonio und Ricarda sind 2 Anja ist …, Ricarda ist …, sind … 3 Anja ist …, Ricarda ist …, Antonio und Oliver sind … 4 Antonio und Oliver sind …, Anja und Ricarda sind … 5 Anja und Antonio haben …, Oliver und Ricarda haben … 6 Anja und Oliver haben …, Antonio und Ricarda haben ….

B3 1 sind, Seid 2 Antonio: ist, sind, haben 3 Ricarda: ist, bin seid 4 Anja: bin, ist 5 Antonio: Bist, Hast 6 Oliver: bin, habe, hat, Habt 7 Ricarda: ist hat, bin, habe …

C1 geht, gehe, arbeitet, kommst

C4 ich -e, du -st, er,sie,es -t, wir -en, ihr -t, sie -en, Sie -en
1 Verb-Endung 2 -en, -t 3 -t

C5 Kommen, Sind / wohne / wohnen, ist arbeitet, Kommen, Kommt / kommen, sind, Bist / bin, / Arbeitest / arbeite, wohnen / sind, wohnen

D1 *Eine* Zahl, *ein* Dialog und *ein* Formular sind auf der Meldestelle.
„Guten Tag, mein Name ist 38", sagt *die* Zahl. „Guten Tag", sagt die Angestellte. „Sie sind *eine* Zahl? Das ist gut. – Zahlen sind hier immer willkommen. Dann sind Sie ja verheiratet. Wie heißt Ihr Partner? Alter, oder Hausnummer, oder Postleitzahl, oder … ?" „Ich bin ledig", sagt *die* Zahl. „Oh nein!", sagt *die* Angestellte. „ *Eine* ledige Zahl? Hier auf der Meldestelle? Das geht nicht! Auf Wiedersehen!" Traurig geht *die* Zahl nach Hause.
„Hallo, wie geht's?", sagt *der* Dialog. „Guten Tag. Wie ist Ihr Name?", sagt *die* Angestellte. „Ich weiß nicht," sagt *der* Dialog. „Ich bin *ein* Dialog." „So, so", sagt *die* Angestellte. „Und wo wohnen Sie?" „Hier!", sagt *der* Dialog. „Wir sprechen – also wohne ich hier." „Oh nein!", sagt *die* Angestellte. „ *Kein* Name? Das geht nicht. Hier ist kein Platz für Sie." Traurig geht *der* Dialog nach Hause.
„Guten Tag! Bin ich hier richtig?", fragt *das* Formular. „Sie sind *ein* Formular? Sehr gut.", sagt *die* Angestellte. „Und wie heißen Sie?" „Ich heiße »Anmeldung«", sagt *das* Formular. „Oh, wie schön!", sagt die Angestellte, „da sind Sie hier richtig. – Formulare sind hier immer richtig." Deshalb sind auf der Meldebehörde viele Formulare, aber *keine* Dialoge, und nur verheiratete Zahlen.

D2 *die:* eine / *der und das:* ein, kein / *die:* keine
In Texten, Dialogen … steht zuerst der unbestimmte Artikel, dann der bestimmte Artikel.

D3 2 ein Bild 3 ein Dialog 4 ein Fahrer 5 die Kursliste 6 das Formular 7 die Adresse 8 das Foto 9 ein Telefon

E1 4 in Sachsen 5 Gris Gott 2 Norddeutschland 3 Österreich

E2 3 du 2 Sie 4 Sie 5 du

E3 Tschüs / Auf Wiedersehen, (Danke,) gut., Hallo. / Guten Tag.

F1 1 Würstchen 2 Eier 3 Kuchen 4 Gulaschsuppe 5 Orangensaft 6 Mineralwasser 7 Apfelsaft 8 Käsebrot 9 Rotwein, Weißwein 10 Tee 11 Cola 12 Salat 13 Bier 14 Schinkenbrot 15 Kaffee
Orangensaft, Mineralwasser

F2 *Gast 1:* Käsebrot und Bier, *Gast 2:* Salat mit Ei und ein Mineralwasser

G2 lang, lang, kurz, kurz

H1 eine Werbung, ein Sportverein

H2 1 die Montagsgruppe 2 die Spielgruppe

I Woher kommt er? Wie alt ist er? Was ist Herr Palikaris von Beruf? Wann ist er geboren? Wo wohnt er? Wo arbeitet Frau Barbosa? Wie ist ihre Telefonnummer? Was spielt ihr? Was möchten Sie gern?

Lektion 3

A1 Österreich: Schilling; Schweiz: Franken; USA: Dollar; Indien: Rupien; Türkei: Lire; Italien: Lire; Deutschland: Mark; Spanien: Peseten; Australien: Dollar; Japan: Yen; Chile: Pesos

A2 2 650, 40 000, 5 312, 9 220, 8 800

A3 2 89 000 Lire 3 2 900 Peseten 4 7 790 569 Mark 5 630 800 Franken 6 25 000 Mark

A4 1 Wann: 1958 2 Wer: Ingvar Kamprad 3 Wo: Älmhult/Schweden 4 Wie hoch: 10 Milliarden Mark 5 Wie viele: 35 000 6 Wie viele: 134 7 Wo: 28 8 Wie viele: 125 9 Was: Lampen, Teppiche, Geschirr und Haushaltswaren 10 Was: IKEA-Katalog

B2 der Schreibtisch; das Hochbett; der Kleiderschrank; der Küchenschrank; der Gartenstuhl; das Einbauregal

B3 altmodisch, bequem, ganz hübsch, günstig, interessant, langweilig, modern, nicht billig, nicht schlecht, nicht so schön, originell, praktisch, sehr günstig, super, unbequem, unpraktisch, zu teuer

B4 unbequem, teuer/nicht billig, hässlich/nicht so schön, interessant, unpraktisch, nicht so schön, langweilig (andere Lösungen möglich)

B5 2 Hübsch? Das finde ich nicht so schön. 3 Praktisch? Das … unpraktisch. 4 Bequem? Den … unbequem. 5 Günstig? Die … teuer. 6 Interessant? Den … langweilig. 7 Teuer? Die … günstig. 8 Nicht so schön? Den … super. 9 Langweilig? Die … interessant. 10 Super? Die … langweilig.
Nominativ: die … der … das … die … / *Akkusativ:* die … den … das … die …
1 *Nominativ:* der *Akkusativ:* den … *gleich:* f, n und Plural
2 *Verb mit Akkusativ:* finden; *Verb ohne Akkusativ:* sein

B6 Warum fragst du nicht die Verkäuferin? / Entschuldigung. Wir suchen ein Hochbett. / Betten finden Sie im ersten Stock. Wie findest du die Schreibtischlampe? Ist die nicht schick? / Die ist zu teuer. Die kostet ja fast 300 Mark! / Entschuldigung. Haben Sie auch einfache Schreibtischlampen? / Nein, tut mir Leid. Wir haben nur Markenfabrikate.
Guten Tag. Wo sind denn hier Gartenmöbel, bitte? / Die sind gleich hier vorne.
Wir suchen ein paar Stühle. Haben Sie auch Sonderangebote? / Ja, natürlich.
Wie findest du die Stühle hier? Sind die nicht praktisch? / Ja, die finde ich nicht schlecht … Nein! Die sind unbequem. / Wir brauchen aber neue Gartenstühle.

B7 2 Nomen ohne Artikel 3 Nomen ohne Artikel 4 Nomen mit Artikel 5 Artikel ohne Nomen (= Pronomen) 6 Nomen ohne Artikel 7 Nomen ohne Artikel 8 Nomen mit Artikel 9 Nomen mit Artikel 10 Nomen ohne Artikel

B8 A: Wir suchen Gartenstühle. Wir haben Markenfabrikate. Wir suchen ein Hochbett. B: Gartenstühle finden Sie gleich hier vorn. Gartenstühle finden Sie im ersten Stock. Die finde ich nicht schlecht. **C:** Wie findest du die Lampe? Warum fragst du nicht die Verkäuferin? **D:** Haben Sie auch Sonderangebote? Haben Sie auch einfache Lampen?

B10 eine Einbauküche, einen Schreibtisch, ein Ledersofa, einen Sessel, einen Beistelltisch, einen Kombi-Schrank, ein Regal-System, – Teppiche und – Lampen
Nominativ: eine, ein, ein, – / *Akkusativ*: eine, einen, ein, – / *Akkusativ*: einen

C1 **5** eine Bügelmaschine **6** keinen Herd **7** keinen Kühlschrank **8** eine Mikrowelle **9** eine Tiefkühltruhe **10** kein Bücherregal; **11** eine Stereoanlage **12** keinen CD-Player **13** kein Telefon **14** keinen Video-Recorder **15** keinen Fotoapparat **16** keinen Fernseher **17** ein Fax-Gerät **18** ein Handy **19** einen Computer **20** eine Videokamera **21** ein Fahrrad **22** einen Wohnwagen **23** ein Auto **24** keinen Führerschein.

C2 *Waagrecht*: **2** Fotoapparat **4** Fahrrad **5** Kühlschrank **7** Stereoanlage **9** Staubsauger **11** Computer
Senkrecht: **1** Wohnwagen **2** Fernseher **3** Mikrowelle **6** Telefon **8** Handy **10** Auto

C3 *fast alle*, über 80%, etwa 80%, fast 80%, drei Viertel, zwei Drittel, *über die Hälfte*, fast die Hälfte, *ein Drittel*, ein Viertel, *etwa ein Viertel*, nur wenige

C4 4. Stock: Betten, Bilder, Sessel, Sofas, Stehlampen, Stühle, Teppiche
3. Stock: Computer, Fernseher, Fotoapparate, Handys, Stereoanlagen, Videokameras
2. Stock: Fahrräder, Jogginganzüge
1. Stock: Mäntel
Erdgeschoss: Kulis, Wörterbücher, Zeitungen
Untergeschoss: Kühlschränke, Spülmaschinen, Staubsauger
Teppich*e*, Bett*en*, Stehlamp*en*, Bild*er*, Schal*s*, Staubsauger

D3 -*e*/-̈*e*: der Kühlschrank, der Stuhl, der Teppich, der Topf, der Jogginganzug / -(e)*n*: die Spülmaschine, die Stehlampe, die Stereoanlage, die Zeitung / -*er*/-̈*er*: das Wörterbuch / -*s*: das Handy, der Kuli, das Sofa, die Videokamera / -/-̈ : der Mantel, der Sessel, der Staubsauger
1 a / o = der Topf, die Töpfe / u = der Stuhl, die Stühle
2 die Spülmaschine **3** der Computer

D6 Guten Tag. Kann ich Ihnen helfen? / Ja, bitte. Ich suche ein Handy. / Handys sind gleich hier vorne. Was für eins suchen Sie denn? / Ich weiß auch nicht genau. Entschuldigung. Haben sie hier keine Computer? / Doch, natürlich. Computer finden Sie da hinten rechts. Fragen Sie doch bitte dort einen Verkäufer. / Vielen Dank.

E1 *a*: Land, Plan, Glas, Mantel, Schrank / *ä*: Länder, Pläne, Gläser, Mäntel, Schränke / *o*: Ton, Topf, Wort, froh, schon / *ö*: Töne, Töpfe, Wörter, fröhlich, schön

E2 **1** b, c **2** a, c **3** a, b **4** a, b **5** a, b

E4 Gläser, Glas; Fahrrad, Fahrräder; männlich, Mann; ganz, ergänzen; nämlich, Name; Tag, täglich

E5 möchte, hören, Töpfe, öffnen, Töne, Französisch, schön, Möbel, zwölf, höflich

F1 Waschmaschine 1090, Computer 8300, Fernseher 1700, Einbauküche 1030, Kühlschrank 1080, Stehlampe 1290, Sessel 1200, Sofa 1200, Tisch 1220

F3 EBK: Einbauküche; f.: für; gt. Zust.: guter Zustand; kl.: klein; m.: mit; NP: Neupreis; Proz.: Prozent; u.: und; VB: Verhandlungsbasis; WaMa: Waschmaschine

G1 **3** B **4** A **5** A **6** A **7** B **8** A **9** B **10** A **11** B **12** A

G2 **3** sagt **4** Sprechen **5** sagen **6** sprichst **7** sagen **8** Sprechen **9** spreche **10** sagen

G3 **1** sprechen **3** sagt **4** sprechen **5** finde **6** finde **7** sagt

8 sage **9** finde **10** sagt **11** sprichst **12** findest **13** sagt **14** sagt

H2 **1** b **2** a **3** b **4** b **5** b **6** a

I Regeln für den Akkusativ: s. Kursbuch S. 33, Arbeitsbuch S. 36 ff

Lektion 4

A3 Du schenkst <u>ihr</u> … / Sie schenkt <u>ihm</u> …/ Er schenkt <u>euch</u> …/ Ihr schenkt <u>ihnen</u> …/ Sie schenken <u>uns</u> …/ Ich schenke <u>Ihnen</u> gern …
ich/mir, du/dir, er/ihm, sie/ihr, es/ihm, wir/uns, ihr/euch, sie/ihnen, Sie/Ihnen

A4 **2** Daniel schenkt ihr einen Volleyball. **3** Ich gebe euch einen. **4** Anna kauft ihm ein Überraschungsei. **5** Gibst du uns dein Auto? **6** Ich schenke Ihnen gern ein paar Pralinen. **7** Gibst du ihnen die Telefonnummer?
schenken, geben, kaufen / Person / links

B1 **1** D im Supermarkt **2** E auf dem Flughafen **3** A im Möbelhaus

B3 Du gibst – ich nehme, du nimmst – ich gebe: wir tauschen./ Du gibst – sie nimmt, du nimmst – sie gibt: ihr tauscht. / Sie gibt – er nimmt, sie nimmt – er gibt: sie tauschen. / Wir geben – ihr nehmt, wir nehmen – ihr gebt: wir tauschen. / Ihr gebt – sie nehmen, ihr nehmt – sie geben: ihr tauscht. / Und Sie? Geben Sie? Nehmen Sie? Tauschen Sie auch?
Ich esse, also bin ich. / Du bist, also isst du. / Er isst, also ist er. / Sie ist, also isst sie. / Wir essen, also sind wir. / Ihr seid, also esst ihr. / Sie sind, also essen sie. / <u>Sie</u> essen, also sind Sie. / Man ist, also isst man – / oder isst, also ist man?
Ich helfe dir und du hilfst mir, / sie hilft ihm und er hilft ihr, / wir helfen euch und ihr helft uns, / sie helfen <u>Ihnen</u> / und <u>Sie</u> helfen ihnen.
du gibst, nimmst, sprichst, hilfst, isst / *er,sie,es* gibt, nimmt, spricht, hilft, isst

C1 Öl, Pfeffer, Waschpulver, Pizza, 2 l Milch, Mehl

C2 **1** b **2** b **3** b **4** a **5** a **6** b

C3 6,20 = sechs Mark zwanzig; 2,60 = zwei Mark sechzig; 3 l = drei Liter; 1/2 kg = ein halbes Kilo; 0,5 l, 1/2 l = ein halber Liter; 5kg = fünf Kilo; 250 g = ein halbes Pfund; 500g = ein Pfund; 6,20 = sechs zwanzig; 0,79 DM = neunundsiebzig Pfennig; 250 g = zweihundertfünfzig Gramm; 620 DM = sechshundertzwanzig Mark

C5 *Backwaren:* Brot, Mehl, Zucker; *Fleischwaren:* Salami, Schinken, Würstchen; *Gemüse:* Kartoffeln, Salat, Tomaten; *Getränke:* Bier, Mineralwasser, Wein; *Gewürze:* Curry, Pfeffer, Salz; *Haushaltswaren:* Klopapier, Putzmittel, Waschmittel; *Käse:* Camembert, Gouda; *Milchprodukte:* Butter, Joghurt, Milch; *Obst:* Bananen, Orangen; *Spezialitäten:* Erdnuss-Öl, Sardellen, Jasmintee; *Süßwaren:* Bonbons, Kaugummis, Kuchen, Schokolade; *Tiefkühlkost:* Eis, Pizza; *andere Lebensmittel:* Fisch, Reis

C7 **1** K Entschuldigung, können Sie mir helfen? / V Aber natürlich. *Was suchen Sie denn?* / K Die Leergut-Annahme. / V Die ist gleich *hier vorne rechts*, bei den Backwaren./ K Danke. / V Bitte, bitte.
2 K Entschuldigen Sie, *wo finde ich hier* Fisch? / V Den bekommen Sie bei *der Tiefkühlkost*, im nächsten Gang links. / K *Gibt es hier keinen frischen* Fisch? / V Nein, tut mir Leid.
3 V Kann ich Ihnen helfen? / K Ja, bitte. *Ich suche* Wasch-

pulver. / V *Da sind Sie hier falsch.* Waschpulver gibt es bei den Haushaltswaren. / K Haushaltswaren? *Wo ist das, bitte?* / V *Ganz da hinten,* im letzten Gang. / K *Vielen Dank!* V Nichts zu danken.

C8 2 g + d, g + k 3 e + f 4 l 5 c + l, c + e, c + f, h 6 b + i

D1 1 u 2 ü 3 u 4 u 5 ü 6 ü 7 u 8 u 9 u 10 ü 11 u 12 ü 13 u 14 ü 15 ü 16 ü 17 u 18 u 19 ü 20 ü 21 u 22 ü 23 ü 24 u

D2 süß, Stück, fünf, üben, Tür, über, flüstern, Gemüse, Würstchen, Bücher, Küche, Tüte, für, wünschen, Stühle, gemütlich, günstig, natürlich

E1 Nein,→ das ist ein bisschen viel.↘ / Ja,→ ein Pfund Tomaten, bitte.↘ / Haben Sie Jasmintee?↗ / Nein, danke.↘ Was kostet denn das Bauernbrot da?↘ / Ja, gut.↘ Aber bitte nur ein Pfund.↘ / Nein, danke.↘ / Das wär's.↘ / Hier bitte,→ 50 Mark.↘ / Ja, bitte.↘ … Danke.↘ … Wiedersehen!↘

E2 Haben Sie – Fisch? Haben Sie – Kandiszucker? Ich suche – Curry. Einen Kasten Mineralwasser, bitte. Ich hätte gern 3 Kilo Kartoffeln. Zehn Eier, bitte. Was kostet das Brot? Ich möchte drei Joghurts. Ich suche – Kräutertee. Was kosten die Eier? Ich hätte gern 2 Dosen Tomaten. Was kostet der Kaffee? Ich möchte ein Viertel Salami. Zwei Liter Milch, bitte. ohne, mit, Artikel, Zahl, mit

E4 1 Pfund: eine Maßeinheit, keine Verpackung 2 Flasche: eine Verpackung, keine Maßeinheit 3 Tomaten: ein Gemüse, kein Getränk 4 Salami: eine Wurstware, kein Milchprodukt 5 Luftballon: ein Spielzeug, keine Süßware 6 Kartoffeln: ein Gemüse, kein Obst 7 Wein: ein Getränk, kein Gewürz

F1 1 das Fleisch + die Waren 2 die Vanille + das Eis 3 das Spielzeug + das Auto 4 die Luft + der Ballon 5 das Klo + das Papier 6 der Toast + das Brot 7 die Butter + der Käse 8 der Apfel + der Kuchen 9 die Orange(n) + der Saft 10 der Verein (s) + das Lokal 11 die Praline (n) + die Schachtel 12 der Hammel + das Fleisch Bei Komposita bestimmt das *letzte* Wort den Artikel.

F2 1 das Wörterbuch 2 die Kaffeemaschine 3 das Möbelhaus 4 die Gemüsesuppe 5 die Zigarettenschachtel 6 das Überraschungsei 7 das Käsebrot 8 die Buttermilch 9 die Haustür 10 das Weinglas 11 die Salzstangen 12 der Küchentisch Bei Komposita hat fast immer das *erste* Wort den Wortakzent.

G1 Geld: E Lebensmittel, …: C, D, F Kommunikation: A, B 1 E 2 F 3 C 4 D 5 A 6 B

G2 Spiegel online …: A Probieren Sie …: F Du willst fit sein? …: C

G3 2 Machen Sie mehr aus Ihrem Geld – sprechen Sie mit Experten! 3 Kommt zu uns in den Verein! 4 Geh nicht nach Amerika – flieg mit uns! 5 Gebt den Tieren eine Chance! 6 Arbeiten Sie nicht so viel – machen Sie Urlaub! 7 Schenken Sie ihr nicht einfach nur Pralinen! 8 Sei nett – sag „Ja"! 9 Nehmen Sie nicht irgendwas – nehmen Sie Persil! 10 Bestellen Sie ganz bequem von zu Hause! 11 Nutz die Chance – spiel Lotto! 12 Seid cool – trinkt Milch!

G4 1 Kommen Sie zur Party? 2 Nehmen Sie eine Gulaschsuppe? 3 Trinken Sie Buttermilch? 4 Kaufen Sie „das inserat"! 5 Spielen Sie Lotto! 6 Machen Sie einen Deutschkurs? 7 Bezahlen Sie mit Scheck! 8 Fliegen Sie nach Australien?

H1 1a 2a 3a, 4b

H2 1 Obst & Obstsäfte 2 Brot & Gebäck 3 Gemüse & Blumen 4 Spezialitäten 5 Honig & Marmeladen 6 Fleisch & Wurst 7 Milch & Milchprodukte 8 Wein & Spirituosen

H3 1 die Jahreszeit 2 frisch aus dem Garten und vom Feld 3 Äpfel, Birnen, Orangen 4 hier: aus Hessen 5 frisch aus dem Ofen 6 gute Qualität 7 jeden Tag 8 schmeckt sehr gut 9 Camembert, Butterkäse, Gouda 10 wie vor 100 Jahren

I *Einkaufen:* Entschuldigung. Wo gibt es Hefe? / Können Sie mir helfen? Ich suche Hefe. Haben Sie Erdnussöl, Kandiszucker …? Ich möchte 200g Gouda, bitte. Tut mir Leid. Wir haben heute keinen Gouda. *Ergänzen:* wir euch, sie ihm, du ihr, sie mir, er uns, sie dir, Sie mir ihm, ihnen, mir, uns *Verben:* s. Arbeitsbuch S. 50 *Imperativ:* Schau doch ins Wörterbuch. / Bezahl doch mit Scheck. / Bestell dir doch einen Salat. / Kauf ihr doch Blumen. / Setzt euch doch. / Nehmt doch noch ein Stück Kuchen (eine Tasse Kaffee). / Bleibt doch noch etwas.

Lektion 5

A1 1 Journalistin 2 Fotografin 3 Automechaniker 4 Arzthelferin 5 Hausmann 6 Sekretärin 7 Bankkauffrau 8 Hotelfachfrau 10 Kamerafrau 11 Taxifahrer 12 Friseur

A2 2 Friseur: Dialog 1 3 Fotografin: Dialog 2 4 Sekretärin: Dialog 5 5 Automechaniker: Dialog 3 6 Arzthelferin: Dialog 6

A3 Friseur, Journalistin, Hotelfachfrau, Automechaniker, Kamerafrau, Fotograf, Taxifahrer, Hausmann, Bankkauffrau, Ingenieur, Sekretärin, Arzthelferin, Schauspieler, Fußballspieler, Ärztin, Fotomodell, Lokführer, Werbekauffrau, Flugbegleiterin, Kellner

A4 1a 2b 3a 4b 5a 6a

A5 Kameramann, Schauspieler, Fußballspieler, Opa kann, muss, möchte, kann, muss, möchte, muss, möchte, muss, kann

A6 in Deutschland, bei der Lufthansa, im Sportstudio, im Hotel, in Lissabon, bei Taxi-Schneider, in Halle, in der Taxi-Zentrale, im Gasthaus, im Taxi, beim Schiller-Theater in Wuppertal, beim Fernsehen, im Theater

B1 1 in die Disko gehen 2 in die Oper gehen 3 ins Kino gehen 4 in die Stadt gehen 5 ins Theater gehen 6 ins Museum gehen 7 ins Konzert gehen 8 Fußball spielen 9 Karten spielen 10 Tennis spielen 11 fotografieren 12 joggen 13 schwimmen 14 Musik hören 15 Fahrrad fahren 16 lesen 17 spazieren gehen

B3 18.30 Uhr: Es ist achtzehn Uhr dreißig. / 15.20 Uhr: Es ist fünfzehn Uhr zwanzig. / 7.40 Uhr: Es ist sieben Uhr vierzig. / 19.40 Uhr: Es ist neunzehn Uhr vierzig. / 10.10 Uhr: Es ist zehn Uhr zehn. / 22.10 Uhr: Es ist zweiundzwanzig Uhr zehn. / 2.55 Uhr: Es ist zwei Uhr fünfundfünfzig. / 14.55 Uhr: Es ist vierzehn Uhr fünfundfünfzig. *oder* Es ist fünf vor drei. / 5.15 Uhr: Es ist fünf Uhr fünfzehn. / 17.15 Uhr: Es ist siebzehn Uhr fünfzehn. *oder* Es ist Viertel nach fünf. / 9.45 Uhr: Es ist neun Uhr fünfundvierzig. / 21.45 Uhr: Es ist einundzwanzig Uhr fünfundvierzig. *oder* Es ist Viertel vor zehn. /

11.03 Uhr: Es ist elf Uhr drei. / 23.03 Uhr: Es ist dreiundzwanzig Uhr drei. *oder Es ist kurz nach elf.* / 4.27 Uhr: Es
ist vier Uhr siebenundzwanzig. / 16.27 Uhr: Es ist sechzehn
Uhr siebenundzwanzig. *oder Es ist kurz vor* halb fünf.

B4 20.00 Uhr, 19.30 Uhr, 20.00 Uhr, 20.30 Uhr, 19.30 Uhr,
22.45 Uhr, 20.30 Uhr

C1 **2** A **3** C **4** B **5** D **6** F

C2 **1** F **2** B **3** A **4** C **5** E **6** D **7** B **8** D **9** A **10** F **11** C
12 F **13** B **14** E **15** F **16** E

C3 Verben, Modalverb, Verb im Infinitiv

C4 sollen, sprechen, essen, arbeiten, wollen, können, helfen,
müssen, lesen, geben

D1 **2** E offiziell **3** B offiziell **4** D informell **5** A informell
2a **3**c **4**c **5**c **6**b

D3 **1** sieben Uhr dreißig **2** Viertel nach zwei **3** elf Uhr
sechzehn **4** Viertel vor sechs **5** fünfzehn Uhr
zweiundvierzig

E1 Ein Monat *hat 4* Wochen. Eine Woche hat 7 Tage. Ein
Tag hat 24 Stunden. Eine Stunde *hat 60* Minuten. Eine
Minute hat 60 Sekunden.

E2 Der zweite Juli ist ein Mittwoch. Der dritte September ist
ein Mittwoch. Der vierte Juni ist ein Mittwoch.
Der zehnte Oktober ist ein Freitag. Der elfte Februar ist
ein Dienstag. Der zwölfte Januar ist ein Sonntag.
Der siebzehnte März ist ein Montag.
Der dreiundzwanzigste November ist ein Sonntag.
Der neunundzwanzigste Juni ist ein Sonntag.
Der sechzehnte Dezember ist ein Dienstag.
Di = Dienstag, Mi = Mittwoch, Do = Donnerstag, Fr =
Freitag, Sa = Samstag, So = Sonntag

E3 Am vierzehnten Februar; Am achten März; Am ersten Mai;
Am ersten Juni; Am ersten August; Am dritten Oktober;
Am sechsundzwanzigsten Oktober; Am fünfund-
zwanzigsten und sechsundzwanzigsten Dezember; Am
einunddreißigsten Dezember

E4 **1** Unbequeme Nachrichten **2** Heute nicht **3** Praktische
Grammatik

E5 können: kann, kannst, kann, können, könnt; müssen: muss,
musst, muss, müsst; wollen: will, willst, will, wollen;
sollen: soll; dürfen: darfst, darf; möchten: möchte
1 Vokalwechsel, muss, will, darf **2** Verb-Endung, möchten

E6 Willst / kann, muss / muss / kannst / muss, darf / kann /
wollen, kann (will), darf, muss / muss (soll)

F1 [ai] … ei und manchmal ai. [oy]… eu oder äu. [au] …
au.

F4 Was heißt die „deutschsprachigen Länder"? Das weiß ich
nicht genau. Ich glaube, das sind Deutschland, Österreich
und die Schweiz.
Schau mal, die Einbauküche! Was meinst du? Schau mal,
der Preis! Die ist einfach zu teuer.

G1 *etwas später:* zum Kino, zum Arzt, zum Rendezvous,
zum Fußballspiel; *pünktlich:* zum Theater, zur Arbeit,
zum Unterricht, zum Essen, zum Zug, in die Oper;
egal: in die Disko, zur Party
(auch andere Lösungen möglich)

G2 Radio und Fernsehen: 25–30; eine Einladung zum Essen:
20–24; Oper und Theater: 20–21; eine Einladung zur Party:
6–9; Kino: 10–18

G3 Zur Party geht man eine Stunde später; ins Kino kann man
eine halbe Stunde später gehen; in der Oper und zum
Theater muss man pünktlich sein; zum privaten Essen darf
man nicht eine Dreiviertelstunde später kommen.

I *Modalverben:* S. Arbeitsbuch S. 77

Lektion 6

A1 **1** c (W) → L. 1, A **2** a (G) → L. 1, B **3** c (W) → L. 1, C
4 a (W) → L. 1, H **5** c (G) → L. 1, C **6** b (G) → L. 1, C
7 b (W) → L. 2, A **8** b (W) → L. 2, A **9** b (W) → L. 2, B
10 a (G) → L. 2, F **11** c (G) → L. 2, B **12** a (W) → L. 2, A
13 b (G) → L. 3, D **14** c (G) → L. 3, B
15 a (W) → L. 3, B **16** a (G) → L. 3, C
17 c (W) → L. 3, D **18** b (W) → L. 3, B
19 a (W) → L. 4, C/F **20** a (G) → L. 4, A/B
21 c (W) → L. 4, C **22** c (W) → L. 4, E
23 b (G) → L. 4, G **24** b (G) → L. 4, A
25 b (W) → L. 5, B **26** b (W) → L. 5, B
27 a (G) → L. 5, B **28** a (G) → L. 5, D
29 b (W) → L. 5, D **30** c (G) → L. 5, D

B2 Gruppe A: Pass, Preise, Kinder, Antwort, Autos, Ausweis,
Konto, Frankreich, Teppiche
Gruppe B: Italienisch, Portugiesisch, Spanisch,
Französisch, Griechisch, Chinesisch, Englisch, Russisch,
Koreanisch
Gruppe C: acht, vierundvierzig, dreißig, achtzig, dreizehn,
sechzehn, einundzwanzig, zwölf, achtzehn
Gruppe D: ADAC, ZDF, VHS, USA, BRD, BMW, ICE,
RTL, ARD
Gruppe E: Hausaufgabe, Vokabelkarte, Himbeereis,
Hammelfleisch, Schinkenbrot, Apfelsaft, Butterkäse,
Gemüsesuppe, Wörterbuch

C3 die Kamera, in Südlamerika, am Samstag, am |Anfang, das
passende, Wochen|ende, immer | interessant, im |
Erdgeschoss, bitte sortieren, bitte | ordnen, hier | oben, da |
unten, heute nur, neun | Uhr, Sie können, ge | öffnet, ich |
übe, ich bin müde, ein | Urlaub, im | August, ein |
Erdbeer|eis, Basmatireis, auf Deutsch, in | Europa

C4 in | Österreich, mein Freund | in Sofia, meine Freundin
Sofia, einen Termin ver | einbaren, um | acht | Uhr, oder |
erst | um | elf?, im | ersten Stock, jetzt | ist | es | eins, ein |
Einbauregal, das | ist mir | egal, nicht vergessen, etwas |
essen, ich spreche | Arabisch

C5 Am Wochenende ist das Ordnungsamt nicht geöffnet. Ein
Urlaub in Österreich ist immer interessant. Er wohnt oben
im ersten Stock und sie wohnt unten im Erdgeschoss. Ich
hätte gern ein Erdbeereis und einen Eiskaffee.

Lektion 7

A1 A – H, B – G, C – F, D – E

A2 *Großeltern:* Großmutter, ⸚; Großvater, ⸚; *Eltern:* Mutter, ⸚;
Vater, ⸚; *Geschwister:* Schwester, -n; Bruder, ⸚; *Kinder:*
Tochter, ⸚; Sohn, ⸚e; *Enkelkinder:* Enkeltöchter, ⸚; Enkel-
sohn, ⸚e; *andere:* Tante, -n; Onkel, -; Schwägerin, -nen;
Schwager, ⸚; Nichte, -n; Neffe, -n

A3 **1** Sie ist meine Schwägerin **2** Sie ist meine Tante.
3 Das sind mein Bruder und meine Schwester
4 Das ist mein Neffe. **5** Das sind meine Tochter und mein
Sohn. **6** Das ist meine Enkeltochter / Enkelin.
8 Das sind meine Schwiegereltern. **9** Er ist mein
Enkelsohn / Enkel. **10** Er ist mein Onkel.

A4 **1** 2 Jungen und 2 Mädchen **2** große Schwester = 20 Jahre,
mittlerer Bruder = 10 Jahre, kleiner Bruder = 5 Jahre
3 2 Schwestern und 2 Brüder

B2 **1** richtig **2** falsch **3** richtig **4** falsch **5** richtig
6 richtig **7** falsch

B3 2 Absender 5 Anrede 1 Datum 8 Unterschrift
3 Empfänger 7 Gruß 6 Text 4 Betreff

B4 *Name*: Virginie Dubost *Alter*: 17 Jahre, im Dezember wird
sie 18. *Wohnort*: Montpellier. *Zukunftspläne*: Sprachen
studieren, Dolmetscherin werden. *Familie*: Sie versteht sich
sehr gut mit ihren Eltern. Ihr Bruder ist Lehrer von Beruf,
ist 25 Jahre, wohnt allein, wird bald heiraten. *Hobbys*:
andere Länder und Sprachen kennen lernen, Tennis spielen,
Reiten. *Lieblingsfächer*: Englisch, Deutsch und Musik.
Andere Informationen: Sie macht bald ihren Führerschein.
Sie hat ein großes Ferienhaus. Tanzen ist für sie sehr
wichtig. Sie hat einen Hund. Er heißt Jacques.
ich – du – sie – er – es/man wir – ihr – sie – Sie

B5 *vgl. Grammatik*; 2 *f, n* und *Plural* 3 *m* und *n*

C3 2 Wir holen Ihre Wäsche freitags ab. 3 und bringen
sie Ihnen montags fix und fertig zurück.
4 – das Wochenende gehört Ihnen. 5 Natürlich können
wir Ihre Wäsche auch an jedem anderen Tag abholen.
6 Unsere Köche und Köchinnen bereiten täglich köstliche
Mittagessen zu. 7 Mit unserem Party-Service gelingt
jede Feier. 8 Wir stellen Ihnen ein komplettes Buffet
zusammen. 9 Rufen Sie uns an.
1 Verben; anrufen, abholen, zubereiten, aussehen...;
Verb; trennbare Vorsilbe 2 Position 2; Ende.
3 verstehen, besprechen, bestehen.

C4 *normale Verben*: kochen, waschen, geben, bügeln, raten,
kaufen; *trennbare Verben*: zubereiten, einkaufen, anbieten,
aufhängen, aufstehen, aufräumen; *nicht-trennbare Verben*:
ergänzen, gelingen, verbrauchen, verstehen, besuchen,
besorgen

C5 *trennbar*: 1, 2, 7, 10, 11, 16;
nicht-trennbar: 3, 4, 5, 6, 8, 9, 12, 13, 14, 15

C6 *vgl. Hörtexte im Cassetten-/CD-Einleger*

D3 [p] Ra**p**, hal**b**, **p**aar, lie**b**t, Schreibtisch Urlau**b** [b] **B**ier,
Novem**b**er, a**b**ends [t] **T**asse, unterwegs, Lie**d**, Li**t**er,
Sü**d**amerika [d] **D**ose, mo**d**ern, Lie**d**er [k] **K**ästen, Ta**g**,
fra**g**t, schi**ck**, Stü**ck**e [g] **G**äste, beginnt, Fra**g**e
„b" = [p]: halb, Schreibtisch.; „d" = [t]: Lied, Südamerika;
„g" = [k]: Tag, fragt; „ck" = [k]: Schick, Stücke

D4 [p] ha**b**t ihr Zeit?, a**b** und zu, O**b**st und Gemüse, es gi**b**t,
sieben Tage Urlau**b**, am lie**b**sten [t] tut mir Lei**d**, bal**d**
geht's los, nach Deutschlan**d** [k] Guten Ta**g**., Sonntag zum
Mittagessen, besorgst du die Getränke?, wohin fliegt ihr?

E1 *siehe Ausdrücke mit Präpositionen in E2*

E2 *Wo?* am Flügel, auf seinem Teppich, auf dem Klavier, auf
dem Teller, hinter dem Klavier, im Flur, im Gang in der
Reihe, in einer dunklen Ecke, neben dem Regal, neben dem
Klavier, über dem Sessel, zwischen der Vase und der
Lampe *Wohin?* an den Flügel, ans Konservatorium, auf den
Boden, auf den Notenständer, auf meinen Rücken, in den
fünften Stock, in die Wohnung, in den Sessel, ins Heft, in
meine Tasche, neben den Sessel, neben die Vase, unter den
Stuhl, vor das Regal, zwischen die Noten
1 an, auf, hinter, in, neben, über, unter, vor, zwischen;
Dativ, Akkusativ 2 feminin: der, einer, keiner, maskulin
und neutrum: dem, einem, keinem, Plural: den, -, meinen
3 im Dativ Plural

E3 *keine Bewegung*: sitzen, stehen, sein; *Bewegung von A nach
B*: sehen, laufen, (sich) legen, kommen, (sich) setzen,
stellen

F1 1 schreiben an + AKK / erzählen von + DAT / berichten
über + AKK / bitten um + AKK 2 schreiben an + AKK /
schreiben über + AKK / erzählen über + AKK / berichten

von + DAT / einladen zu + DAT / bitten um + AKK
3 erzählen von + DAT / denken an + Akk. / sprechen mit
+ DAT + über + AKK 4 jdm gratulieren zu + DAT /
einladen zu + DAT / sprechen über + AKK / diskutieren
mit + DAT + über + AKK

F2 *an + Akk*: schreiben an International Penfriends; denken an
den Nachmittag; *mit + Dat*: sprechen mit den Kindern,
diskutieren mit; *über + Akk*: berichten über die Hobbys,
erzählen über die Zukunftspläne, sprechen über Geburtstage; diskutieren über Familienfeste; *von + Dat*: berichten
von den Ferien, erzählen von der Familie; *zu + Dat*:
einladen zum Kaffeetrinken, gratulieren zum Geburtstag;
um + Akk: bitten um weitere Informationen

G2 1d 2a 3a, b 4a, c 5a, c 6a 7d

Lektion 8

A1 mit einem Lebenspartner zusammen / allein / In einer
Wohngemeinschaft / im Wohnheim

A2 3 man lernt einen Beruf (meistens drei Jahre) 4 allein
leben können, niemand fragen müssen 5 was man im
Monat für eine Wohnung bezahlen muss 6 „Ja!" –
„Nein!" – „Ja!" – „Nein!"... 7 die Unordnung, das
Durcheinander 8 morgen, nächstes Jahr, in fünf Jahren …
9 ohne Arbeit 10 eine andere Möglichkeit 11 die Zeit an
der Universität 12 sie oder er macht eine Lehre
Wortakzent: vgl. Hörtexte im Cassetten-/CD-Einleger

A4 1 Nebensätze; „Weil"-Sätze; „obwohl"-Sätze; Komma
2 Verb; Verb im Infinitiv; Modalverb 3 „weil" oder
„obwohl"

A5 *Sätze 1-10: vgl. Hörtexte im Cassetten-/CD-Einleger*
11 Julia spricht perfekt …, weil sie in … geboren ist.
12 Susanne trinkt abends oft …, weil sie dann gut schlafen
kann. / Susanna trinkt abends nie …, weil sie dann nicht
gut schlafen kann. / Susanna trinkt abends oft …, obwohl
sie dann nicht gut schlafen kann. / Susanna trinkt abends
nie …, obwohl sie dann gut schlafen kann.
Satzmelodie: Hauptsatz →, Nebensatz ↘

B1 *von links nach rechts*: B, A, D, C *von oben nach unten*:
B1, C2, D3, B4

B2 **A** musste, war **B** hatten, waren, sollte, musste, durfte,
musste, hatte, wurden, war **C** wollte, konnte, waren,
sollte, musste, wurde, war **D** war, musste, durfte, musste,
hatte, wollte

B3 1B, 2A, 3D, 4C

B4 1 plötzlich schick war; damals auch Raucher war. 2 den
Mülleimer ausleeren und ihr dreckiges Geschirr sofort
spülen.; weggehen 3 nur zusammen weggehen.; wieder
zu Hause sein. 4 und Rock-Star werden., sonst überhaupt
keine Chance hat, einen Ausbildungsplatz zu finden.

B5 *vgl. Grammatik*; 1 *t* 2 *Sie/er/es, sie/Sie* 3 *o, u* Regel
Nummer *1*

B6 letztes Jahr. früher. seit zwei Wochen. vor zwei Jahren.
damals. in den 70er-Jahren. gestern.

C1 1 Du solltest doch schon um sechs Uhr zu Hause sein.
2 Wir mussten zu Hause bleiben, weil unser Babysitter
nicht kommen konnte. 3 Konntest du nicht anrufen.
4 Tut mir Leid, aber es ist noch nicht fertig. 5 Ich musste
Peter noch bei den Hausaufgaben helfen. 6 Eigentlich
schon, aber wir konnten keine Tickets mehr bekommen.
7 Eigentlich schon, aber der Meister war die ganze Woche
krank. 8 Ich möchte mein Auto abholen. 9 Wo wart ihr

denn gestern Abend.　**10** Aber es sollte doch heute fertig sein.　**11** Wolltet ihr nicht heute nach Berlin fliegen?　**12** Schade, die Party war wirklich gut.

C2　*vgl. Hörtexte im Cassetten-/CD-Einleger*

C3　*vgl. Hörtexte im Cassetten-/CD-Einleger*

D1　**1**e　**2**f　**3**b　**4**c　**5**d　**6**a

D2　Doch, Eigentlich schon, Ja , Eigentlich schon

E2　Ba<u>n</u>k, de<u>n</u>ken, E<u>n</u>gland, <u>E</u>nkel, entla<u>n</u>g, Fra<u>n</u>ken, Frühli<u>n</u>g, Ga<u>n</u>g, Gesche<u>n</u>k, Hu<u>n</u>ger, <u>I</u>nge, ju<u>n</u>g, kli<u>n</u>geln, kra<u>n</u>k, la<u>n</u>gsam, li<u>n</u>ks, <u>O</u>nkel, Pu<u>n</u>kt, sche<u>n</u>ken, Schwa<u>n</u>ger, si<u>n</u>gen, tri<u>n</u>ken, Werbu<u>n</u>g, Zeitu<u>n</u>g

F2　Sina 1,2,4　Kirsten 5　Falko 4,6　Tobias 7　Sandra 1,2　Yasmin 3,1,7

Lektion 9

A1　in Frankreich Urlaub machen, eine Kreuzfahrt in der Karibik machen, am Plattensee in Ungarn Urlaub machen, eine Wanderung im Harz machen, an den Gardasee fahren, in die Berge fahren, am Meer Urlaub machen, Camping in Italien machen, einen Deutschkurs in Zürich machen, eine Städtereise nach Berlin machen, nach Paris fahren, eine Weltreise machen, auf Mallorca fahren mit der Transsib von Moskau nach Peking fahren, eine Radtour von Heidelberg nach Stuttgart machen, eine Bus-Rundreise durch Österreich machen, mit dem Auto nach Tschechien fahren.

A3　am Strand in der Sonne liegen, Land und Leute kennen lernen, Sehenswürdigkeiten besichtigen, Ausflüge machen, Sport treiben, einfach mal nichts tun, einen Tenniskurs machen, im Haushalt arbeiten, Zeit für Familie und Hobbys haben, Geld ausgeben

B1　Frankfurt, Bangkok, Tokio, Honolulu (Hawaii), San Francisco, Las Vegas, Grand Canyon

B2　9, 5, 11, 12, 10, 3, 1, 6, 8, 2

B3　**1** Wir haben meistens am Strand in der Sonne gelegen.　**2** Manchmal haben wir Tischtennis und Volleyball gespielt.　**3** Wir wollten auch viele Ausflüge machen.　**4** Aber unser Auto ist kaputtgegangen.　**5** Wir haben einmal einen Tagesausflug mit dem Bus nach Florenz gemacht.　**6** Dort haben wir eine Stadtrundfahrt gemacht.　**7** Wir haben viele Sehenswürdigkeiten besichtigt.　**8** Dann haben wir einen Stadtbummel gemacht.　**9** Wir haben Souvenirs gekauft.　**10** Dort haben wir gut gegessen und viel Wein getrunken.　**11** Um Mitternacht sind wir dann zum Campingplatz zurückgefahren.　**12** Der war aber schon geschlossen.　**13** Wir hatten keinen Schlüssel.　**14** und mussten im Freien schlafen.　**15** Wir haben am nächsten Tag unseren Nachbarn von unserem Ausflug erzählt.

Im Perfekt spricht man über *gestern oder letztes Jahr*. ”Haben” oder ”sein” stehen auf *Position 2*, das Partizip Perfekt steht *am Ende*. … benutzt man nicht das *Perfekt*, sondern das *Präteritum*.

B5　*vgl. Hörtexte im Cassetten-/CD-Einleger*

B6　*vgl. Hörtexte im Cassetten-/CD-Einleger*

B7　**1** fliegen, fallen, gehen, kommen, umsteigen, umziehen.　**2** losgehen, aufwachen, aufstehen, einschlafen, erscheinen

B8　haben gewartet, sind abgeflogen, haben verpasst, sind angekommen, haben gearbeitet, sind zurückgeflogen, haben gemacht, sind gefallen, habe geschlafen, bin ausgezogen, habe gefunden, bin umgezogen, bin gefahren, habe gesessen, bin gegangen.

C1　**3** die　**10** das　**2** das　**4** der　**9** die　**7** der　**8** die　**1** der　**5** die　**11** die　**6** der

C2　**1** das Reisegepäck　**2** die Europareise　**3** der Reisepreis　**4** der Reiseleiter/die Reiseleiterin　**5** die Weltreise　**6** die Reisegepäckversicherung　**7** die Reisepläne.

C3　**1**a　**2**b　**3**a　**4**b

D1　*vgl. Karten im Umschlag*

D2　*Waagerecht*: **7** Welcher Berg　**9** Welche Stadt　**10** Welche Stadt　**12** Welcher See　**16** Welches Bundesland　**17** Welche Stadt　**18** Welcher Wirtschaftszweig/Welche Industrie　*Senkrecht*: **1** Welches Bundesland　**2** Welche Stadt　**3** Welches Bundesland　**4** Welches Bundesland　**5** Welche Stadt　**6** Welcher Berg　**8** Welcher See　**11** Welche Stadt　**13** Welche Stadt　**14** Welche Stadt　**15** Welche Stadt.

E1　Ich muss … sprechen. … aber sie kann … sprechen. … Gerstern in der Italienischstunde war ich die Lehrerin: Die anderen Schülerinnen haben gefragt, und ich habe erzählt … Nachmittags machen Franziska und ich zusammen Hausaufgaben .. Ein Mädchen, Mela, hat mich für … eingeladen. Gestern hat Franziska mit mir … gemacht und mir … gezeigt. Dann sind wir in das berühmte … gegangen. Am Samstag haben wir … besucht und haben … gemacht. Am Sonntag waren wir … und sind gefahren. Nächste Woche wollen wir … besuchen. … bitte schreib mir mal!

E2　**1**b　**2**b　**3**a　**4**a

E3　**1** hat gewartet　**2** war, angerufen.　**3** sind gefahren, war　**4** war, hat gemacht　**5** fahren　**6** gehen　**7** ist, hat　**8** hat korrigiert, gefunden.

E4　*vgl. Hörtexte im Cassetten-/CD-Einleger*

F2　ist, außerdem, alles, Preis, Disko, Glas, Tasse, etwas, dreißig, Pässe, heißen, Bus, bis, Schluss. [z]: Sonntag, sehr, günstig, super, Musik, Saft, Suppe, Käse, sofort.
„ß“ = [s]: außerdem; „s“ am Wortanfang = [z]: Suppe, Saft; „s“ am Wortende = [s]: Bus, bis; „s“ im Wort = am Silberanfang [z]: günstig / am Silbenende = [s]: Glas.

F3　also, sicher, sechs, Sachen, besuchen, sehen, Süden, Osten, Kurse, Gläser, Samstag, selten, sehen, leise, lesen, Sonne, Reise, süß, Pause, Sofa

F4　**Sch**ule, Men**sch**, Fla**sch**e, zwi**sch**en, **sch**enken, fal**sch**, **Sp**ort, **sp**ät, **sp**ielen, **sp**annend, **sp**rechen, **Sp**anisch, Bei**sp**iel, Ge**sp**räch, Ver**sp**ätung, **St**reit, **St**unde, **st**ill, **St**ock, **st**ark, **St**ück, ver**st**ehen, bestimmt, anstrengend, **Sp**rechstunde, Herbst**sp**aziergang, Gast**sp**iel
„sch“ = [∫]; „sp“ am Wort- oder Silberanfang = [∫t]:Gastspiel, bestimmt; „st“ am Wort- oder Silberanfang = [∫p]: Sprechstunde, anstrengend.

G2　*Kästchen von oben nach unten*: 5, 1, 4, 2, 3

G4　eine Reise gebucht, Bücher gekauft, Medikamente gekauft, die Koffer gepackt.

Lektion 10

A2　**1** Busen　**2** Hand　**3** Bein　**4** Bauch　**5** Auge　**6** Rücken　**7** Mund　**8** Knie　**9** Arm　**10** Fuß　**11** Nase　**12** Kopf　**13** Ohr

A4　b, c, e.
normale Krankheiten : Husten, Schnupfen, Grippe, Kopfschmerzen, Erkältung　*schwere Krankheiten*: Tuberkulose, Lungenkrebs, Magengeschwür, Herzinfarkt.

A5　**1** müde sein/werden　**2** krank sein/werden　**3** gesund sein/werden　**4** Kopfschmerzen haben　**5** Tabletten

(ein)nehmen   6 Bauchschmerzen haben
7 Rückenschmerzen haben   8 Tropfen (ein)nehmen
9 Medikamente (ein)nehmen   10 zu dick sein/werden
11 hohen Blutdruck haben   12 eine Erkältung haben
13 Übergewicht haben.

A8 *vgl. Hörtexte im Cassetten-/CD-Einleger*

B5 2 Wieso können Diäten dick machen?   3 Was sagen Sie
als Wissenschaftler zu der neuen Light-Produkten?
4 Welche Tipps können Sie den Leuten, die abnehmen
wollen, noch geben?   5 Herr Dr. Kundel, wir danken
Ihnen für das Gespräch.

B6 schlimm, schlimmer, am schlimmsten, schlimmste; viel,
mehr, am meisten, meiste; wenig, weniger, am wenigsten,
wenigste; dick, dicker, am dicksten, dickste; gut, besser, am
besten, beste; wichtig, wichtiger, am wichtiger, wichtigste;
lang, länger, am längsten, längste; schön, schöner, am
schönsten, schönste; gesund, gesünder, am gesündesten,
gesündeste; schlank, schlanker, am schlanksten, schlankste;
teuer, teurer, am teuersten, teuerste; sparsam, sparsamer,
am sparsamsten, sparsamste; niedrig, niedriger, am
niedrigsten, niedrigste; langsam, langsamer, am
langsamsten, langsamste; schnell, schneller, am schnellsten,
schnellste
Komparativ, Komparativ + „als"   1 Adjektiv + Endung
„-(e)sten" (ohne Nomen)   2 die/der/das + Adjektiv +
Endung + (e)sten (mit Nomen).

B8 1 teuerste   2 größte   3 größte   4 wertvollste
5 bekannteste   6 meisten   7 jüngste   8 erfolgreichste

C1 1 Jockey   2 Ärztin   3 Model   4 Gewichtheber

C3 *vgl. Hörtexte im Cassetten-/CD-Einleger*

C4 1 „weil"- und „obwohl"- Sätze.   2 am Ende.
3 das Subjekt.   4 Nebensatz

C5 *vgl. Hörtexte im Cassetten-/CD-Einleger*

D1 4 krank – die Krankheit   5 ähnlich – die Ähnlichkeit
6 gesund – die Gesundheit   7 schwierig – die Schwierig-
keit   8 pünktlich – die Pünktlichkeit. -keit, groß

D2 1 die Betonung   2 die Bezahlung   3 die Lieferung
4 die Lösung   5 die Übung   6 die Wohnung

D3 1 Freundlichkeit   2 Pünktlichkeit   3 Ähnlichkeit
4 Gesundheit   5 Schönheit   6 Krankheit   7 Wohnung
8 Schwierigkeiten   9 Betonung   10 Die Lieferung,
Bestellung, Bezahlung   11 Lösungen, Übungen

E2 [x]: machen, lachen, Koch, Woche, suchen, Kuchen,
Bauch, brauchen [ç]: Licht, richtig, König, sprechen,
Würstchen, Gespräch, Griechenland, möchten, Küche,
Bäuche, gleich, euch, Brötchen, manchmal, Milch, durch.
1 [ç]   2 a,o,u; au; [x]   3 [ç]   4 [ç]

E3 *vgl. Hörtexte im Cassetten-/CD-Einleger*

F *Bilder von links nach rechts unten:* 5,2,1,3,4

G1 4, 3, 7, 2, 5, 1, 6

G2 A Die Mimose   B Der Salzer   C Der Wie-immer-Mann
D Die Ja-Aber-Frau   E Der Sparsame

Lektion 11

A1 +: Liebe, Glaube, Fantasie, Hoffnung, Ruhe, Energie,
Wärme, Treue, Aktivität. –: Neid, Revolution, Nervosität,
Fernweh, Aberglaube, Angst, Gefahr, Trauer, Kälte
Wortakzent: *vgl. Hörtexte im Cassetten-/CD-Einleger*

A2 *Waagerecht:* 2 bunt   6 grau   7 dunkelbraun   8 violett
10 grün   11 weiß; *Senkrecht:* 1 rot   2 blau   3 schwarz
4 orange   5 gelb   9 grün

B1 *Haare:* lockig, schwarz, blond, rot, grau, glatt, kraus.
Augen: graugrün, braun, blau, schwarz, grün.
Haut/Teint: hell, dunkel, blass, mit Sommersprossen.

B2 Farbtypen und Jahreszeiten. Farbtypen und Länder. Farben
und Alter.

B3 Indien – Herbst-/Wintertypen, Japan – Herbst-
/Wintertypen, Afrika – Herbst-/Wintertypen, Skandinavien
– Frühlings-/Sommertypen
Kinder – Rot/Gelb, Jugendliche – Blau/Brauntöne/Schwarz,
Erwachsene – immer wieder andere Farben, alte Menschen
– Pastelltöne

B4 *vgl. Grammatik;* 1 Adjektive   2 maskulin: -r, neutrum: -s,
Artikel   3 nach Artikeln   4 n und *Plural*

B6 1 rotbrauner   2 grüngelbe   3 stillen   4 grelle   5 großes
6 linke   7 kleiner   8 roter   9 einsamer   10 grüner
11 hellen   12 hellroten   13 kleine   14 weiße
15 kristallene   16 gelber   17 zartes   18 rosafarbene
19 warme   20 orangefarbener   21 warmes   22 blauen
23 angenehme   24 friedlich   25 harmonisch   26 Klare
27 ruhige   28 einfache.

C1 *für sie:* Bluse, Pullover, Hose, T-Shirt, Blazer, Schuh,
Socke, Kleid, Hut, Rock *für sie oder für ihn:* Pullover,
Hose, T-Shirt, Schuh, Socke, Hut *für ihn:* Bluse, Pullover,
Hose, T-Shirt, Krawatte, Anzug, Schuh, Socke, Hemd, Hut,
Sakko.

C3 1 zu einer Hochzeit   2 zu einer Geburtstagsparty

C4 1c   2a   3e   4b   5d

C5 1 bestimmten   2 unbestimmten / ohne

C6 1 in der Wohnung, neue Wohnung   2 in der Wohnung,
indisches Gericht   3 Telefon, Termin   4 in der Kantine,
Kollege   5 im Kleidergeschäft, Pullover

C7 1d   2e   3a   4f   5c   6b

C8 Kleidung: (Größe) passen, (Farbe, Form) stehen;
Personen/Gegenstände; gefallen, finden; Essen: schmecken
Dativ

D1 3,2,1

D2 *Accessoires:* 1,2,3 *offizielle Treffen:* 3,1,2 *Optionen für den
Alltag:* 3,1,2

D3 *vgl. Grammatik;*   1 Dativ   2 Artikeln   3 Plural

E1 verständlich, die Natur – natürlich, die Person – persönlich,
die Jugend – jugendlich, die Energie – energisch, die
Ungeduld – ungeduldig, der Übermut – übermütig; -ig, -
lich, ä, ö, ü

E2 die Gefahr, die Lust, der Schmutz, der Unterschied,
männlich, neidisch, pünktlich, saftig

E3 1 saftig, blutig   2 Farben   3 männliche, neidisch
4 pünktlich, lustig   5 Schmutz, gefährlich

F2 [r] grün, hören, braun, Firma, rot, Problem, Haare, traurig
[ɐ] Kleider, immer, Haar, Pullover, warten, fertig

F3 konsonantische (s. F2), vokalische (s. F2)

F5 [ɐ] Paar, Monitor, Tastatur, Formular, Tür, Fahrer,
Mechaniker, Friseur, Schauspieler, studiert, fährst, spart,
erklärst, schwer, schwerste, teuer, teurer, teuerste, klar,
klarer, am klarsten

Lektion 12

A1 1 a (G) → L. 7   2 c (W) → L. 7   3 c (W) → L. 7
4 c (W) → L. 7   5 b (G) → L. 7   6 b (G) → L. 7
7 a (G) → L. 8   8 c (W) → L. 8   9 b (G) → L. 8
10 a (W) → L. 8   11 a (G) → L. 8   12 a (W) → L. 8

13 b (W) → L. 9   14 a (W) → L. 9   15 b (G) → L. 9
16 a (G) → L. 9   17 c (G) → L. 9   18 c (G) → L. 9
19 a (W) → L. 10   20 b (G) → L. 10   21 c (G) → L. 10
22 b → L. 10   23 c (G) → L. 10   24 a (G) → L. 10
25 c (G) → L. 11   26 a (W) → L. 11   27 a (G) → L. 11
28 a (W) → L. 11   29 b (W) → L. 11   30 c (G) → L. 11

B2 falsch, falsch, richtig, falsch, richtig, richtig, falsch

C3 **[h]**: Hals, Flughafen, Hallo, helfen, heute, Anhang, heißen, hören, wohin, Ruhe, Husten, Nähe; **kein [h]**: Fahrer, Jahr, Sohn, woher, Fehler, früher, gehen, Wohnung, Sahne, Flohmarkt

Das „h" am Wort oder Silbenanfang *hört man*.
Das „h" am Wort- oder Silbenende *hört man nicht*.
Ein „h" nach Vokal macht den Vokal *lang*.

C4 haben Sie hier auch Hüte?, halb so alt wie Hans, hilf mir doch mal, hol dir Halstabletten, ich habe Husten, ich heiße Anna Hortmann, lass mich in Ruhe, nach Hamburg oder Heidelberg, sehr höflich und zurückhaltend, sehr hübsche Schuhe, sind Sie Hanna Ortmann?, stehen mir die Schuhe?, wie alt ist Hanna?, wie findest du Herrn Huber?, wie viel Uhr ist es?, wohin fahrt ihr?, wir führen nur Hemden und Hosen, hilf dir selbst

Key to Exercises

Lesson 1

14/1 "du" oder "Sie"? Please decide.
du / Sie / du / Sie

14/1 "du" or "Sie" + Verb. Please complete the missing forms.
Wie geht es Ihnen? / Kommen Sie aus Frankfurt? / Woher kommst du? / Was bist du von Beruf? / Sind Sie Friseurin?

14/2 Please write in German.
Was sind Sie von Beruf? / Woher kommen Sie? (Wo kommen Sie her?) / Er arbeitet auf dem Flughafen. / Kommt er aus Österreich? / Ich heiße Karin Beckmann (mein Name ist Karin Beckmann).

14/2 Please make meaningful sentences.
Sie sind aus Europa. / Mein Name ist Max Weininger. / Wie geht es Ihnen? / Sie ist Spanierin. / Sie arbeitet als Flugbegleiterin. / Was bist du von Beruf?

14/3 Please complete the following sentences.
Martina ist Kellnerin. / Antonia ist Polizistin. / Gertrud ist Studentin. / Maria ist Ärztin. / Sofia ist Flugbegleiterin.

14/3 Please write in German.
Bill ist Fahrer. / Alan ist Flugbegleiter. / Barbara ist Lehrerin. / Herr Winterbottom ist Arzt. / Frau Clarke ist Friseurin. / Debbie ist Ärztin. / Richard ist Lehrer.

14/4 Please rewrite the following dialogue, using capital letters correctly.
1 Guten Abend. Ich bin Duncan Kennedy und komme aus Amerika. Ich lebe in der Schweiz, in Zürich. Seit drei Jahren arbeite ich als Pilot bei der Swiss Air. Und was sind Sie von Beruf?
2 Ich bin Deutschlehrerin und arbeite bei der Swiss Air.
3 Was? Sie sind Deutschlehrerin? Da sind Sie hier richtig, mein Deutsch ist nicht gut.

14/5 Please fill in the gaps.
kommt / lebt / arbeitet
Sind / bin / Kommen / komme / Wohnen / wohne

14/6 Nouns and their articles. Please write these nouns from lesson 1 and any others you know already into the columns below.
die Antwort / Frage / Zahl / Musik / Sprache / Regel / Position / Telefonnummer
der Name / Beruf / Flughafen / Zettel / Lerntipp / Morgen / Tag / Abend / Dialog /
das Land / Telefon / Wort / Mädchen / Sauerkraut / Schnitzel / Bier

Lesson 2

30/2 Please insert the correct question word.
Wie / Wohin / Woher / Wann und Wo / Wie lange

30/5 Which answer fits the question?
2 Ich arbeite bei TransFair. 3 Ja, wir sprechen ein bisschen Englisch. 4 Wir wohnen in Köln. 5 Nein, sie hat keine Kinder. 6 Ja, wir sind verheiratet. 7 Sie findet die Wohnung hübsch.
8 Ja, wir lernen viel.

30/5 Please translate.
Vera works for TransFair. / How long has she been working for TransFair? / This afternoon Vera is off. She is not working.

30/6 Please complete.
Das ist kein Bild. Das ist eine Tabelle. Die Tabelle ist auf Seite 23.
Das ist kein Haus. Das ist eine Wohnung. Die Wohnung ist wirklich hübsch.
Das ist kein Dialog. Das sind Regeln. Die Regeln sind auf Seite 23.
Das sind keine Nachbarn. Das sind Kolleginnen von Vera. Die Kolleginnen von Vera sind freundlich.

30/7 Please complete the missing negative sentences.
Ich bin nicht verheiratet. / Ich habe keine Kinder. / Ich spreche nicht Deutsch. / Ich bin nicht freundlich (ich bin unfreundlich). / Das hier ist keine Übung. / Ich weiß es nicht.

30/8 What would you like?
Ich esse ein Stück Apfelkuchen. / Ich bestelle eine Gulaschsuppe. / Ich möchte einen Orangensaft. / Ich kaufe einen Salat. / Ich nehme einen Apfelsaft.

30/8 Please complete the dialogue in the restaurant.
Salat mehr / Gulaschsuppe / keine Gulaschsuppe / Stück Apfelkuchen / Orangensaft / keinen Orangensaft / gerne eine Apfelsaft / Mineralwasser / und ein Mineralwasser

30/9 Likes and dislikes. Please write in German.
Ich lerne gerne Deutsch. / Ich trinke nicht gerne Rotwein. / Was isst Petra gerne? / Wir sprechen gerne Deutsch. / Was isst du nicht gerne, Nikos? / Arbeitet Vera gerne bei TransFair? / Ich spiele nicht gerne Volleyball.

Lesson 3

48/1 Das sind hundert Schilling. / Das ist eine Lampe. / Das sind (drei) Kinder. / Das ist ein Essen (Das sind Würstchen mit Sauerkraut). / Das ist ein Telefon. / Das sind Bilder.

48/2 Please find the two components that make up one word.
die Küche + die Möbel / das Wort + die Liste / das Essen + der Tisch / die Möbel + das Haus / der Fernseher + der Sessel

48/2 Please combine the mixed words.
der Wollteppich / die Waschmaschine / das Doppelbett / das Bücherregal / der Esstisch / die Stehlampe

48/3 Accusative or nominative? Please complete the sentences.
einen / ein / der / das / eine / Der / Einen

48/4 Please complete the exercise.
den Teppich – Den / das Bücherregal – Das / das Sofa – Das / die Stehlampen – Die

48/5 Please transfer this information. ...
Die Sätze sind nur Beispielsätze, um die Satzkonstruktion zu verdeutlichen.
Es gibt in über 90 % der Haushalte einen Computer. / Etwa 10 % der Haushalte hat einen Computer. / Ein Drittel der Haushalte hat einen Fotoapparat. / Ein Viertel der Haushalte hat eine Stereoanlage. / Es gibt nur wenige Haushalte mit Telefon.

48/6 What would you answer?
Ja, ich suche eins. Nein, ich suche keins. / Ja, ich suche einen. Nein, ich brauche keinen. / Ja, ich möchte eins. Nein, ich möchte keins. / Ja, ich suche einen. Nein, ich suche keinen. / Ja, ich habe eins, zwei ... (welche). Nein, ich habe keine. / Ja, ich habe eins. Nein, ich habe keins.

48/7 Please complete the sentences.
Ich brauche Sofas. / Ikea hat Sessel für 89 €. / Er findet die Stühle unpraktisch. / Ich nehme die Regale. / Haben Sie Futon-Betten? / Sind das Sonderangebote?

48/7 Please find the plural form.
Da sind vier Stehlampen. / Es gibt fünfundzwanzig Stühle. / Wir haben sechs Staubsauger. / Da sind neun Sofas. / Es gibt dreizehn Teppiche. / Wir haben zwanzig Tische.

48/8 Please fill in "ja", "nein" or "doch"
Nein / Ja / Ja / Doch / Nein / Doch

48/8 Please ask for confirmation, using "erst", "nur", "schon"
Nur 800 €? / erst drei Jahre? / Nur zwei Würstchen? / Nur ein Kind? (Erst ein Kind?)

48/9 Please combine and find the rule.
Long vowel = vowel + one single consonant / vowel + same vowel
Short vowel = vowel + two consonants

48/9 Long or short vowels?
vowel is short: kommen, billig, fast, Töpfe, Bild, Sätze, Verb, Suppe, Bäcker, Geld
vowel is long: schön, Möbel, suchen, Gläser, wie, ähnlich, Bier, ihr, was, Pläne, Wohnung, Stühle

Lesson 4

66/1 What would you give these people? Please write sentences.
Ich schenke ihr ein Buch und eine Stereoanlage. / Ich

schenke ihm (eine Tafel) Schokolade und einen Computer. / Ich schenke ihr ein Fahrrad und einen Fotoapparat. / Ich schenke ihm (einen) Kaugummi und Luftballons.

66/2 Meet Daniel Deal on a dark street corner and exchange objects. Try to get a good deal. Make suggestions.
In any combination: Ich gebe dir die Gitarre, den Fotoapparat, den Mantel, den Staubsauger, den Computer, das Auto. Du gibst mir das Bild, das Radio, die Nähmaschine, den Fernseher, den Teppich, das Telefon.

66/2 Please organise the verbs in the following table.
Verbs with dative: gefallen / verbs with accusative: trinken, essen, möchten, haben / verbs with accusative and dative: schenken, geben, kaufen

66/3 Please chose the price for each item ...
Der Sessel kostet 1098 €. / Die Stehlampe kostet 178 €. / Der Käse kostet 1,20 €. / Das Doppelbett kostet 848 €. / Die Milch kostet 3,87 €. / Die Küche kostet 2480 €.

66/3 Accusative or dative case?
einen / dir einen / ein / mir eins / einen / dir / ein mir / das / eine / mir / eine / dir

66/4 Please answer the following requests.
Ich glaube, Orangensaft finden Sie bei den Getränken. / Ich glaube, Kartoffeln finden Sie beim Obst und Gemüse. / Ich glaube, Waschmittel finden Sie bei den Haushaltswaren. / Ich glaube, Lammkeule finden Sie bei den Fleisch- und Wurstwaren. / Ich glaube, Butter finden Sie bei den Milchprodukten. / Ich glaube, Schokolade finden Sie bei den Süßwaren. / Ich glaube, Camembert finden Sie bei den Milchprodukten. / Ich glaube, Brot finden Sie bei den Brot- und Backwaren.

66/5 You are having a friend over for dinner. You are cooking. Ask your friend to hand you a few items from the cupboard. Describe to her where they are.
Wo ist der (der) Curry? In der Mitte rechts (rechts in der Mitte). / Wo ist der Wein? In der Mitte links (links in der Mitte). / Wo sind die Erdnüsse? Oben in der Mitte (in der Mitte oben). / Wo ist der Reis? In der Mitte. / Wo ist das Mehl? Unten rechts (rechts unten). / Wo ist der Zucker? Unten links (links unten). / Wo sind die Eier? Oben rechts (rechts oben). / Wo ist die Suppe? Unten in der Mitte (in der Mitte unten).

66/6 Please combine the following items and write sentences.
Ich hätte gern eine Dose Cola. / Ich hätte gern eine Flasche Mineralwasser. / Ich hätte gern eine Tüte Gummibärchen. / Ich hätte gern ein Pfund Tomaten. / Ich hätte gern einen Liter Milch. / Ich hätte gern ein Kilo Kartoffeln. / Ich hätte gern einen Kasten Bier. / Ich hätte gern 150 Gramm Käse.

66/6 Which expressions would you use?
2 Entschuldigung! 3 Tut mir Leid. 4 Macht nichts! (Nichts passiert! Nicht so schlimm!) 5 Verzeihung! 6 Entschuldigung! 7 Tut mir Leid!

66/7 Please say it in German.
Nehmt doch nicht irgendwas. / Gib mir bitte (mal) die Zigaretten. / Geben Sie ihr doch mal Pralinen. / Nehmen Sie bitte Platz. / Kauft bitte die Zeitung.

66/7 Please give advice to a friend, using the imperative.
Iss doch Brot. / Kauf doch (mal) Obst. / Lies doch (mal) ein Buch. / Nimm doch (mal) Fisch. / Schenk ihm doch (mal) eine Flasche Wein. / Mach doch (mal) Pause. / Lern doch (mal) Deutsch.

Lesson 5

80/2 Please complete.
in / bei der / im / in die / nach / in der / zum (auf den) / zu / bei / in / bei der / nach / ins / im

80/4 Please match the equivalent times.
2e / 3f / 4j / 5a / 6d / 7b / 8k / 9h / 10 i / 11g

80/6 Please write in German.
Ich möchte mit Sally ins Kino gehen. / Aber sie sagt, sie muss Deutsch lernen. / Soll ich ihr ein Geschenk kaufen? / Sie muss nicht allein lernen. / Wir können zusammen lernen. / Ich will Pilot werden. / Ein Pilot kann viel Geld verdienen. / Aber er darf nicht viel Bier trinken. / Journalisten dürfen viel Bier trinken. / Vielleicht möchte ich Journalist werden.

80/6,7 Please complete the dates, using "der" or "am" plus ordinal numbers.
am achtundzwanzigsten August / der erste Juni / am sechsten Juli / Der sechste Juli / am siebten Juli / am achten Juli / Am siebenundzwanzigsten Oktober / am elften Dezember / am ersten Januar / der einunddreißigste Dezember

80/7 Please complete the missing prepositions.
am / am / im / im / am / Ab / am / vom / bis (zum) / Am / Im / im / am / um / Von / bis / am

Lesson 7

104/1 What do these sentences express: likes/dislikes or desires?
likes/dislikes: Sie mag Reiten, Lesen und ins Kino gehen. Am liebsten mag sie lustige Filme. In der Schule mag sie Sport und Geschichte. Wir mögen lieber Volleyball als Tennis. Punk mag ich nicht.
desires: Sie möchte besser Französisch lernen. Sie möchte mehr Bücher auf Englisch lesen. Sie möchte weitere Adressen. Die Studenten möchten jetzt Pause machen. Möchtest du ihr einen Brief schreiben?

104/3 Please write sentences.
Das ist sein Wörterbuch. / Das ist dein Bier. / Das ist ihr Sofa (ihre Couch). / Das ist mein Wein. (Das sind meine Flaschen.) / Das ist seine Zeitung. / Das ist ihr Fahrrad. / Das sind deine Stühle. / Das sind unsere Bonbons.

104/4 Please say who you are doing things for.
Ich schreibe einen Brief für meinen Bruder. / Ich kaufe die Zeitung für meinen Großvater. / Ich besorge eine (Eintritts-) karte für meinen Schwager. / Ich hole Zigaretten für meinen Vater. / Ich kaufe für meine Tante ein. (Ich gehe für meine Tante einkaufen.) / Ich singe nicht für meine Eltern.

104/4,5 Please say to whom these things belong.
Der Fotoapparat (Die Kamera) gehört meinem Vater. / Der Computer gehört meinen Eltern. / Der Fußball gehört meinem Bruder. / Die Stereoanlage gehört meiner Schwester. / Die Spülmaschine gehört meiner Tante. / Das Fahrrad gehört meinem Onkel.

104/5 Please complete the possessive article "sein" in the correct case.
seinem / seine / seiner / seinen / seine / seine / sein / seine / seine / seinen

104/6 Please write sentences.
Zuerst stellt er das Radio an und hört Musik. / Dann räumt er die Wohnung auf. / Um Viertel nach sieben zieht er die Kinder an. / Sie gehen um acht Uhr weg. / Er muss später im Supermarkt einkaufen. / Zu Hause packt er die Lebensmittel aus. / Danach bereitet er das Mittagessen vor. / Dann holt er die Kinder wieder ab. / Dürfen die Kinder den Fernseher einschalten? / Nein, sie müssen zuerst das Geschirr abwaschen.

104/7 Please use the inseperable verbs to construct sentences.
Mögliche Sätze könnten so lauten:
Die Schuhe gefallen mir gut. / Peter erzählt die Geschichte spannend. / Mein Chef ergänzt die Informationen. / Die Tante besucht meine Familie am Wochenende. / Ich beginne mit einem neuen Buch. / Der Satz bekommt eine neue Bedeutung. / Wir betrachten das Bild.

104/7 Are these separable?
separable: aufräumen, anrufen, abwaschen
inseparable: gehören, besorgen

104/8 Please combine.
Wohnung aufräumen / Freunde einladen / Essen besorgen / Sekt kalt stellen / Deutsch verstehen / Tee anbieten

104/10 Please decide on the sound of the consonant.
[b] aber, Fußball / [p] ab, halb, Abfahrt / [d] mindestens, Stunde, Freunde / [t] und, rund, Geld / [g] mittags, Portugiese, Fahrgäste / [k] Sonntag, mag, Bank

Lesson 8

116/1 What do you say?
Du wohnst bei deiner Tante. / Viele Studenten in Deutschland wohnen mit Freunden zusammen. / Ruth wohnt noch bei ihren Eltern. / Thomas will bei seinen Großeltern wohnen.

116/1 What are these people doing right now?
Sie essen gerade. / Er liest (arbeitet, lernt) gerade. / Sie telefoniert gerade. / Er schläft gerade.

116/2 What can you answer in these situations?
Ich esse gerade. / Ich erkläre gerade einem Freund etwas. / Ich suche gerade das Geld. / Ich schreibe gerade einen Brief. / Das Telefon klingelt gerade. / Ich stelle gerade die Waschmaschine an. / Ich dusche gerade. / Ich koche gerade. / Ich räume gerade auf.

116/2,3 Please complete the sentences, using "weil" or "obwohl" and arranging the wordorder.
Volker möchte in Köln wohnen, weil er da studiert. / Susanne lernt viel Deutsch, obwohl sie wenig Zeit hat. / Jochen räumt auf, obwohl er Hausarbeit nicht mag. / Studenten wohnen zusammen, weil es nicht so viel kostet. / Verena kauft keinen Computer, obwohl sie ihn für die Arbeit braucht. / Juan macht viele Fehler, obwohl er schon zwei Jahre Deutsch lernt.

116/3 Please make sentences with "weil" or "obwohl".
Ich bin traurig, weil Klaus auszieht. / Sie müssen aufstehen, weil es spät ist. / Ich schalte den Fernseher ein, weil ich einen Film sehen möchte. / Ich sehe abends viel fern, obwohl ich auch gerne lese. / Wir fahren mit dem Auto, weil es regnet. / Ich jogge alleine, obwohl Britta mitgehen möchte. / Anna bleibt heute alleine zu Hause, obwohl sie Angst hat. / Der Vater liest eine Geschichte vor, weil die Kinder nicht einschlafen wollen. / Die Kinder gehen auf den Spielplatz, weil sie unruhig sind.

116/4 Please match the correct subjects.
Ich wollte Ärztin werden. / Der Vater musste die Kinder in den Kindergarten bringen. / Die Studenten konnten in den Semesterferien arbeiten. / Du solltest doch um zehn Uhr zu Hause sein. / Wir waren bei unserer Großmutter. / Die Kinder durften nicht jeden Tag Süßigkeiten essen. / Ihr solltet doch die Hausaufgaben machen. / Das Baby war noch sehr klein.

116/5 How is "doch" used? Please identify the intention of the following sentences.
2c / 3b / 4b + c / 5a / 6c / 7a / 8c

116/6 Please answer.
Eigentlich schon, aber ich muss aufräumen. / Eigentlich schon, aber heute ist Samstag. / Eigentlich schon, aber sie ist müde. / Eigentlich schon, aber er hat keinen Hunger. / Eigentlich schon, aber sie haben keine Möbel. / Eigentlich schon, aber ich sehe jetzt fern.

Lesson 9

132/2 Please form sentences in the perfect tense.
Ich bin jede Woche zum Deutschkurs gegangen. / Hast du viel gelernt? / Natürlich habe ich viel gelernt. / Was habt ihr gestern gemacht? / Wir haben das Perfekt gelernt. / Der Lehrer hat uns viele Hausaufgaben gegeben. / Dann sind wir in die Kneipe gegangen. / Wir haben dort nur Deutsch gesprochen. / Ich habe eine Packung Erdnüsse gegessen und deutsches Bier getrunken. / Bist du sehr spät nach Hause gekommen? / Ja, aber ich habe die Hausaufgaben trotzdem gemacht.

132/4 Perfect tense with "haben" oder "sein"? Please sort the verbs into the appropriate columns.
Perfect tense with "haben": schreiben, bekommen, trinken, lesen, spielen, sprechen, verstehen, essen, machen, treffen, wohnen, nehmen
Perfect tense with "sein", change of place: gehen, fliegen, ankommen, fahren, schwimmen
change of state: aufstehen, werden, aufwachen
other: bleiben

134/4 Please complete the sentences with the appropriate form of "haben" or "sein".
ist / haben / haben / habe / ist / hast / bin / sind / haben / bin / hat / haben / habt

132/5 Who's stolen the "Tangram" manuscripts from Hueber publishers?
1. hat / gesehen / habe / gegessen / getrunken / bin / gefahren /
2. habe / besucht / habe / geschenkt / ist / eingeschlafen / habe / gelesen / habe / verlassen /
3. bin / geblieben / haben / gehört / gespielt / hat / The verb "machen" is missing. Well done! You've got him! / habe / telefoniert /

132/6 Have a go at the "Tangram" test! Please complete the questions with the appropriate form of "welch-" and supply the answers.
Welche / Portugiesisch / Welche / Ä, ö, ü, ß / Welches / Marokko / Welcher / Der bestimmte Artikel / Welches / gehen / Welche / Der Schreibtisch, das Bett / Welche / Zu / Welcher / Samstag (Sonnabend) / Welcher / März / Welche / Der Infinitiv / Welche / dürfen, können, müssen, möchten, sollen, wollen / Welche / In, an, auf, vor, hinter, über, unter, neben, zwischen / Welche / be-, ver- / Welcher / Der Nebensatz / Welcher / Der Schwarzwald / Welches / Fußball

Lesson 10

146/1 Please distinguish between the two forms of "sollten".
past tense / advice / advice / past tense / advice / advice / advice / advice / past tense

146/3 Please combine correctly.
nach München fahren. / in Bayern sehr gut ist. / dass München die Landeshauptstadt von Bayern ist. / Robert nicht gern Deutsch spricht. / will in München nur viel Bier trinken. / sprechen in München ziemlich viel Englisch und nur wenig Deutsch. / das Verb in "dass"-Sätzen am Ende steht?

146/5 Please compare.
London ist größer als Frankfurt am Main. / Ein Monat ist länger als eine Woche. / Ein Schokoriegel ist nicht so gesund wie ein Apfel. / Ein Doppelbett ist teurer als ein Stuhl. / Vierundfünfzig ist mehr als fünfundvierzig. / Gut ist besser als schlecht. / Der Big Ben in London ist nicht so hoch wie die Alpen. / Ein Kind ist älter als ein Baby. / Deutsch ist komplizierter als (nicht so kompliziert wie) Englisch.

146/6 Please translate into German.

Und wann kommt der Lehrer? / Um neun Uhr, wenn er
nicht krank ist. / Was machst du (machen Sie), wenn er
krank ist? / Wenn er krank ist, lese ich "Tangram". /
Verstehst du (Verstehen Sie) alles, wenn du das Kursbuch
liest (wenn Sie das Kursbuch lesen) ? / Wenn ich die
Grammatik nicht verstehe, lese ich das Arbeitsbuch. /
Wann gehen wir ins Kino? Wann hast du (haben Sie)
Zeit? / Wenn ich "wenn" und "wann" gelernt habe.

Lesson 11

**160/2 Please describe Michel's bedroom, using the adjectives
given in the drawing.**

hässlicher / kaputter / schmutziger / lustige / bequemen /
großen / neue

**160/3 Please write out dialogues, following the model. Sabine
and Sven are shopping for unusual clothes.**

Mensch, sieh mal, die Hose hier. Die ist ja super!
Welche meinst du?
Die apricotfarbene.
Die? Die ist doch langweilig!
Was für eine suchst du denn?
Eine schilfgrüne natürlich!

Mensch, sieh mal, das Kostüm hier. Das ist ja super!
Welches meinst du?
Das topmodische.
Das? Das ist doch langweilig!
Was für eins suchst du denn?
Ein bügelfreies natürlich!

Mensch, sieh mal, das Hemd hier. Das ist ja super!
Welches meinst du?
Das elegante.
Das? Das ist doch langweilig!
Was für eins suchst du denn?
Ein jugendliches natürlich!

Mensch, sieh mal, der Blazer hier. Der ist ja super!
Welchen meinst du?
Den pflegeleichten.
Den? Der ist doch langweilig!
Was für einen suchst du denn?
Einen violetten natürlich!

160/4 Please write in German, using the verbs with dative.

Die elegante Bluse steht Sabine nicht. / Der blaue Sakko
passt ihm. / Helle Farben stehen ihr. / Steht mir diese
Farbe? / Leider passen die Schuhe nicht. (Die Schuhe
passen leider nicht.) / Gefallen dir (Ihnen) sportliche
Hemden? / Sportliche Hemden? Die stehen mir nicht. /
Und schmeckt dir (Ihnen) Currywurst? / Nein, mir
schmeckt nur Sauerkraut.

160/4 Please follow the example, using the accusative case.

Vorher hatte Sven einen dunklen Anzug
Jetzt hat er einen karierten Blazer.

Vorher hatte Sven altmodische Schuhe.
Jetzt hat er moderne Sportschuhe.

Vorher hatte Sven einen hässlichen Gürtel.
Jetzt hat er einen schicken Gürtel.

Vorher hatte Sven ein weißes Hemd.
Jetzt hat er ein sportliches T-Shirt.

Vorher hatte Sven einen kleinen Ohrring.
Jetzt hat er einen großen Ohrring.

Vorher hatte Sven einen dicken Bauch.
Jetzt hat er einen kleinen Bauch.

160/5 Now rewrite the sentences, using the dative case.

Hier ist Sven mit einem dunklen Anzug.
Hier ist er mit einem karierten Blazer.

Hier ist Sven mit altmodischen Schuhen.
Hier ist er mit modernen Sportschuhen.

Hier ist Sven mit einem hässlichen Gürtel.
Hier ist er mit einem schicken Gürtel.

Hier ist Sven mit einem weißen Hemd.
Hier ist er mit einem sportlichen T-Shirt.

Hier ist Sven mit einem kleinen Ohrring.
Hier ist er mit einem großen Ohrring.

Hier ist Sven mit einem dicken Bauch.
Hier ist er mit einem kleinen Bauch.

Buchstaben und ihre Laute

einfache Vokale

a	[a]	dann, Stadt
a, aa, ah	[a:]	Name, Paar, Fahrer
e	[ɛ]	kennen, Adresse
	[ə]	kennen, Adresse
e, ee, eh	[e:]	den, Tee, nehmen
i	[ɪ]	Bild, ist, bitte
i, ie, ih	[i:]	gibt, Spiel, ihm
ie	[jə]	Familie, Italien
o	[ɔ]	doch, von, kommen
o, oo, oh	[o:]	Brot, Zoo, wohnen
u	[ʊ]	Gruppe, hundert
u, uh	[u:]	gut, Stuhl
y	[y]	Gymnastik, System
	[y:]	Typ, anonym

Umlaute

ä	[ɛ]	Gäste, Länder
ä, äh	[ɛ:]	spät, wählen
ö	[œ]	Töpfe, können
ö, öh	[ø:]	schön, fröhlich
ü	[y]	Stück, Erdnüsse
ü, üh	[y:]	üben, Stühle

Diphthonge

ei, ai	[aɪ]	Weißwein, Mai
eu, äu	[ɔy]	teuer, Häuser
au	[aʊ]	Kaufhaus, laut

Vokale in Wörtern aus anderen Sprachen

ant	[ã]	Restaurant
ai, ait	[ɛ:]	Portrait
ain	[ɛ̃]	Refrain, Terrain
au	[o]	Restaurant
äu	[ɛ:ʊ]	Jubiläum
ea	[i:]	Team, Jeans
ee	[i:]	Darjeeling, Meeting
eu	[e:ʊ]	Museum
	[ø:]	Friseur, Ingenieur
ig	[aɪ]	Design
iew	[ju:]	Interview
on	[õ]	Saison, Bonbon
oa	[o:]	Toaster
oo	[u:]	cool, Cartoon
ou	[aʊ]	Couch, Outfit
	[ʊ]	Tourist, Souvenir
	[u:]	Tour, Route
u	[a]	Curry, Punk, Puzzle
y	[ɪ]	City, Hobby, Party

einfache Konsonanten

b, bb	[b]	Bier, Hobby
d	[d]	denn, einladen
f, ff	[f]	Freundin, Koffer
g	[g]	Gruppe, Frage
h	[h]	Haushalt, geheim
j	[j]	Jahr, Projekt
	[dʒ]	Jeans, Job
k, ck	[k]	Küche, Zucker
l, ll	[l]	Lampe, alle
m, mm	[m]	mehr, Kaugummi
n, nn	[n]	neun, kennen
p, pp	[p]	Papiere, Suppe
r, rr, rh	[r]	Büro, Gitarre, Rhythmus
s, ss	[s]	Eis, Adresse
	[z]	Sofa, Gläser
ß	[s]	heißen, Spaß
t, tt, th	[t]	Titel, bitte, Methode
v	[f]	verheiratet, Dativ
w	[v]	Wasser, Gewürze
x	[ks]	Infobox, Text
z	[ts]	Zettel, zwanzig

am Wortende / am Silbenende

-b	[p]	Urlaub
-d	[t]	Fahrrad, Landkarte
-g	[k]	Dialog, Flugzeug
nach -i-	[ç]	günstig, Kleinigkeit
-r	[ɐ]	Mutter, vergleichen

Konsonantenverbindungen

ch	[ç]	nicht wichtig, China
	[x]	Besuch, acht
	[k]	Chaos, sechs
-dt	[t]	Stadt, verwandt
ng	[ŋ]	langsam, Anfang
nk	[ŋk]	danke, Schrank
qu	[kv]	Qualität, bequem
sch	[ʃ]	Tisch, schön

am Wortanfang / am Silbenanfang

st	[ʃt]	stehen, verstehen
sp	[ʃp]	sprechen, versprechen

Konsonanten in Wörtern aus anderen Sprachen

c	[s]	City
	[k]	Computer, Couch
ch	[ʃ]	Chance, Chef
j	[dʒ]	Jeans, Job
ph	[f]	Alphabet, Strophe
-t- vor ion	[ts]	Lektion, Situation
v	[v]	Varieté, Verb, Interview

Quellenverzeichnis

Umschlagfoto mit Alexander Aleksandrow, Manuela Dombeck, Anja Jaeger, Kay-Alexander Müller und Lilly Zhu:
Arts & Crafts, Dieter Reichler, München

Abbildungen und Texte Arbeitsbuch Teil Deutsch

Seite	2:	Fotos: F: Bavaria Hotelberufsfachschule, Altötting; D: Arts & Crafts, Dieter Reichler, München
Seite	11:	Zeppelin: Archiv der Luftschiffbau Zeppelin GmbH Friedrichshafen; Kapitän: Deutsche Lufthansa AG, Pressestelle, Köln; alle anderen: Flughafen Frankfurt Main AG (FAG-Foto R. Stroh / S. Rebscher)
Seite	19:	Fotos: „Anja und Oliver Puhl": Eduard von Jan, Frankfurt; die beiden anderen: MHV-Archiv (Klaus Breitfeld, Madrid)
Seite	21:	Tangram am Computer: Reza Bönzli, Reichertshausen
Seite	33:	Fotos oben: Einbauküche: IKEA Deutschland, Niederlassung Eching; alle anderen: Segmüller Promotion-Team, Friedberg; unten: Schreibtisch, Einbauregal: hülsta, D-48702 Stadtlohn; Hochbett: IKEA Deutschland, Niederlassung Eching; Küchenschrank: Poggenpohl Möbelwerke, Herford; Kleiderschrank: Segmüller Promotion-Team, Friedberg
Seite	53:	Foto oben: Arts & Crafts, Dieter Reichler, München
Seite	69:	Foto 1: MHV-Archiv (Klaus Breitfeld, Madrid); 2: Rosa-Maria Dallapiazza; 3: Mateusz Joszko
Seite	74:	Fotos A und D: Arts & Crafts, Dieter Reichler, München
Seite	83:	Visum-Fotoarchiv, Hamburg (plus 49/Jörg Brockstedt)
Seite	89:	Fotos A und H: Süddeutscher Verlag, Bilderdienst, München; B und G: Angelika Rückert, Ismaning; C und F: Ernst Kirschstein, Ismaning; D und E: Kurt Bangert, Wolnzach
Seite	99/129:	Wörterbuchauszüge aus: Langenscheidts Großwörterbuch Deutsch als Fremdsprache, München
Seite	108:	Foto links Mitte, 2 x rechts oben/links unten: Gerd Pfeiffer, München; Haltestelle: Jens Funke, München
Seite	111:	Foto: Gerd Pfeiffer, München
Seite	118:	Fotos: siehe Kursbuch Seite 104
Seite	133:	Foto links: Otto Versand, Hamburg; rechts: MHV-Archiv
Seite	138:	Foto 1: (André Durand), 2: (dpa), 3: (Markus Beck), 4: (Jung) alle dpa Frankfurt/Main; Text aus: Stern 10/93, © Volker Pudel, Georg Westermeyer/STERN, Picture Press, Hamburg
Seite	139:	Flugzeug: DASA, München; Auto: Adam Opel AG, Rüsselsheim; Ballon: Pionier Travel, Stöttham; Bahn: Deutsche Bahn AG, Berlin; alle anderen: Prospektmaterial
Seite	140:	Foto oben links/rechts: (Mike Nelson/Stringer) dpa Zentralbild, Berlin; Modell: Wöhrl Bekleidung, Nürnberg
Seite	141:	Gedicht aus: Gesammelte Werke von Erich Fried, Verlag Klaus Wagenbach, Berlin
Seite	143:	Zeichnungen von Katja Dalkowski aus: Sprechen Hören Sprechen, Verlag für Deutsch, Ismaning
Seite	145:	Text aus: Stern 51/94, Hans-Heinrich Ziemann/STERN, Picture Press, Hamburg
Seite	150:	Bild: Städtische Galerie im Lenbachhaus, München
Seite	154:	Fotos: Siegfried Kuttig, Lüneburg
Seite	155:	Schaubild aus: Stern 37/95, © STERN, Picture Press, Hamburg
Seite	159:	Textauszug aus: Stern 45/94, © Uwe Rasche/STERN, Picture Press, Hamburg

Arts & Crafts, Dieter Reichler, München: Seiten 106, 108 (alle anderen), 115, 136, 140 (alle anderen), 144
Manfred Tiepmar, Rosa-Maria Dallapiazza, Eduard von Jan: Seiten 94, 134, 137
Werner Bönzli, Reichertshausen: Seiten 98, 108 (Inseratleserin, Zwiebeln, Kalender), 114, 129
Alle anderen Fotos: Werner Bönzli, Reichertshausen

Abbildungen Arbeitsbuch Teil Englisch

Seite	14/1	Foto li.: Bavaria Hotelberufsfachschule, Altötting; Foto re.: Arts & Crafts, Dieter Reichler, München
Seite	14/3	Deutsche Lufthansa AG, Pressestelle, Köln (Ingrid Friedl)
Seite	14/8	Fotocollage: TextMedia, Erdmannhausen
Seite	30/6	Fotos: TextMedia, Erdmannhausen
Seite	48/1	Fotos: TextMedia, Erdmannhausen
Seite	48/2	Fotos: hülsta, D-48702 Stadtlohn
Seite	48/3	Fotos Einbauküche: IKEA Deutschland, Eching
Seite	48/4	Fotos Sofa, Regal: IKEA Deutschland, Eching
Seite	48/5	Foto MCC Smart
Seite	48/10	Globus Infografik, Der Ladenschluss in der Diskussion (5908)
Seite	66/3	Fotos Möbel: IKEA Deutschland, Eching
Seite	66/5	Foto: Arts & Crafts, Dieter Reichler, München
Seite	80/2	Foto: DB AG/Reiche
Seite	104/3	Fotos Möbel: IKEA Deutschland, Eching
Seite	104/6	Foto: TextMedia, Erdmannhausen
Seite	104/8	Fotos oben: Arts & Crafts, Dieter Reichler, München; Fotos unten: Werner Bönzli, Reichertshausen
Seite	116/1	Foto li. und Mitte unten: Arts & Crafts, Dieter Reichler, München; Mitte re.: Sigrid Kuttig, Lüneburg; re.: TextMedia, Erdmannhausen
Seite	116/8	Globus Infografik, Geld für die Studierenden (6097) und So teuer ist das Studentenleben (5946)
Seite	132/1	Foto: Manfred Tiepmar/Rosa-Maria Dallapiazza/Eduard von Jan, Frankfurt/Main
Seite	132/3	Foto: TextMedia, Erdmannhausen
Seite	132/8	Globus Infografik, Deutschland (757)
Seite	146/3	Foto: IKEA Deutschland, Eching

Grafiken/Zeichnungen TextMedia, Erdmannhausen (Barbara Arend): Seiten 14/6, 30/7, 48/2 (unten), 48/6, 66/1, 66/2, 104/1 (oben), 104/9, 116/5, 132/2, 146/1, 146/2, 160/2, 160/4

Wir haben uns bemüht, alle Inhaber von Bild- und Textrechten ausfindig zu machen. Sollten Rechteinhaber hier nicht aufgeführt sein, so wäre der Verlag für entsprechende Hinweise dankbar.